Michael Langhanky Die Pädagogik von Janusz Korczak

Dreisprung einer forschenden, diskursiven
und kontemplativen Pädagogik

Michael Langhanky

Die Pädagogik von Janusz Korczak

Dreisprung einer forschenden, diskursiven und kontemplativen Pädagogik

Luchterhand

Die Deutsche Bibliothek – CIP-Einheitsaufnahme

Langhanky, Michael:
Die Pädagogik von Janusz Korczak : Dreisprung einer
forschenden, diskursiven und kontemplativen Pädagogik /
Michael Langhanky. – Neuwied ; Kriftel ; Berlin : Luchterhand, 1994
ISBN 3-472-01785-6

Alle Rechte vorbehalten.
© 1993 by Hermann Luchterhand Verlag GmbH & Co. KG., Neuwied, Kriftel,
Berlin.
Das Werk einschließlich aller seiner Teile ist urheberrechtlich geschützt. Jede
Verwertung außerhalb der engen Grenzen des Urheberrechtsgesetzes ist ohne
Zustimmung des Verlages unzulässig und strafbar. Das gilt insbesondere für
Vervielfältigungen, Übersetzungen, Mikroverfilmungen und die Einspeicherung
und Verarbeitung in elektronischen Systemen.
Gesamtherstellung: Kanters B.V., NL Alblasserdam
Printed in Germany, Januar 1994

Was wir heute unter "Pädagogik" oder "Erziehungswissenschaft" verstehen, ist ein Fach, eine sozialwissenschaftliche Disziplin unter anderen, die gelehrt und an Hochschulen studiert werden kann; mit allem, was dazu gehört: Lehrstühlen, Prüfungen, Vorlesungen, Büchern und vor allem vielen Wörtern. Das ist vermutlich auch notwendig und gut, weil viele Leute davon leben und sich ihre Lebenszeit damit vertreiben können. Aber was hat das alles mit den "lebendigen Menschen zu tun, die mühsam den eigenen Lebenspart auf dem Gebiet verantwortlicher, ununterbrochener, komplizierter, nicht in Schablonen faßbarer Arbeit spielen?"Das ist eine der Fragen, die Janusz Korczak aufgeworfen hat, um - wie er schreibt - "die aristokratische Theorie mit der demokratischen erzieherischen Praxis zu verschwistern".

Ich denke, daß es Michael Langhanky mit diesem Buch um diese Verschwisterung zwischen pädagogischer Theorie und pädagogischer Praxis geht. Diese Feststellung ist schnell hingeschrieben und ebenso schnell ist damit das merkwürdige Wort - "Verschwisterung" - an dem ich beim Lesen eines kleinen Aufsatzes von Janusz Korczak mit dem Titel "Die Kaste der Autoritäten" hängengeblieben war, in dieser Feststellung untergebracht. Also noch einmal zurück: Es ist offensichtlich nicht damit getan, verknöcherte, begrifflich gefaßte pädagogische Theorie gegen lebendige, täglich erlebte pädagogische Praxis-Erfahrung auszuspielen; Janusz Korczak ging es - wie Michael Langhanky, ein besonderer Vorzug seiner Arbeit, aus bisher nicht übersetzten Texten Korczak zitiert - um die Entwicklung einer persönlichen, eigen-artigen pädagogischen Erkenntnis: "Fremde Anschauungen fremder Menschen müssen sich im eigenen lebendigen Ich brechen. Als Resultat habe ich die eigene, bewußte oder unbewußte Theorie, die meine Tätigkeit leitet." Das Buch, das Michael Langhanky über Janusz Korczak und seine Art und Weise, mit Kindern zu leben, geschrieben hat, kann als ein Dokument einer solchen Brechung gelesen werden. Dazu gehören auch die Umwege und Ausflüge, die Michael Langhanky in die Pädagogik Rousseaus oder zu einigen Reformpädagogen und zu Martin Buber macht; sie haben mich dazu provoziert, Jean-Jacques Rousseaus Erziehungsroman und Martin Bubers Rede "Über das Erzieherische" mit anderen Augen zu lesen. Aber nicht nur Lesehaltungen kann Michael Langhankys Auseinandersetzung mit Janusz Korczak verändern; auch "unsere Art, die Welt und unsere Mitmenschen wahrzunehmen" (Joachim Berendt), könnte anders werden. Aber was heißt "Wahrnehmung"? Sind damit nicht schon Ideen und Wertungen gemeint?Wenn wir mit Kindern leben und nicht pädagogisch an ihnen herumzerren wollen, brauchen wir zunächst einmal die Fähigkeit, sie anzusehen, anzuhören, anzurühren; sie sind nicht unfertige, sondern anders Erwachsene: "Ein Kind vermag nicht 'wie ein Erwachsener' zu denken, aber es kann auf kindliche Weise über ernste Probleme der Erwachsenen nachdenken", schreibt Korczak. Michael Langhanky arbeitet mit seiner Art, Korczaks Texte zu lesen, ein Verständnis von Kindern als ernstzunehmende Menschen heraus, das uns Erwachsenen besonders dann schwer fällt, wenn wir unsere Kinder lieben:
"Aus Furcht, der Tod könnte uns das Kind entreißen, entziehen wir es dem Leben", schreibt Janusz Korczak. Und es lohnt sich diesen Abschnitt ausführlicher zu zitieren: "Um seinen Tod zu verhindern, lassen wir es nicht richtig leben. Selbst in der verderblichen Atmosphäre lähmenden Wartens auf das, was kommen soll, aufgewachsen, eilen wir ständig einer Zukunft voller Wunder entgegen. Träge wie wir sind, wollen wir das Schöne nicht heute und hier suchen, um uns zum würdigen Empfang des morgigen Tages zu rüsten: Sondern das Morgen selbst soll uns neuen Aufschwung bringen."
Gegen diese Trägheit hat Michael Langhanky angeschrieben.

Bruno Schonig, Berlin im August 1993

Inhaltsverzeichnis

Zur Einführung

Einleitung 2
Vier Geschichten zu diesem Buch 6
Monique Die Bahnfahrt Spuren Zwei Schaukeln

Teil 1

Eine Utopie feiert Renaissance 16
Die 'Wilden Kinder' und Rousseaus 'Emile' 16
Utopie und Nationalstaat, oder: Die Ummünzung einer zweifelhaften Utopie 22
Der gesellschaftliche Wandel als Entstehungshintergrund 24
Von der Lernschule über die Erziehungsschule zur Zukunftsschule 27
Deutschnationaler "Geburtshelfer" und "Charakterbildner" - Herrmann Lietz 30
Zukunfstschule und Zukunftsstaat - Berthold Ottos Unterrichtsreform 36

Martin Bubers Entwurf einer kontemplativen erzieherischen Begegnung
Zur Einführung 42
Ideologiekritik und Bubers Sprache 45
Gesellschaftsreform und Erziehung bei Buber 47
Gemeinschaft und "Umfassung" 53
"Umfassung" und Kontemplation 60

Teil 2

Janusz Korczak - Meister des Dreisprungs
Vom "Wer", "Was" und "Wohin" mit Korczak 67
Jude, Pole, oder ein drittes Gemeinsames: Identitäts-
und Gedankenlinien bei Korczak 74
Arzt, Pädagoge, Schriftsteller: Professionelle Linien in Korczaks Denken 84
    Der Arzt 88
    Der Pädagoge 94
    Der Schriftsteller 105
Reflexion, Forschung, Konstitution: Korczaks methodisches Dreieck 110
Das System der Reflexion 112
Das Tagebuch 112

Die Zeitungen 117
Forschung und Erziehungspraxis 117
Das System der Konstitution 126

Teil 3
Erziehungs als Akt des Diskurses, der Handlungsforschung und der Kontemplation 132
Einführung 132
Diskursansatz bei Korczak 134
Aktionsforschung als Alltagsgeschäft 140
Erziehung als Kontemplation 145

Korczaks Provokation 150

Literaturverzeichnis 152

" Erech sollet nit zudecken mein Blut
un soll nit kein Ard sein far mein Geschrei"

Hiob 16.18
(Inschrift am Mahnmal des `Umschlagplatzes')

Vorwort

Vor sechzehn Jahren sah ich im ehemaligen Konzentrationslager Auschwitz einen Film, dessen Bilder sich in meinem Gedächtnis eingravierten. Es war ein sehr kurzer schwarzweiß Film. In meiner Erinnerung schien es zuerst ein Stummfilm gewesen zu sein, bis sich der Klang des Hundes wieder in meinem Ohr einfand. Der Hund einer SS-Wachmannschaft, die eine Gruppe von Kindern, in Begleitung eines Mannes, in einem Zaungehege gefangenhielt. Dann tauchte der Klang eines fliegenden Kreisels wieder auf. Ein Kind hatte ihn losgedreht und der vor der Schnauze des Hundes liegen blieb. Dann das Geräusch eines Lastwagens, der anhielt, die Kinder und den Mann in seinen Innenraum aufnahm, - die zuschlagende Tür und die Stille.

Das Eigentümliche des Films war nicht das Ende - der Tod. Es war die seltsame Spannung zwischen der Gruppe der Kinder und dem Mann. Sie sprachen nicht miteinander, und doch war eine Art vorsichtiger, achtender Fürsorge des Erwachsenen zu spüren. Die Kinder waren sich dessen sicher. Es war keine Stärke, kein Kraftakt, keine Zärtlichkeit, die der Betrachter zu sehen bekam. Und doch war es alles dies, ohne es zu sein. Keine Bewegung, kein Zuspruch, nur die Ruhe der Teilnahme. Es hatte etwas subtil tröstendes und hinterließ zugleich eine tiefe Traurigkeit.
Der Film "Ambulance" war als Reminiszenz an Janusz Korczak und die Kinder des Waisenhauses gedacht, die vor 50 Jahren aus dem Warschauer Ghetto in das Vernichtungslager Treblinka deportiert wurden. Er war nicht historisch und gab keine Erklärungen, sondern überreichte nur seine Bilder und inneren Spannungen.

Es sollte acht Jahre dauern, bis ich, durch das Ende des Films hindurch, zu dem Verhältnis des Erwachsenen zu den Kindern zurückfand, mich dieser Spannung besann. Ich hoffe, ein wenig davon in diesem Buch widerzugeben.

An seinem Zustandekommen waren direkt und indirekt eine große Anzahl von Menschen beteiligt, die meisten ohne es zu wissen: Lehrer, Kinder, Buchautoren und Zeitzeugen. Besonders aber bedanke ich mich bei Marta Ciesielska, die mir mit Geduld und Einfühlungsvermögen im Archiv in Warschau half; bei Prof. Beiner, der mir viele der von ihm gesammelten und zur Übersetzung gegebenen Materialien überließ und mir seine Zeit und Gedanken zur Verfügung stellte; bei Frau Falkowska deren Erinnerungen an Korczak und deren Kalendarium von Korczaks Leben mir hilfreich waren; bei Hannah Lühr, die Dokumente für mich ins Deutsche übersetzte; bei Frau Pinsch, die das Manuskript korrigierte; bei Michael Kirchner, der Ideen und Korrekturen anbrachte; und bei Eva, Jan und Nicolas für die Anregungen durch den Alltag und die Geduld.

Die fünfte Grundrechenart besteht darin, daß zuerst der Schlußstrich gezogen wird und das erforderliche und gewünschte Ergebnis darunter geschrieben wird. Das gibt einen festen Halt für die gewünschten Operationen, die anschließend über dem Schlußstrich erfolgen.-Diese fünfte Grundrechenart dient dazu, den Vorschriften und Anordnungen zu genügen und dennoch der Strafe und Isolierung zu entgehen. Anwendung findet diese Rechenkunst im Privaten und im Volkswirtschaftlichen...

Christoph Hein (Zeit 6.10.89)

Zur Einführung

Einleitung

Christoph Hein brachte mit der sprachlichen Schaffung einer "fünften Grundrechenart" die Wirkungsweise des Systems der damaligen DDR, vor allem der Ökonomie der Fünfjahrespläne auf den Punkt: Das Trimmen und Zurechtbiegen von Fakten und Menschen auf ein Ergebnis hin, soweit, daß diese zwar formal das erwünschte Ergebnis hergaben, sich daneben aber eine eigene andere Realität, ein anderes Ergebnis ergab: Das, was später mit dem inflationären Begriff "Wende" belegt wurde.

Mir sprang diese Formulierung der "fünften Grundrechenart", die sich ebenso im Privaten wie Volkswirtschaflichen abspielt, als Verdichtung dessen, was unter dem Begriff "Erziehung" geschieht, entgegen. Sie verdeutlicht schlaglichtartig das Dilemma, das den Begriff "Erziehung" während seiner Geschichte begleitet, - den Mißstand, daß das Ergebnis der Erziehung, je nach der gesellschaftlichen Entwicklung und der politischen und ideologischen Intention eines Zeitalters und der Erziehenden in ihm, festgelegt wurde und im Verlauf der Erziehung die gewünschten Operationen "über dem Schlußstrich" an den Erzogenen ausgeführt wurden. Die Definition des Ergebnisses - des Erziehungszieles - gab den entsprechenden "festen Halt" für die notwendigen Operationen.

Siegfried Bernfeld definiert 1925 Erziehung als "die Summe der Reaktionen einer Gesellschaft auf die Entwicklungstatsache."[1] H. Fend setzt anstelle des neutralen Wortes "Entwicklungstatsache" eine "Invasion von Barbaren"[2], auf die die Gesellschaft reagiert, reagieren muß. Gemeint sind mit beiden Begriffen Kinder, die sich tastend, fühlend, suchend und vorab vertrauend - weil darauf angewiesen - in komplexes Leben einfinden. Erziehung ist also, wenn man sich an Bernfelds Definition hält, die Summe der Reaktionen einer Gesellschaft auf die Tatsache, daß es Kinder gibt, die nicht erst zu etwas werden, sondern bereits sind.

Betrachtet man die Geschichte der Tat-Sache Erziehung, dann ist es interessant festzustellen, wie wenig der Fakt, daß Kinder bereits sind und nicht erst werden in diese eingeflossen ist. Dieser schlichte Umstand, den der polnische Pädagoge Janusz Korczak zur Grundessenz seiner Forderung nach dem "Recht des Kindes auf Achtung" gemacht hat, ist jedem Menschen geläufig, der die Regungen eines neugeborenen Kindes nach dessen erstem Schlaf mit hörenden Augen eingeatmet hat. Das, was H. Fend als Barbaren bezeichnet, -das neugeborene Kind- ist nicht nur Potenz, die einmal wird, sondern ist von Beginn an das, was Martin Buber als "die Gegenseite" oder "die Anderheit" bezeichnet.[3] Es ist von Anfang an ein Mensch, ein Individuum, mit dem sich der Erziehende im Dialog befindet - nicht im sprachlichen Dialog, sondern in einer Begegnung, die von dem "Element der Umfassung"[4] gekennzeichnet ist. Diese "Umfassung" von Erwachsenem und Kind, das also, daß der andere da ist, daß man den anderen - das Kind - neben der eigenen Konkretheit erlebt, von ihm Antwort und Ansprache erfährt, taucht zwar in der Psychologie auf. Sie spielt aber in der Diskussion um den Begriff der Erziehung kaum eine Rolle.

---

1 Bernfeld 1967; S. 51
2 Tenorth 1988; S. 322
3 Buber 1926; S. 43
4 ebenda

So kommt es, daß der Großteil der Theorie und Praxis der Erziehung auf die, von Christoph Hein beschriebene "fünfte Grundrechenart" zurückgreift: Sie definiert ein Ergebnis - ein Erziehungsziel - im Hinblick auf das Kind und macht sich, daran anschließend, Gedanken, wie dieses Ziel durch geeignete Operationen umzusetzen ist. Das besonders Charakteristische daran ist, daß dieses Ziel als monologisches Einwirken des Erwachsenen auf das Kind definiert wird, zu dessen optimaler Umsetzung man sich auch der Interaktion bedient, bedienen muß. Erziehung ist in ihren wesentlichen historischen Strömungen und Bewegungen eine teleologisch - manipulative Art, die Begegnung von Erwachsenem und Kind zu gestalten.
Dieser theoretische und auch praktische Umgang mit Erziehung ist aus meiner Sicht, unabhängig von deren ideologischer Ausrichtung, in allen Lagern der Gesellschaft vorherrschend.

In der vorliegenden Arbeit möchte ich mich vor diesem Hintergrund mit einem Abschnitt der Geschichte des Begriffs Erziehung befassen, der die heutige Erziehungsdiskussion in der Bundesrepublik nach 1945 stark beeinflußt hat, vor allem aber die Erziehungsrealität im Bereich der Schule:

Gegen Ende des 19. Jhdts. traten in der Nachfolge der pädagogischen Gründerväter Pestalozzi, Fröbel, Wichern, Fichte etc. eine Reihe von pädagogischen Praktikern - meist Lehrer - in eine Diskussion um Erziehungsziele ein. Diese Bewegung wird heute als reformpädagogische Bewegung bezeichnet. Große Teile der Diskussion dieser Bewegung wurden nach dem Ende der NS-Herrschaft als reformerisches Erbe in die Erziehungsdiskussion der Bundesrepublik mit aufgenommen. Gleichzeitig hatten Teile dieser Bewegung wegbereitende Funktion für die nationalsozialistische Ideologie und ihre Erziehungspraxis gehabt.
Im Rahmen der Diskussion der Reformer wie Gaudig, Kerschensteiner, Otto, Lietz, Pannwitz oder Gurlitt will ich nachverfolgen, wie die beiden Lager der Staatskonformen und der Utopisten mit dem Kind als eigenständigem Individuum umgehen - welcher Grundrechenart sie zuneigen.

Teilnehmer dieser Reformdiskussion, - der eine persönlich involviert, der andere als Beobachter - waren ein jüdischer Philosoph und ein jüdischer Pädagoge und Kinderarzt, die beide unabhängig voneinander einen dritten Weg des Verständnisses von Erziehung suchten. Martin Buber und Janusz Korczak, die einander nie begegnet sind, haben getrennt die Philosophie und Praxis einer beobachtenden dialogischen Erziehung vorgenommen, die dem Instrumentalisieren des Kindes als zu formender Masse und dem Idealisieren der Kindheit als Ausgangspunkt utopischer Menschheitsentwürfe gleichzeitig entkommt.

Wie notwendig dieser Ausweg für professionelle erzieherische Arbeit ist und wie schwierig er in der Praxis zu erspüren ist, ist mir bei meiner Begegnung mit Kindern und Jugendlichen greifbar nahe gekommen. Die Erfahrung der Gegenseite, das Erforschen der inneren Begründungszusammenhänge des Gegenüber, das Ernstnehmen der Handlungen des anderen sind Fähigkeiten, die nur mangelhaft ausgebildet sind. Darin unterscheiden sich Erzieher und Sozialpädagogen keineswegs von anderen Erwachsenen in dieser Gesellschaft.

Es ist ein langwieriger Lernprozeß, der aus der fünften Grundrechenart der Erziehung, hin zu einem Weg, jenseits von Subtraktion und Addition führt. Dieser Weg - wider die "fünfte Grundrechenart" scheint mir am deutlichsten aufweisbar in der Pädagogik Janusz Korczaks (Teil 2.).

Im Folgenden werde ich versuchen, mich durch eine historisch-pädagogische Betrachtung der deutschen Reformpädagogik und der pädagogischen Gedanken Martin Bubers dem Erziehungsverständnis des polnischen Pädagogen zu nähern (Teil 1). Die Arbeit verfolgt damit zwei Ziele zugleich: Sie möchte zum einen die reformpädagogischen Traditionslinien der deutschen Pädagogik kritisch prüfen und zugleich auf die wenig rezipierte Tradition der philosophischen Bewegung des Frankfurter Lehrhauses aufmerksam machen; eine Bewegung, die im deutschen Sprachraum in vorsichtigen Zügen das umriß, was sich in Janusz Korczaks Erziehungspraxis als fundamentaler Wandel im Erwachsenen-Kind-Verhältnis herauskristallisiert.

Als Einführung werden vier kurze Erzählungen, Gedanken, wiedergegeben, die in der pädagogischen Praxis entstanden sind. Sie sind im Schreibprozeß Anstoß und Reflexionshintergrund zugleich gewesen, und ich hoffe, daß sie den Leser durch das Buch begleiten können.

Im ersten Teil der Arbeit wird die Reformpädagogik, ausgehend von einem kurzen Ausflug zu Rousseau, vor ihrem gesellschaftlichen Hintergrund dargestellt. Hermann Lietz und Berthold Otto sollen hier stellvertretend für das breite Spektrum dieser pädagogischen Bewegung untersucht werden. Durch den Nachweis einer teleologischen Grundkonzeption im Erwachsenen-Kind-Verhältnis wird der Reformbeitrag dieser Bewegung hinterfragt. An der engen Verknüpfung der Reformpädagogik mit dem Nationalstaatsgedanken wird ihre pädagogische Ziel - Mittel Definition verdeutlicht. Reform gestaltete sich hier als ein verändertes Methodenverständnis, das, entsprechend den veränderten gesellschaftlichen Verhältnissen, die Anforderungen der bürgerlichen Gesellschaft in der Pädagogik durchsetzen sollte.

Daran anschließend wird dieser Erziehungskonzeption die pädagogische Linienführung Martin Bubers gegenübergestellt. Buber, der in der reformpädagogischen Diskussion der 20er Jahre eine Gegenposition formuliert hatte, wird hier als Vertreter einer pädagogisch-philosophischen Bewegung dargestellt, die die zwischenmenschliche Erfahrung des Individuums zu ihrem Reflexionsgegenstand machte. Buber, Fromm als Vertreter der Frankfurter Lehrhauses und Gustav Landauer, führten in ihre jeweiligen Gebiete, - die Philosophie, die Psychologie und die Politik - das ein, was der Philosoph Gabriel Marcel "die metaphysische Wichtigkeit der Begegnung"[1] nennt. Marcel schreibt: "Jemandem begegnen, heißt nicht nur ihn treffen, heißt wenigstens einen Augenblick bei ihm, mit ihm sein, bedeutet.... Co-präsenz."[2] Die "Co-präsenz", bei Buber "die Umfassung" als konstitutives Element der Erwachsenen-Kind-Kooperation zu umreißen und mit ihr den Stellenwert von Kontemplation für die Pädagogik aufzuzeigen ist Ziel dieses dritten Abschnittes.

Die pädagogische Praxis Janusz Korczaks ist Gegenstand des zweiten Teils der Arbeit. Entlang seiner Professionalitätslinien (Schriftsteller, Arzt, Pädagoge)

---

[1] Marcel 1992 S.12
[2] ebenda

und seiner Identitätslinien (Jude, Pole und ein Drittes) soll das Verständnis der Erziehungsverhältnisses bei Korczak verdeutlicht werden. Zugleich sollen die drei wesentlichen Elemente der Absicherung einer gelingenden Erwachsenen-Kind-Kooperation in der Pädagogik mit den Begriffen einer forschenden, konstitutionellen und reflexiven Pädagogik herausgearbeitet werden. In Korczaks pädagogischen Handeln - so die These dieses Anschnittes - wird der Aspekt der "Co-präsenz" und der Kontemplation radikal in die pädagogische Praxis übertragen. Durch drei fundamentale Schlußfolgerungen verlässt Korczak die Tradition einer interventionistischen und teleologischen Pädagogik.

Diese drei Kristallisationspunkte der Pädagogik Janusz Korczaks werden an diesen Abschnitt anschließend in einem dritten Teil der Arbeit auch in Bezug zu neueren Theoriebildungen, ausgeführt. Durch den Dreisprung von Forschung, Diskurs und Kontemplation gestaltete Korzak eine Pädagogik, die den Verstehens- und Verständigungspozess an die Stelle der Intervention setzt. Pädagogik war für ihn unvorstellbar ohne den offenen Diskurs. So kann seine Praxis als ein Versuch der Umsetzung kritischer Theorie in die Pädagogik gelesen werden, lange bevor erstere geschrieben war. Ebenso hat Korczak der Aktionsforschung Kurt Lewins vorgegriffen, in dem er Forschung als alltägliches Substrat der Erziehungspraxis und als Alltagsforschung mit dem Ziel emanzipatorischen Handelns in die Pädagogik einführte. Beide Aspekte - Diskurs und Forschung - verdichten sich in einem Versuch Korczaks Kontemplation in die Praxis einzuführen.

Korczaks "Pädagogik der Achtung" soll hier als eine Pädagogik wider die "fünfte Grundrechenart" nachgewiesen werden, indem sie in ihrer impliziten Theorie und Methodik beschrieben wird. Und zugleich will die Arbeit einen zaghaften Versuch anstellen, Traditionslinien in der deutschen Pädagogik und Philosophie aufzufinden, die sich gegen die Pädagogik als Disziplin der zielbestimmten Intervention deutlich abgrenzen. Vielleicht gelingt so ein kleiner Beitrag zu einem diskursiven, forschenden und kontemplativen Praxisverständnis dieser Profession.

Vier Geschichten zu diesem Buch

Die Anregungen, dieses Buch zu schreiben, haben zweierlei Ursprung: Meine Ausbildung, in der ich das Glück hatte, Pädagogik als Profession der Reflexion kennenzulernen und mit Menschen zusammentraf, die Pädagogik als handelndes Forschen begriffen und meine Praxis mit Kindern, die mir überdeutlich werden ließ, wie wenig ich von Kindern weiß, verstehe und wieviel Mühe es mich und andere Pädagogen und Eltern kostet, den Verstand überhaupt zu bemühen - zuzuhören, zu beobachten, wahr-zu-nehmen, Wahrnehmungen zuzulassen.

Vier Geschichten sollen dies zu Beginn dieses Buches verdeutlichen. Vor ihrem Hintergrund sind die Gedanken, die dann folgen, entstanden.

Monique

Klein,
als ließe sie die Kraft des Wachsens implodieren,
die Anzeichen des Erwachsenwerdens
hinter schwarzen Hemden versteckend,
stand sie
in engen Jeansröhren und spitzen Schnürstiefeln
auf dünnem Grund.
Ob die Phantasie ihr das Messer im Kopf drehte
oder ob der Angsttraum real - wahr,
für sie blieb es alltägliche Wirklichkeit:
sie -
ein beim Abortversuch der Mutter
übriggebliebener Zwillingsfötus

ihr Gesicht
lag ruhig zwischen runden Backenhügeln,
das Erlebte, Zugefügte
war in die Unterarme eingekerbt,
und die Sprache hatte gelernt,
die Einsamkeit zu zerlegen,
den Kopf zu ernüchtern;
neben Verdünnern und der Sucht nach Tötung
war sie zur Droge geworden,
die weder Hilfe noch Klage war,
sondern ruhige sachgerechte Analyse, dessen,
was wahr

Kluge Ironie und
die Auseinandersetzungspotenz ihre Sternbildes,
des Löwen,
dienten ihr zur Prüfung des anderen:
dessen, der ihr Zuneigung versprach,
ihr Verständnis zusagte und -
ihr Erziehung anbot.
Ein leises Lächeln
reihte die Erfahrung mit dem anderen zu den anderen-
verzeihend,
wissend
um die Anzahl der leeren Krater auf dem Mond

Da ihr Sprache
nicht zum Berühren des Nächsten gut war,
konstruierte sie Übergänge,
zog tiefe Pfade
und setzte Lichter
alles,
um sich der Blindheit ihrer Welt zu vergewissern,
sich nüchtern vorführend,
daß ihr Überleben resonanzlos
ein Versehen ihres Trotzes ist

Als selbst die Eingeweide der Psychiatrie
sie ausspuckten
und die Erwachsenenwelt um sie herum kollabierte,
trieb sie sich ab,
In einem meerblauen Müllsack
voller Dämpfe
erstickte sie
an der beißenden Verständnislosigkeit des Überlebens
am Ort
ihres glücklichen Lachens.

Fast ein Jahr hatte ich drei - viermal pro Woche im Zimmer nebenan geschlafen. Getrennt durch die dünnen Wände der Sozialwohnung, in der man selbst den Wecker oder das Schnarchen des Mieters in der Etage tiefer hörte - von drei anderen Jugendlichen und einer wechselnden Betreuungsperson bewohnt. Abend für Abend schlich sich ihre Musik leise nagend in mein Ohr, das damit beschäftigt war, sich von den vielen Worten des Tages etwas Stille zu verschaffen.
Waren es zuerst die Charts gewesen, die mit immer neuen Liedern aus ihren schlechten Lautsprechern plärrten und die sie in meine Müdigkeit schickte - gegen Ende ihres Lebens war es nur noch eine Platte - die Geschichte des Drachen Tabaluga.
Erst vier Jahre später, als mein Sohn auf einer lange Reise dieselbe Musik als Kassette wieder und wieder im Recorder des Autos hörte, rutschte in der Monotonie der amerikanischen Highways meine Aufmerksamkeit von der Melodie zu den Texten.

Ausgebreitet, wie ein Transparent mit übergroßen Lettern lag eine Botschaft nach der anderen in Form der Liedtexte vor mir - nur notdürftig verschlüsselt - als Ohrwurm.
- Ich hatte gehört ohne zu hören -.
Alle Lieder von der Reise des Drachen, den sein Vater in die Welt schickt, um Vernunft zu lernen, der den Ameisen, dem Mond, dem Baum und der weisen Schildkröte begegnet, waren angebotene Schlüssel zu ihr. Wie viele Male hatte ich die Musik gehört - als Verlängerung des Gesprächs, das wir vor dem Einschlafen geführt hatten - und immer hatte ich weder verstanden noch wirklich gehört.

Das Gefühl, erst zu verstehen wenn es zu spät ist, ist wie ein Krampf, ein sehr leiser Krampf der Hände und des Magens. - Nichts von dem Drachen, der sich nicht damit abfindet erwachsen zu werden, sich zum Erwachsenen zu häuten mit all den unstimmigen Attributen der Ordnung, der Disziplin. Nichts von der Schildkröte Nessaja, die Weisheit und Alter als albernes Geschwätz abtut, nichts von dem Mond, der versucht, den Drachen die lineare Zeitrythmik zu lehren und nichts von Tabalugas Versuch, den eigenen Weg - quer zu aller Erfahrung - zu gehen.

Ich hatte gehört - technisch - ohne zu vernehmen, gesprochen, ohne zu horchen und nur gewartet, bis die Antwort in meiner Sprache kommt.
Eingefangen von der Zeit, der Geschäftigkeit, der Ordnung und der Wichtigkeit bewegten Tuns waren die Ohren taub gewesen, wurden die Antworten zur Geräuschkulisse abgestuft. Das "dritte Ohr", wie Berendt und Reik es nennen, war taub.

In seinen Büchern über das Hören[1], mit denen er zum envogue-Autor wurde, plädiert Berendt für eine Umorientierung der Wahrnehmung:
"Wir können die Stimmen nicht mehr überhören, die uns aus nahezu jeder erdenkbaren Richtung entgegenschallen - von Psychologen, Anthropologen, vor Ökologen und Ökonomen, vom Club of Rome und von Futurologen, von Biologen und Physikern, nur leider nie von Politikern (und Pädagogen M.L.): Wenn wir überleben wollen, können wir nicht mehr so weiterleben. ... Das Steuer herumreißen heißt nicht: den Kurs nur gerade um ein paar Striche ändern. Es heißt: das Ziel ändern. Wir haben uns im Sinne von Expansion und Ausbeutung, von Wachstum und Herrschaft, von Unterdrückung und Egozentrik, von Macht und Masse und Maskulinisierung programmiert ... All die uns entgegenschallenden Mahnungen .. können nur Halbes bewirken, wenn wir nicht das Entscheidende ändern: unsere Art, die Welt und unsere Mitmenschen wahrzunehmen."[2]
Mit einer Unzahl an physikalischen, kulturhistorischen und musikwissenschaftlichen Details belegt Berendt die Verdrängung der akustischen Wahrnehmung, durch die um so vieles begrenztere optische Wahrnehmung. Mit ethymologischen Wortspielen, wie etwa dem, daß Vernunft von Vernehmen kommt und daß das parallel gebildete Wort in der optischen Wahrnehmung Versehen heißt, mit physikalischen Tatsachen, wie der Meßfähigkeit des Ohres, seiner Überlegenheit im Wahrnehmungsradius und der Differenzierungsfähigkeit, versucht er, die Notwendigkeit einer stärker zuhörenden, achtsameren, kontemplativeren Lebenswahrnehmung zu markieren. In Anlehnung an den Mythos des dritten Au-

---

[1] Berendt 1987 und 1988
[2] Berendt 1988; S. 20

ges gibt Berendt seinem letzten Buch den Titel "Das dritte Ohr" und merkt dazu an:
"In dem Titel ... schwingt Ironie. Wir haben das dritte Ohr ja. Wir müssen es nur zu gebrauchen wissen. Seine Botschaften nicht überhören."[1] Mit dem Titel bedient sich Berendt, vermutlich ohne es zu wissen, eines Begriffes, den Nietzsche[2] geprägt hat und der Eingang in die Psychoanalyse gefunden hat. Theodor Reik veröffentlichte 1948 unter dem Titel "Hören mit dem dritten Ohr" die "inneren Erfahrungen eines Psychoanalytikers". Er fordert: "Der Psychoanalytiker muß lernen, wie einer zum anderen ohne Worte spricht. Er muß lernen, mit dem dritten Ohr zu hören. Es stimmt nicht, daß man schreien muß, um verstanden zu werden. Wenn man gehört werden will, dann flüstert man".[3]

Das dritte Ohr ist für Reik die Fähigkeit zur Wahrnehmung der kleinen Zeichen, des Unbedeutenden, des Pianissimo. Es ist das "Empfangen, Aufzeichnen und Entziffern dieser Nebensachen"[4]. Reik erfaßt die kontemplative Dimension des dritten Ohres, wenn er schreibt: "Eine der Eigenarten dieses dritten Ohres ist, daß es auf zwei Kanälen hört. Es kann erfassen, was andere Leute nicht sagen, sondern nur fühlen und denken; es kann aber auch nach innen gerichtet werden. Es kann Stimmen aus dem Inneren hören, die sonst nicht hörbar sind, weil sie vom Lärm unserer bewußten Gedankenprozesse übertönt werden."[5]

Michael und Enid Balint nahmen den Begriff vom dritten Ohr auf und übernahmen ihn, als "Lesen zwischen den Zeilen", für die Beratungsarbeit mit Medizinern[6], die später als Balintarbeit zur Supervisionsmethodik wurde. In dieser Arbeit soll Professionellen, Medizinern und Pädagogen eine Möglichkeit erschlossen werden, wie sie eine Wahrnehmung der Botschaften und Bilder ihrer Adressaten schulen können. Jener Botschaften, die ihnen im Berufsalltag in der Faktizität unterzugehen drohen. Es ist dies eine Wahrnehmung "von so vagem Charakter, Eindrücke, die sich uns beinahe entziehen, die uns helfen, gewisse Stationen auf unserer Straße zur Einsicht zu erreichen. Wir schätzen ihren Wert, wenn wir gelernt haben, unsere Ungeduld unter Kontrolle zu halten und nicht, wenn wir unmittelbare Ergebnisse davon erwarten. Der Duft eines Parfüms, die Geste einer Hand, eine Eigenheit beim Atmen geben ebenso Geheimnisse preis wie Bekenntnisse oder lange Berichte. Manchmal verdient eine Beobachtung dieser Art kaum den Namen Beobachtung, aber sie erweist sich dennoch als wichtig. Manchmal bleibt ein flüchtiger Eindruck unbemerkt, bis er sich wiederholt."[7]

---

1 Berendt 1988 S.221
2 vergl.: Nietzsche 1973; S. 246
3 Reik 1990; S. 165
4 Reik 1990; S. 167
5 ebenda; S. 169
6 vergl.: Pühl 1990; S. 313
7 Reik 1990; S. 172

Die Bahnfahrt

Im Abteil der S-Bahn steht ein Kinderwagen. In ihm, mit hellblauen Gurten festgeschnallt, ein vielleicht 2jähriges Kind; ein Vollmondgesicht mit kräftigem Blick, krausen Haaren und Durchsetzungskraft in den Zügen. Die Mutter sitzt, müde zurückgelehnt und fahl im Gesicht, auf der Bank.
Die S-Bahn fährt an, und das Kind sitzt ruhig in seinen Gurten, beobachtet die Umgebung. Nach drei Minuten spannt es mit dem Bauch die Gurte und brummt. Zuerst langsam, dann rhythmisch und zornig, zeigt es deutlich an, daß es raus will. Die Mutter beachtet es nicht.
Das Kind nimmt eine kleine Pappschachtel - die Verpackung des Beruhigungsschnullers, darin zwei Schnuller, der alte ausgediente und der neugekaufte - und wirft alles auf den Boden. Es blickt dabei der Mutter gerade ins Gesicht. Die hebt alles auf, gibt dem Kind die Schnuller und - kann sich sofort wieder bükken.
Mit leiser Wut - der Umsitzenden wegen - bedeutet sie dem Kind mit drei zusammengepreßten Fingern, daß es sich in acht nehmen soll, sonst... Das Kind schaut sich um und wirft ein drittes Mal, knurrt dabei und versucht, mit dem Bauch die Gurte zu sprengen. Ohne Zuschauer wäre wohl jetzt ein Schlag gekommen, so wird er nur angedeutet.
Ich kenne die Szene, das innere Schwitzen der Mutter, die Verlegenheit und den Ärger, den sie spürt. Ich kann ihre unterdrückte Säuernis nachfühlen, die sie mit jeder Körperhaltung ausdrückt.
Zwei Wünsche, die in Gegnerschaft münden:
Das Kind will laufen, sich das Abteil besehen, Kontakt aufnehmen. - Die Mutter ist müde und traurig, will die Augen schließen und ihren Gedanken und Gefühlen nachhängen. - Keiner kommt zu seinem Recht. - Doch die Mutter macht nicht einmal den Versuch der Erklärung: Du bleibst jetzt bitte sitzen, weil... Sie ignoriert erst und dann, abrupt, droht sie. Ohne dem Kind mitzuteilen, daß sie verstanden hat.
Das Thema ist nicht der Wunsch des Kindes, sondern Ruhe und Unruhe, Ohnmacht und Macht. Wie oft ist das so. Und wie schwach sind dabei die Erwachsenen, daß sie auf einen einfachen Wunsch nicht einfach, sondern immer mindestens doppelt reagieren müssen. Das Kind der potentielle Tyrann, wo es nur mit seinen Mitteln sein Recht fordert.

In der Wochenzeitschrift DIE ZEIT, erschien dann auch der Abgesang auf die Romanciers der Kindheit. Unter dem Titel "Ungeheuer lieb" erschien dort ein "Aufschrei" von Jörg Albrecht mit so spritzigen Untertiteln wie "vom Baby zur Landplage" und "Kinder sind Egoisten". In ihm verwehrt sich der Autor gegen den Kotau vor der Kinder-Tyrannei mit Sätzen wie : "Kinder sind grausam - gäbe man ihnen die Macht und die Mittel, sie würden aus einer Laune heraus die ganze Welt vernichten" oder "Kinder sind Egoisten - nur mühsam lernen sie, auch den Mitmenschen zu respektieren".[1] Von der Maxime "Kinder seien die besseren Menschen", wird hier ins Gegenteil umgeschwenkt : "Kinder sind in Wahrheit Barbaren-... wer sie in die Welt setzt, ist selber schuld". Daß das eine so naiv wie das andere dumm ist, scheint weder dem Autor noch dem Redakteur einzuleuchten. Klar ist nur, daß der Dialog, die mühsame, verständige Abgrenzung der Interessen erst gar nicht angestrebt wird. Entweder ist das Kind der Hoffnungsträger einer besseren Welt oder der Tyrann und Barbar, der einer Zähmung bedarf. Aber nie ein individuelles Gegenüber.

---

[1] Zeitmagazin 27.12.91

Spuren

Drei Treppen - sozialer Wohnungsbau mit Zimmer, Küche, Bad, vollgestellt mit den Relikten eines abgetriebenen Lebens, Photos, Möbeln aus den verschiedenen Wohnungen und Beziehungen, alles markiert durch den Geruch von Alkohol, Nikotin, Armut und der Sucht nach kurzem Glück. Die Hoffnung auf ein längeres hatte bereits der Vater zerstoßen.
Seit das Jugendamt ihr lebendiges, das Überleben sicherndes Glück - ihren Sohn aus einzig guter Freundschaft in ein Heim gebracht hatte - zu ihrer Verzweiflung auch noch in ein gutes -, ist für die Frau die letzte Spannleine zum Leben aus dem Grund gezogen. Er war es, der ihr über die sieben Jahre seines Lebens Zärtlichkeit, Sinn und Wahrnehmung erhalten hatte und Spuren der Menschlichkeit in ihr Leben gelegt hatte.

Sie hatte ihn auf den Namen "der Kunstfertige" oder in lateinischer Übersetzung "der Passende" taufen lassen. Mit fünf Jahren hatte er begonnen zu arbeiten: Freiern ein Vorspiel mit der Mutter, gegen eine "Aufpreis" genannte Voyeursgage, zu bieten. Warm und leicht, als Teil ihrer selbst war er ihr gewesen. Die wuchtigen, verletzenden Körper mit den schwitzenden Poren waren ihr umso widerlicher geworden.

Dreimal hat sie ihn nachts aus der Wohngruppe des Heimes zu sich nach Hause genommen - 'entführt', wie es die anderen nannten. Wie ein Rendezvous waren die Verabredungen gestaltet: Um Mitternacht hatte er auf ein Zeichen das Fenster seines Kinderzimmers geöffnet, war mit Gepäck in ihre Arme gesprungen.

Beim erstenmal hatte sie Geld gehabt und ihn mit in die Berge genommen, dorthin, wo sie bis zum Rausschmiß durch den Vater das Leben der gehobenen Mittelschichtskinder gelebt hatte. Windige Redakteure hatten ihr Bild in ebendieser Zeitschrift mit der Balkenzeile "Kindesentführerin" veröffentlicht. Nachdem sie ihren Sohn in ausgezeichneter Laune den Pädagogen zurückgebracht hatte, wollte sie in einer Kneipe ihren Abschied ersäufen, wurde aber wegen des Bildes erkannt und mit prügelnder Bürgersmoral erstickt.

Beim zweitenmal hatte sie ihn bei der Mutter eines Freundes versteckt, einfach um ihn zu "haben". Beim drittenmal fahndete die Polizei und durchsuchte ihre Wohnung - ohne Erfolg. Während Polizei, Erzieher und die Mutter über eine Dreiviertelstunde redeten, kauerte das Kind, kaum einen Meter entfernt, hinter der Waschmaschine und beobachtete die Parteien um den leeren Kreidekreis. Wieviel Gewalt, Lächerlichkeit und zwiespältige Lüge müssen seine Ohren verletzt haben. Stumm und regungslos ließ er sie passieren, kein Räuspern und Atmen kristalisierte in der Luft, keine Andeutung von Ambivalenz, nur Stillhalten pulsierte stoisch zwischen den Ohren.

Mit List wurde er am Abend von der Polizei aufgegriffen, wie es in deren Sprache heißt.
Seine Mutter nahm sich wenige Stunden später das Leben.

Weder das Leben mit ihr noch die Nachricht ihres Todes noch die Szenerie der Beisetzung waren für den Jungen verfügbar. Szenenbilder einer Gefühlscollage zogen Kreuzbahnen über sein inneres Auge, rasend ohne Halt, den Worten verschlossen. Keinem der Bilder konnte er Gedankengestalt geben. Nur in der Tiefe seiner selbst gegenüber dem Alltag ahnte er, daß dies alles ihn mit einer Gestalt umgab.

Sein Mund wurde im Umgang mit den Erwachsenen von gerader schmaler Festigkeit. Er bemerkte kaum die Veränderung des Lippenbogens. Im Hintergrund der Augen entwickelte sich ein Sperrschieber, der ihnen die Tiefe nahm und für eine austarierte Oberfläche sorgte. Sein Körper zog es vor, das Wachstum zu vertagen und den Backen die Spannung eines Erwachsenengesicht zu verleihen.

In den Rundungen des Magens und der Schleimhäute spürte er eine Taubheit, wie sie der Genuß von Schlehen hinterläßt. Sie war das einzig lokalisierbare Gefühl für ihn. Dabei wußte er zu genau, daß dies kaum als Antwort auf die beständige Frage der Erwachsenen nach seinem Befinden taugen würde. Die Oberfläche, die in ihm enstanden war, gab ihm in ihrer ernsten und erwachsenen Struktur mehr Halt gegenüber dem anderen und beruhigte die Phantasien der Frager. Durch seine Leistungen in der Schule, im Turnverein, beim Fußball stellte er seine Normalität heraus. Die Bilder verschwanden in die Nacht, dorthin, wo ihn keiner mit Fragen auf seine Oberfläche zwang, dorthin wo keine Sprache zur Verständigung nötig war.

Es blieben - für den Betrachter kaum merkliche - Spuren.

Zwei Schaukeln

Der Himmel ist voll gelber Herbstblätter, und an der Schaukel klebt die Nässe der ersten Novemberkälte.

Nico und Isa schaukeln - nebeneinander - auf den selben schwarzen Plastikbrettern. Isa, ein körperlich kompaktes Kind und Nico, schmaler,quirlig in der Bewegung und riskanter. Wenn ich sie anstoße, ihnen Schwung gebe und mich danach an die Birke lehne und ihnen zuschaue, entsteht ein zweigeteiltes Bild, dessen linke Seite mit der rechten keinerlei Ähnlichkeit hat, obwohl darin jeweils ein zweijähriges Kind auf einer schwarzen Schaukel schwingt.

Isa sitzt mit durchgespanntem Rücken fast unbeweglich. Ihr Bauch ist fest, und der Hintern verrutscht nicht einen Millimeter. Die Knie sind am Brettrand geknickt, und die Beine ruhen auf dem geraden Weg zum Boden. Eine gelehrige Zenschülerin in musterhaftem Sitz, fest und mit dem Schwerpunkt im Bauch. Der Kopf ist ruhig, angeneigt, nur die Augen verfolgen die Schaukelbewegung, und die Stimmbänder glucksen beim Anschwung.
Sie anzustoßen ist einfach: kein Trudeln, keine Gefahr, sie aus dem Gleichgewicht zu stoßen, kein Verrutschen. Die Schulterblätter sind stramm und bewegen sich nicht unter dem Stoß meiner Hände. Alles an ihr ist ruhend, nichts verspannt oder entspannt sich. Manchmal wird ihr Blick fast müde, abwesend. Ihre Hände benutzt sie nicht, um sich festzuhalten. Sie läßt sie ruhig aus dem Fellmantel hervorschauen und stützt sich nur mit dem Armwinkel an den Seilen ab. Die Schaukel qietscht rhythmisch hin und her.

In der zweiten Bildhälfte sind es rotkalte Finger, die den Halt aus dem Schaukelseil holen. Dabei sind sie übereinandergelegt, so daß der Mittelfinger den Zeigefinger drückt und der Daumen abgespreizt alleine steht.
Bei jedem Anstoß taumelt das Brett leicht und holt sich seine Richtung aus der Schwingbewegung der Beine, dem Schwung, den der zurückgeworfene Kopf und der rutschende Hintern weitergeben. Nico läßt den Kopf der Schwerkraft nach auf den Schultern tanzen, hängt sich mit langen Armen nach hinten, und schaut in den Himmel. Die Augen blinken vor Kältetränen und Spaß, und ein Singsang von Wortfetzen und Tönen. Er dreht sich zu Isa, nimmt die gegeneinander oder parallel laufende Schwingung wie ein Gespräch auf und ruft ihren Namen, sucht sie mit den Augen, spricht mit seinem Lachen zu ihr. Unter jedem Anstoß gibt sein Körper wie eine Gliederpuppe nach, entspannt und bereit zum Fallen. Die Beine versuchen, die Schwingbewegung zu verfolgen, gehen in der Luft oder schaukeln entgegen. Der einzige Fixpunkt sind die Hände am Seil.

Zwei Ausdrücke einer Sprache, die diese Körper immer sprechen: Isa sitzt ruhig auf dem Klorand und stützt sich mit durchgedrückten Armen ab, während Nico einklappt. Wenn sie von einem Baumstumpf springen, springt bei Isa der Bauch zuerst bei Nico die Beine. Selbst jetzt, wo sie im Schlaf hier im Zimmer liegen, ist diese Sprache unübersehbar:

Zwei bis in ihre Fingerspitzen und die Bewegung des kleinen Zehs eigenständige und unvergleichbare Menschen. Zwei mitteilsame Kinder, die durch ihre bloße Art zu stehen sich mitteilen.
Nehme ich zwei Erwachsene dagegen, so wird deutlich, wie erzogen - an ein Bewegungsmuster angepaßt, wie wenig mitteilsam - wir im Vergleich zu diesen beiden sind.

Vielleicht ist dies der Grund, warum wir verlernt haben, die Sprache der Gestalt - ich denke, trotz der Besetzung des Begriffs ist dies treffender als Körpersprache - bei Kindern zu beobachten und zu verstehen. Wir selbst sprechen nicht durch unsere eigentliche Gestalt, sondern bemühen uns um "Outfit". Und wo es mal geschieht, daß die Gestaltsprache augenscheinlich wird, ist es eher Ausdruck von Exaltiertheit oder von zuviel Bier.

Ganze Horden von Therapeuten machen sich in den letzten Jahren über diesen Sektor her und betreiben so etwas wie die Archäologie der Bewegung - im Abseits der Therapieräume. Es wird entkodifiziert, geschürft und interpretiert, - mühselig, wie der Umgang mit einem Benn-Gedichtsband.
Zur selben Zeit findet dieses Lesebuch nur wenig Leser in der Pädagogenszene. Es scheint irrelevant neben dem alltäglichen gesellschaftlichen Graus. Und was sind schon Körperhaltung und Gestik in einer Wissenschaft, die von der Soziologie der Industriegesellschaft geprägt und mit differenzierten Krankheitsbildern gespickt ist - ob sie nun als solche bezeichnet werden oder nicht.
Die Wahrnehmung entfällt zugunsten des bereits Beschriebenen. Nur dort, wo dieses in der Wahrnehmung sozusagen "live" auftaucht, sehen wir es, mit dem glücklichen Gefühl, etwas wiedererkannt zu haben.
Was das Gegenüber uns real mitteilt, verlöscht auf dem Hürdenweg durch die Filter.

Teil 1

> "Wo Änderung der Daseinszweck ist, wird Nichtänderung zur Daseinsbedingung und "Reform" das Thema, an dem man das abdiskutiert."
>
> N. Luhmann[1]

Eine Utopie feiert Renaissance
Die deutsche Reformbewegung und ihre aufklärerischen Wurzeln -

Will man die neuzeitliche Pädagogik auf ihre Grundmuster und Theorieansätze hin überprüfen, so kommt man um einen Ausflug zu ihren Anfängen in der Zeit der Aufklärung nicht herum. Hier liegen die Wurzeln der deutschen Reformbewegung, einer Bewegung, die versprach, das Jahrhundert des Kindes einzuleiten und die fast reibungslos in den Faschismus mündete. Ihre Ansätze und Grundanstöße fand diese Epoche der Pädagogik in Rousseau und seiner breiten Wirkung in der Erziehungsdiskussion.

Rousseaus Erziehungsroman "Emile" und die Veröffentlichungen über die "Wilden Kinder" stießen die Revolte hin zu einer "natürlichen Erziehung" des Kindes an. Dem Anschein nach versprach diese Revolte das Ende der teleologisch - manipulativen Pädagogik einzuläuten. Ob Lietz oder Buber, Kerschensteiner oder Korczak, - alle Pädagogen des beginnenden 20. Jahrhunderts stellten ihre Pädagogik in bezug zu diesen Wurzeln.

Es scheint mir interessant, in den folgenden zwei Kapiteln diesen Spuren zu folgen. Ich werde versuchen zu prüfen, ob Rousseaus Revolte eine solche war, ob sie weitergetragen wurde oder ob - im Zuge der Veränderung der Industrialisierung - die Nichtänderung die Daseinsbedingung wurde und die Reform nur das Thema, an dem diese Nichtänderung abdiskutiert wurde.

Die wilden Kinder und Rousseaus Emile

Parallel zur essentiellen Philosophie hatte die essentielle Pädagogik das Mittelalter hindurch, bis in die Renaissance hinein, die Fragestellungen zu Erziehung bestimmt. Erst die Frage, ob der Mensch im Zuge seiner individuellen Geschichte seinen Glauben und seine Normen und Werte aus sich selbst schöpfen darf, hat einen Wandel zur existentiellen Pädagogik eingeleitet.

Noch Locke (1632-1704) war in seinem Erziehungsverständnis von der Vorstellung eines Menschen als "tabula rasa" ausgegangen, der, als unbeschriebenes Blatt, Objekt der Erziehung war und ihrer "existentiell bedurfte."[2]

Hatte die essentielle Pädagogik es sich bis dahin zur Aufgabe gemacht, diese "tabula rasa" - den Menschen - zu einem vorgegebenen Ziel zu führen - etwa einem gottesfürchtigen, zur Unterordnung bereiten Leben, - so wurde am Anfang der Aufklärung ein Paradigmenwechsel proklamiert: Pädagogik sollte den allge-

---

1 Luhmann 1988; S. 359
2 Tenorth 1988; S.78

meinen Aufstand gegen die Dogmen und Lehrmeinungen, den Aufstand gegen die Relikte des Mittelalters unterstützen. Sie sollte die Gaben und Fähigkeiten jedes einzelnen, die Individualität des Menschen zur Entfaltung bringen. Die neuen Zugeständnisse an die jeweils individuelle Kraft, Normen und Werte zu schaffen, schien eine Voraussetzung zur Veränderung der gesellschaftlichen Dogmen des späten Mittelalters zu sein. Und der Pädagogik wurde die Aufgabe der Geburtshilfe und der Entwicklungshilfe zugeschrieben. Sie sollte die natürliche Entwicklung des Menschen durch naturgemäße Erziehung erwirken - ihm seine individuelle Entfaltung im Sinne der Aufklärung ermöglichen.

`Natürliche' und `naturgemäße' Erziehung waren ideologische Begriffe der Aufklärung, die sich aus der philosophischen Diskussion des aufklärerischen Humanismus und den gesellschaftlichen Verschiebungen ergaben. Im Bereich der Pädagogik entsprangen sie aber zudem einem besonderen Kapitel dieser Disziplin: Im Laufe des 18 Jahrhunderts wurden mehr und mehr Berichte über die sogenannten "Wilden Kinder" publik, gesammelt und von Pädagogen ausgewertet. Die Berichte über die Erfahrungen mit diesen Kindern - wie etwa der Bericht Jean Itards - warfen Fragen über die Natur des Menschen, über Vererbung und Erziehung auf, die in die pädagogische Diskussion und vor allem in den Begriff einer natürlichen Erziehung eingearbeitet wurden.

Jean Jaques Rousseau, der mit seinem Erziehungsroman "Emile - oder über die Erziehung", wie kein anderer die Erziehungsdiskussion der Aufklärung prägte, hatte 1774 in seinem "Discours sur l'origine de l'inégalité" fünf Beispiele dieser "wilden Kinder" aufgeführt.[1] Die Experimente und Beobachtungen an diesen Kindern, die, den Berichten zufolge ausgesetzt und von Tieren aufgezogen, unter Tieren sozialisiert waren, dienten zweierlei zugleich:

Zum einen dienten sie der Studie des Phänomens "Natur". Aus dem Leben dieser Kinder bezog man eine Vorstellung dessen, was natürlich sei. So zieht etwa Rousseau Beobachtungen der "wilden Kinder" heran, um seine Entwürfe von Erziehung zu rechtfertigen. Im Vergleich zu "Emile" zitiert er aus den Studien Le Beaus über die "Jungen Wilden und schreibt: "Während der Kindheit", so schreibt Le Beau ",sind die jungen Wilden immer tätig und ständig mit verschiedenen Spielen beschäftigt, die ihren Körper in Bewegung halten. Kaum haben sie aber das Jünglingsalter erreicht, so werden sie ruhig und traumverloren... Da nun Emile in der ganzen Freiheit junger Bauern und junger Wilder aufgewachsen ist, so muß er, wie sie, beim Heranwachsen sich ändern und besinnen."[2]

Zum zweiten waren die "wilden Kinder" aber eine hervorragende Legitimation für Erziehung. Sie waren "deutlicher Beweis dafür... daß unsere Errungenschaften, unsere Nachahmungen, unsere Erziehung es seien, die uns in psychischer Hinsicht zum Menschen machten."[3]
Die "wilden Kinder" dienten damit dem Nachweis in dieser Epoche, daß trotz der Proklamation einer natürlichen Erziehung eine planerische Konzeption derselben stattzufinden hat. Sie belegten den Stellenwert, den Kant der Erziehung zuordnet: "Der Mensch ist das einzige Geschöpf, das erzogen werden muß... Der Mensch kann nur Mensch werden durch Erziehung. Er ist nichts, als was Erziehung aus ihm macht."

---

[1] vergl.: Malson/ Itard/ Mannoni 1972; S.43
[2] Rousseau 1978; S.337
[3] Malson/ Itard/ Mannoni 1972; S.54

Rousseau teilt diese elementare Dringlichkeit der Erziehung, die Kant hier einfordert und liefert einen für die weitere Entwicklung entscheidenden Beitrag, mit den Widersprüchlichkeiten, die der Kant'schen Aussage zugrunde lagen, umzugehen. Rousseaus Beitrag ist dabei an drei Punkten wesentlich:

- Im Laufe seines Erziehungsromans "Emile" schildert er radikal und in vielen Punkten ohne Rücksicht auf die Dogmen seiner Zeit, wie Erziehung als Unterstützung bei der Entfaltung der individuellen Gestalt des Individuums aussehen müßte.
Er verletzt dabei unzählige Tabus, vor allem dadurch, daß er jede Autorität über das Kind ablehnt. Er erhebt beispielweise Nichtstun, Non-Intervention, zur Erziehungsmaxime, wenn er schreibt: "Ich predige dir, mein junger Erzieher, eine schwere Kunst: Kinder ohne Vorschriften zu leiten und durch Nichtstun alles zu tun. Ich gebe es zu, du kannst diese Kunst in deinem Alter noch nicht können. Außerdem, kannst du dabei nicht mit deinen Talenten glänzen, noch dich bei den Vätern beliebt machen. Aber sie ist der einzige Weg zum Erfolg."[1]
Im "Emile" beschreibt Rousseau die körperliche Entwicklung, von ersten Andeutungen über das Existieren kindlicher Sexualität über sexuelle Aufklärung in der Pubertät bis hin zur Hochzeitsnacht zwischen Emile und Sophie. Er stößt damit auf bitteren Protest seiner Umgebung, vor allem des Klerus. Gleichzeitig stellt er Erziehung als Vermittlung von möglichst umfassendem Wissen in Frage und schreibt dazu: "Erinnert euch, daß der Sinn meiner Erziehung nicht ist, dem Kinde vieles beizubringen, sondern ihm niemals andere, als richtige und deutliche Begriffe zu vermitteln. Wenn es gar nichts wüßte, läge mir wenig daran, wenn es sich nur nicht täuscht."[2]
Rousseau stellt damit die individuelle Entfaltung vorrangig vor alle weiteren Ziele der Pädagogik.

- Rousseau versucht mit "Emile" den Begriff der naturgemäßen Erziehung zu füllen und legt dabei in vier Leitsätzen zur Erziehung sein Verständnis dar: "Überlegen wir, was man tun muß, um ihn (den Weg der Natur) einzuhalten: Kinder haben keine überschüssigen Kräfte. Sie haben nicht einmal genug Kräfte für all das, was die Natur von ihnen verlangt. Man muß ihnen also den Gebrauch aller Kräfte lassen, die die Natur ihnen gibt, und die sie sowieso nicht mißbrauchen können. - Erster Leitsatz. - Man muß ihnen helfen und in allem beistehen, was ihnen an Einsicht und Kraft an dem ermangelt, was zu ihren körperlichen Bedürfnissen gehört. - Zweiter Leitsatz. - In der Hilfe, die man ihnen gewährt, muß man sich einzig auf das wirklich Nützliche beschränken, ohne der Laune und den unvernünftigen Wünschen etwas zuzugestehen. Launen werden sie nicht quälen, wenn man sie nicht hat aufkommen lassen, da sie nicht in der Natur begründet sind. - Dritter Leitsatz. - Man muß ihre Sprache und ihre Zeichen sorgfältig studieren, damit man in einem Alter, in dem sie sich noch nicht verstellen können, unterscheiden kann, ob ihre Wünsche unmittelbar der Natur entspringen oder ihrem Gutdünken. - Vierter Leitsatz. - Der Sinn dieser Regeln ist, den Kindern mehr wirkliche Freiheit und weniger Macht zu geben, sie selbst mehr tun und von anderen weniger verlangen zu lassen."[3]

---

1 Rousseau 1978; S.104
2 ebenda; S.163

Rousseau hier zu interpretieren erübrigt sich. Die Rolle, die Erziehung für ihn in der natürlichen Erziehung einnimmt, wird deutlich: Sie soll, wie er es nennt, "Grillen" und Dissozialisation durch die Gesellschaft bei den Kindern vermeiden und den Pfad der natürlichen Tugend einhalten. Rousseau entwikkelt aber dabei den Zusammenhang zwischen Natur und Autonomie, der ihn zu einer neuen Sichtweise von Kindheit führt.

- Rousseau erklärt Kindheit zum eigenständigen Bereich des Lebens und kommt damit zu einem veränderten Begriff von Erziehung. Die Kindheit,- schreibt er,- hat "ihren Platz in der Ordnung des menschlichen Lebens. Man muß den Erwachsenen als Erwachsenen und das Kind als Kind betrachten. Jedem seinen Platz zuzuweisen, ihn darin festlegen und die Leidenschaften nach der Natur des Menschen ausrichten, das ist alles, was wir für sein Wohl tun können."[1] Rousseau faßt hier in knappen Worten die Erziehungsmaxime der Aufklärungsbewegung zusammen. Und diese Maxime weist ein Novum auf, das die pädagogischen Bewegungen danach lange bestimmen wird: "Es ist die Aufgabe derer, die es (das Kind) erziehen, ihm die Kindheit zu erhalten. Diese Aufgabe ist nicht leicht. Es soll weder Tier noch Erwachsener sein, sondern Kind."[2]

Hier wird für die Geschichte der Erziehung eine "kopernikanische Wende" eingeleitet. Das Kind wird entdeckt, und es wird ihm ein eigenständiger Entwicklungsabschnitt des Lebens zugedacht. Lange als fortschrittlichste Revolution des Denkens befeiert, ist diese Entdeckung Rousseaus, die vor dem Hintergrund der Veränderung der wirtschaftlichen- und gesellschaftlichen Lebensorganisation stattfand, eine der vielen zweifelhaften, weil doppelbödigen Erfindungen der Pädagogik.

Die darin steckende Paradigmenwende beschreibt Tenorth in seinem Buch "Geschichte der Erziehung" zutreffend: "Für die Philantrophen, die prominentesten Pädagogen der Aufklärung, bringt Rousseau dem Erziehungsdenken die `Revolution der Denkart', die Kant mit seinen Kritiken für die Wissenschaft der Neuzeit einleitet: Das heranwachsende Kind wird als Geschöpf eigener Art und eigenen Wertes betrachtet, in seiner Entwicklung gleichermaßen durch die Natur wie durch die Gesellschaft bestimmt, so daß es zur Aufgabe des Pädagogen wird, der wahren Bestimmung des Menschen zum Durchbruch zu verhelfen, um zugleich im Kinde die bessere Zukunft der Gesellschaft herbeizuführen."[3]

Das Kind wird gleichsam unbefleckter Bote der Natur, Potenz der Veränderung und eigenständiges Wesen in einem, - eine seltsame "Doppel-Mogel-Packung", die das nächste Jahrhundert der Erziehung bestimmen sollte.

Rousseau selbst kann man diese Mogelpackung, die Grundlage der fünften Grundrechenart, schwer nachweisen. Im Gegenteil wendet er sich im "Emile" gegen die Orientierung der Pädagogik an der Zukunft und verweist auf das Jetzt: "Was soll man von jener barbarischen Erziehung denken", fragt er, "die die Gegenwart einer ungewissen Zukunft opfert, die ein Kind mit allen möglichen Fesseln bindet und damit beginnt, es unglücklich zu machen, um ihm für die Zukunft ein angebliches Glück zu bereiten, das es vielleicht nie genießen

---

3 ebenda; S.45ff
1 Rousseau 1978; S.56
2 ebenda; S.62
3 Tenorth 1988; S.77

wird. Selbst, wenn ich diese Erziehung in ihrem Ziel für vernünftig hielte, wie kann ich ohne Entrüstung mit ansehen, wie diese Unglücklichen einem unerträglichen Joch unterworfen werden und wie Galeerensträflinge zu dauernder Fron verurteilt sind, ohne die Gewißheit zu haben, daß ihnen soviel Leiden auch einmal nützt..."[1]

Die Rezeption des Erziehungsromans "Emile" hat diese Stelle im Roman schlicht überlesen, wie wir sehen werden. Die Instrumentalisierung der neu entdeckten Kindheit zum Hoffnungsträger gesellschaftlicher Veränderung - oder besser Erneuerung - geschah in der, Rousseau folgenden, Geschichte der Aneignung seines "Emile".

Bereits in den ersten Übersetzungen des Romans, wird Rousseau zensiert, abgeändert und verfälscht. Passagen des "Emile" werden kommentiert und ausgehöhlt. So wird beispielsweise zu der Stelle, an der Rousseau die inaktive, naturgemäße Erziehung fordert, ein Kommentar eingefügt, der die Aussage des Autors umgekehrt. Die Herausgeber fügen an: "Man könnte ebenso richtig im Gegensatz behaupten, daß so vieles ausartet, wenn es der Natur allein überlassen bleibt und menschlicher Fleiß im nicht zur Hülfe kommt."[2]

Die Rezeption des "Emile" in der Folge der Aufklärung erfolgt nach der Vorgehensweise, die Mayer-Drawe/ Waldenfels als "Aneignung" bezeichnen[3]. Die gedankliche Revolution Rousseaus wird in die alten vertrauten pädagogischen Denkweisen und Maximen eingepaßt. Die folgenden aufklärischen Philantrophen eignen sich den Begriff der Natur, das neue Bild des Kindes, Rousseaus Auslegung des Erziehungsbegriffes und vor allem seine Kulturkritik an. Sie bauen sie jedoch verflacht und entschärft in die eigene Reflexion ein und kappen ihre Spitze. Symptomatisch dafür ist die Bemerkung Pestalozzis über seinen Umgang mit den Neuerungen, die aus dem revolutionären Frankreich in die Pädagogik herüberschwappten. Pestalozzi, der immer konsequent für den Erhalt überkommener Gesellschaftsstrukturen eintrat, schreibt in einem Brief über seine Arbeit in Stans: "Ich sah die ganze Revolution von ihrem Ursprung an für eine einfache Folge der verwahrlosten Menschennatur an und achtete ihr Verderben für eine unausweichliche Notwendigkeit... Ohne Glauben an das Äußere der politischen Form, die sich die Masse solcher Menschen selber würde geben können, hielt ich einige, durch sie zur Tagesordnung gebrachte Begriffe und rege gemachte Interessen für schicklich, hie und da etwas für die Menschheit Gutes anzuknüpfen."[4]

So nimmt Pestalozzi bespielsweise die Idee der Kindheit als eigenständigem Lebensalter von Rousseau auf, verändert sie aber vor dem Hintergrund seiner religiösen und politischen Weltsicht hin zu einer romantischen Verklärung von Kindheit. Seine Äußerungen, die ebenso von Wichern stammen könnten, sind durch und durch typisch für die Rezeption des "Emile" am Beginn der reformpädagogischen Epoche der Erziehung. Pestalozzi schreibt: "Im reinen Kindersinn der Menschheit erhebet sich die Hoffnung des ewigen Lebens, und reiner Glaube der Menschheit an Gott lebt nicht in unserer Kraft ohne diese Hoffnung"[5]

Pestalozzi, eine Symbol der Aufklärungspädagogik, bleibt in seinem Verständ-

---

[1] Rousseau 1978; S.55
[2] Tenorth 1988; S.80
[3] Mayer-Drawe/Waldenfels 1988 S.272 vergl. auch Kirchner 1992 S.8
[4] Pestalozzi 1983; S.223
[5] ebenda; S.35

nis der zentralen Aussagen Rousseaus weit hinter dessen radikal veränderter Erziehungskonzeption zurück und steht damit für die gesamte Reihe der Pädagogen, die sich Bruchstücke der Aussagen des "Emile" aneigneten. Jene Bruchstücke, die in die veränderte philosophische und gesellschaftliche Diskussion zu passen schienen, der Grundlinie der Pädagogik aber keinen allzu großen Abbruch taten: Über den Hebel der Erziehung Einfluß auf die Gestaltung der Gesellschaft zu nehmen und damit Kinder in ihrer Erziehung einer noch zu gestaltenden Zukunft zu unterwerfen. Die Entdeckung der Kindheit sollte diese instrumentelle Pädagogik bereichern, nicht aber verändern. Die Pädagogen erhielten ein Instrument mehr.

Nach Heins Regel der "fünften Grundrechenart" muß man für die Pädagogik am Ende der Aufklärungs- und dem Beginn der Reformbewegung sagen:
Die Erziehungsziele blieben - je nach Nation, Auftraggeber und Sponsoren der Erziehungsarbeit - nach den Regeln der `fünften Grundrechenart' festgefügt. Nur die Verschiebemasse über dem Strich war einer neuen Definition unterzogen worden, die Regeln der Manipulation waren etwas sanfter gestaltet worden, und das Objekt, das der Gestaltung unterworfen wurde - das Kind- stieg im Wert. Die Chancen, die in Rousseaus Entwurf einer Erziehung lagen - bei allem Vorwurf, daß auch er ein "Konglomerat aus Altem und Neuem"[1] darstelle -, diese Chancen zur Neugestaltung des Verhältnisses zwischen Erwachsenen und Kindern blieben ungenutzt. Das Machtverhältnis der Erziehung wurde nicht verändert: Unabhängig vom Individuum existierten Erziehungsziele, die die konkrete Gesellschaftsform konstituieren sollten. Und diese Erziehungsziele wurden in der Ausformung von Utopien überhöht und in die Gußform pädagogischer Reformen gegossen. Die Grundarithmetik blieb bestehen.
Die Ziele der Veränderung wurden zum Daseinszweck der Pädagogik, und die nächstfolgende pädagogische Bewegung, die reformpädagogische Bewegung, sollte sich als das Thema ausgestalten, an dem Änderung und Nichtänderung sich kristallisieren sollten. An ihren Reformen konnte - wie Luhmann schreibt - die Nichtänderung abdiskutiert werden.

---

1 Schmidts über Rousseau in Rousseau 1983; S.535

> Es ist heute für niemanden ein Geheimnis, daß die Gegenwartsschule eine durchaus nationalistisch-kapitalistische Institution ist, deren erste und wichtigste Pflicht die Erziehung klerikaler Zentralisten und patriotischer Chauvinisten ist. Die englische Schule zieht clevere und geschäftstüchtige Plantagenbesitzer, Kolonisten und Fabrikinhaber heran, deren Aufgabe es ist, immer neue Gebiete auszubeuten, immer neue Märkte, neue Stämme und Nationen zu exploitieren... Die deutsche Schule hat zur Aufgabe, bei ihren Schülern die Verehrung für die deutsche Verfassung zu wecken und den Glauben an die Macht preußischer Kanonen und preußischer Zivilisation zu verstärken...
>
> J.Korczak 1905[1]

Utopie und Nationalstaat, oder:
Die Ummünzung einer zweifelhaften Utopie

Was in der pädagogischen Literatur als "reformpädagogische Bewegung"[2] bezeichnet wird und als "Epoche" mit den Jahreszahlen 1890 - 1933 datiert wird[3], ist eher als "die Fortsetzung eines Projektes"[4], denn als eigenständige pädagogische Epoche zu betrachten. In ihr wurde keine wirklich neue Theorie der Erziehung gebildet, sondern in einer spezifischen historisch-gesellschaftlichen Situation, aus einer Utopie, die die gesamte neuzeitliche Pädagogik prägt, eine veränderte Praxis entworfen. Ihre Theorie rekuriert auf den Traum der Reform des Menschen und seiner Gesellschaft durch Erziehung und "konstituiert sich im Ausgang von Rousseau und Pestalozzi und deren Theoriekonzepten"[5] von Natur und Gemeinschaft. Auch ihre Praxis ist nicht neu, "sondern realisiert nur traditionelle Motive und Modelle der Reform in einem stark veränderten Kontext gesellschaftlicher Erziehung"[6].

Die wesentlichen Protagonisten dieser Bewegung (Kerschensteiner, Gaudig, Lietz, Otto, Gurlitt u.a.m.) hatten wohl kaum das Bewußtsein eine neue Epoche des "Neuidealismus, der Neuromatik oder eines dritten Humanismus"[7] zu gründen, sondern gingen vielmehr davon aus, daß "die Zeit nunmehr reif geworden sei, die traditionellen Postulate der Reform nun endlich in die Wirklichkeit umzusetzen."[8]

---

1 Korczak: "die Gegenwartsschule" in "Glos" 1905 nr. 19
2 vergl.: Nohl 1970/ Scheibe 1971
3 vergl.: Blättner 1968
4 Oelkers 1983; S.187
5 Oelkers 1989a; S.5
6 Oelkers 1989; S.9
7 Blättner 1968; S.263

Im Unterschied zu Pestalozzi und Rousseau konnten sie sich eines neu entwikkelten positivistischen Wissenschaftsverständnisses der Erziehung bedienen. Der Wissenschaftsanspruch wurde den traditionellen Reformideen jedoch nur "angefügt., so konnte ohne Reibungsverlust `wissenschaftlich' postuliert werden, was zuvor philosophische Reflexion gewesen war"[1].
So führte die Reformpädagogik, die in Rousseaus und Pestalozzis Theorie bereits ausgearbeitete Zielvorstellung der Reform durch Erziehung weiter, verfeinerte sie jedoch um wesentliche Elemente, so daß sie als Antworten der Pädagogik auf die festgestellte gesellschaftliche Krise tauglich wurden. Unter den utopischen Entwürfen der "natürlichen Erziehung" und der "Gemeinschaft", der "Erziehung vom Kinde aus"[2] und der Erziehung des Kindes "nach all seinen Seiten hin"[3] entwickelte sich die Instrumentalisierung der Pädagogik als "staatsbürgerliche Erziehung"[4] im Nationalstaat. Die Reformer vollbrachten den Coup die libertäre Formel der "Erziehung vom Kinde aus" zur Hochform der fünften Grundrechenart im Generationenverhältnis zu stilisieren, indem sie das Kind zum Hoffnungsträger ihrer gesellschaftlichen und staatsbürgerlichen Vorstellungen umfunktionierten und damit der Pädagogik zentrale politische Funktion einräumten.

Die Schwierigkeit in der Darstellung dieses Prozesses liegt nicht nur in der Heterogenität der reformpädagogischen Ansätze und in der Komplexität des gesellschaftlichen Wandels, vor dessen Hintergrund sie sich entwickelt. Die Schwierigkeit liegt auch in der Darstellung des wechselseitigen Prozesses, in dem die Reformer ihre idealisierten Erziehungsentwürfe dem entstandenen Nationalstaat zur Verfügung stellten und in dem dieser wiederum sich der utopischen Entwürfe seinerseit im Kontext seiner Zielsetzungen bediente.
Dabei ist es besonders verführerisch, neben dieser dialektischen Beziehung die konkrete Erziehungspraxis der Reformer und damit ihre eigentliche Innovation zu vernachlässigen. Im Kontext dieser Arbeit kommt es jedoch darauf an, der Eindimensionalität im Theorieverständnis des Erwachsenen-Kind-Verhältnisses der Instrumentalisierung der Pädagogik als Vehikel zur Umsetzung von Zielen, die weit außerhalb des Erzogenen, außerhalb des gegenüberstehenden Individuums liegen, kurz gesagt, der Gesetzmäßigkeit der fünften Grundrechenart in der Pädagogik nachzuspüren, um im späteren Verlauf der Arbeit dieser Tradition einen veränderten theoretischen und praktischen Zugang zum Erziehungsverständnis gegenüberzustellen. So kommt es, daß die Rezeption der Reformpädagogik, insbesondere der zwei näher dargestellten Pädagogen Hermann Lietz und Berthold Otto, in der Rezeption der niedergeschriebenen pädagogischen Entwürfe verharrt und nicht auf die praktisch-erzieherische Arbeit der Reformer eingeht.

---

8 Oelkers 1989; S.11
1 Oelkers 1989a; S.5
2 vergl.: Key 1908
3 Lietz 1970; S.80
4 Kerschensteiner 1919

Der gesellschaftliche Wandel als Entstehungshintergrund

Die deutsche Reformpädagogik ist in ihrer Entstehungs- und Ideengeschichte direkt mit der gesellschaftlichen Situation gekoppelt, jener Umbruchssituation, die nach einer gescheiterten sozialen Revolution 1848 und durch eine viel tiefgreifendere zweite industrielle Revolution am Ende des 19. Jahrhunderts gekennzeichnet war. Dieser immense Wandel, der alle sozialen Schichten, alle Produktionssektoren (insbesondere die Landwirtschaft), alle sozialen Systeme und normativen Werte umfaßte, war von einigen zentralen Effekten gekennzeichnet:

1.
Die Veränderung der Produktion war ein immens beschleunigtes Kontinuum, das durch "eine Konzentration des Kapitals bei immer kürzer werdenden Modernisierungsschüben"[1] gekennzeichnet war. Dies hatte zum einen die Verelendung einiger traditioneller Produktionssektoren und damit die Verschärfung der sozialen Frage zur Folge. Diese Verschärfung der sozialen Unterschiede verlangte eine gemeinsam bindende Ideologie jenseits der sozialen Frage, die durch die Ideologie der Nationalstaatlichkeit und des Nationalismus bereitstand und über die sozialen Unterschiede hinweg imstande war, Gemeinsamkeit zu proklamieren.

2.
Durch die Verschiebung von der vorwiegend agrarischen Produktion zu einer "hektisch forcierten"[2] Industrieproduktion kam es zu einer umfassenden Urbanisierung. "Die Deutschen, bisher ein Bauernvolk mit einer aristokratisch-grundherrlichen und einer gelehrten Oberschicht, werden jetzt ein Industrievolk. In rasch aufschießenden Städten ballen sich Arbeitermassen zusammen, eine geschichtslose bürgerliche Unternehmerschicht übernimmt in der Wirtschaft die Führung. Um diese neue Welt der Hochöfen, der Eisenbahnen, des Weltmarktes, des Arbeiterproletariates geistig zu meistern", so schreibt F. Blättner, "bedurfte es anderer Denkmittel"[3]. Diese Denkmittel, die Blättner zur geistigen Meisterung des Proletariats wie der Eisenbahn gleichermaßen meint, sollten durch eine neue Form der Bildung und durch die Bildung einer gemeinsamen kollektiven Identität erstellt werden. Hier so scheint es, war die Erziehung gefragt, innovativ zu werden. Die Reformer, bis dahin lange mit der Verwirklichung ihrer Reformideale vertröstet, konnten Morgenluft wittern.

3.
Zu den Notwendigkeiten, die aus der zweiten industriellen Revolution geboren wurden, gehörte wesentlich die einer umfassenden Bildungs- und Schulreform. Die bisherige Herausbildung eines gehobenen Bildungsbürgertums für die Militär- und Beamtenlaufbahnen, neben der Masse derjenigen, die die Schule überhaupt nicht oder nur kaum besucht hatten, konnte die Nachfrage des veränderten Arbeitsmarktes nicht zufriedenstellen. Hier waren die Schulpädagogen gefragt, neue Entwürfe für eine umfassende Bildungsreform zu erstellen. Der Pädagogik, die gerade durch die Herbartianer an den Universitäten einen enormen Professionalisierungsschub erfahren hatte, mußte das als ungeheure Chance

---

[1] Oelkers 1983; S.188
[2] ebenda; S.188
[3] Blättner 1968; S.259

verstärkter Einflußnahme erscheinen. Die Möglichkeit zur Umsetzung der I(gesellschaftlicher Reform durch Erziehung auf der Grundlage der Theor Rousseaus, Pestalozzis, Fichtes, Herbarts und Schleiermachers schien gegebeı

4.
Die philosophischen Strömungen des 19. Jahrhunderts von der Kultur- und Bildungskritik Nietzsches - "Land der Bildung, Heimat aller Farbentöpfe" im Zarathustra - über die reaktionär - nationalistischen Gedanken Lagardes bis hin zu den "Schmutzdichtern des Auslandes"[1] (Zola, Strindberg, Ibsen, Dostojewksi, Tolstoj) waren geprägt von der Sehnsucht nach einem ursprünglichen wahren Menschentum.

Nicht nur die Pädagogik nahm diese Sehnsucht im Rekurs auf Rousseau auf. In den urbanisierten Lebensräumen entstanden neue kulturelle Bewegungen, die sich durch ihr Ziel der politischen und sozialen Emanzipation auszeichneten. In all diesen Bewegungen, der Arbeiterbewegung, der Volksbildungsbewegung, der Frauenbewegung oder der deutschen Jugendbewegung ist diese Suche nach dem, was Nietzsche als Grundgedanken der Kultur beschrieb, auffindbar: "die Erzeugung des Philosophen, des Künstlers und des Heiligen in uns und außer uns zu fördern und dadurch an der Vollendung der Natur zu arbeiten."[2]

Alle diese einsetzenden Bewegungen haben damit auch eine "pädagogische Tendenz - ohne sich darin zu erschöpfen: Sie wollen Menschen für Echtes und Wertvolles erwecken".[3] Was also liegt für die Pädagogik näher, als sich diesen traditionellen reformerischen Traum der neuzeitlichen Pädagogik in einer Neuauflage zu eigen zu machen und endlich in die Wirklichkeit umzusetzen? Mit Jürgen Oelkers - einem Analytiker und Kenner der Reformbewegung - kann man sagen, daß der "wahrhaft epochale soziale Wandel ungewollte Konsequenzen hatte..er mobilisierte, was längst ausgekühlt schien, nämlich den utopischen Traum der natürlichen Erziehung und also der Reform von Mensch und Gesellschaft...". Zwar sprach "in der gesellschaftlichen Wirklichkeit der Augenschein der Macht und der partikularen Interessen dagegen, daß aus der Erziehungspraxis der `neue Mensch' oder die `neue Gesellschaft' entstehen würde. Aber die pädagogische Utopie war in die Welt gesetzt, die lernte, sich darauf einzustellen"[4]. Man könnte hinzufügen: - sich ihrer zu bedienen.

Zugespitzt bedeutet dies: Die industrielle Revolution mit ihrem elementaren gesellschaftlichen Strukturwandel brachte, gleichzeitig mit ihrem ungeheuren Modernisierungsschub, einen rückwärtsgekehrten utopischen Sehnsuchtsschub, dessen sie sich im Umkehrschluß zur Bildung des die soziale Frage egalisierenden, Nationalstaatsgefühls bediente.
Die Pädagogik spielte dabei mit ihrer spezifischen "Theorielegierung"[5] eine wesentliche Rolle. "Diese Legierung wird von sozialen Bewegungen in pädagogisches Leben umgesetzt, bleibt aber angewiesen auf die Besonderheit der Ideengeschichte Deutschlands"[6]. Sie bedient sich im Zuge der Umsetzung zweier Mittel:

1vergl.: Blättner 1968; S.263
2Nietzsche 1973; S.326
3Blättner 1968; S.263
4Oelkers 1983; S.187
5Oelkers 1989; S.16
6ebenda

Zum einen entwickelt sie eine spezifische Rethorik, die "Teil einer politischen Semantik" ist und "binär und oppositionell strukturiert ist. `Neu' steht gegen `alt', `Zukunft' gegen `Vergangenheit', `Fortschritt' gegen `Rückschritt'"[1]. Sie spricht in "einer oft leidenschaftlichen Sprache... und utopischen Wunschbildern"[2]. Durch ihre binären Codes entwickelt sie eine hohe, aber kaum auf Reflexion beruhende Überzeugungskraft, die es ihr ermöglicht, die ihr eigene Ambivalenz von zukunftsgerichteter Utopie und rückwärtsgerichteter Ideologie zu kaschieren. Eine Semantik, die nicht auf die Reformpädagogik beschränkt bleibt, sondern bis heute die pädagogische Literatur durchzieht.

Zum zweiten nutzt sie den wachsenden gesellschaftlichen Druck zur Bildungs- und Schulreform als Einstiegsfenster zur Umsetzung ihrer traditionellen Reformziele und wird durch die von ihr betriebene Entwicklung von der Lernschule zur Erziehungsschule zu einem höchst ambivalenten Erbe. Dieses Erbe ist davon gekennzeichnet, daß die "fünfte Grundrechenart" in der Pädagogik zu voller Blüte entfaltet wird.

---

[1] Oelkers 1989; S.12
[2] Blättner 1968; S.264

> Der Staat möchte ganz bestimmte Untertanen und Bürger haben, und der Gesetzgeber legt entsprechende Vorschriften fest; die Vorschriften fordern eine ganz bestimmte Ausrichtung. Es findet sich eine Haufen gleichgesinnter Beamter, und in demselben Geist schafft man Lehrbücher, Schulgesetzgebung und stellt schließlich eine Kontrolle auf... Und so bleibt es dann bis zur nächsten Kursänderung durch neue Gesetze, neue Lehrbücher und neue Beamte
>
> J. Korczak 1905

Von der Lernschule über die Erziehungsschule zur Zukunftsschule

Den veränderten Bedarf der Industrienation nach Bildung signalisierte der Generalsekretär des Vereins für Sozialpolitik, Bueck, auf der 2. Sitzung der Generalversammlung im Jahre 1884 in seinem Einleitungsreferat: "Die Bildung all derjenigen Leute, die aus den unteren und mittleren Klassen dieser Anstalten (der Gymnasien, Realgymnasien, Oberrealschulen und Realschulen) abgehen, ist... ebensowenig wert, wie ein ... Gebäude, welches zwar Ringmauern hat, aber ein Dach niemals erhält." "Dieser Institution verdanken wir.. die große Masse von Halbwissenden, von Halbgebildeten, die sich für die Arbeit zu gut halten, die also dem niederen Kaufmannsstande, dem Subalternbeamtenstande zuströmen... in den seltensten Fällen aber eine befriedigende Existenz erreichen, sondern diejenigen Kreise vermehren, die heute den Staat und die Gesellschaft durch ihre Unzufriedenheit bedrohen".[1]

Diese Kritik, die auf den Lernballast der höheren Schulen zielt, - auf jenen Lernballast, den die veränderte Produktions- und Sozialstruktur als eher hinderlich erachtet -, behandelt das Dilemma der damaligen Bildungspolitik von dem einen Pol her. Dem Pol, daß die Anhäufung von zuviel unmittelbar nicht nutzbringendem Wissen für die neue Struktur disfunktional, ja sogar bedrohlich ist, weil sie droht, den sozialen Konfliktstoff intellektuell anzureichern. Einen anderen Aspekt, quasi den anderen Pol des Problemkontinuums greift Wilhelm II in seiner programmatischen Eröffnungsrede anläßlich der Schulkonferenz von 1890 auf: "Es muß davon abgegangen werden," so formuliert er, "daß der Lehrer nur dazu da ist, täglich Stunden zu geben und daß, wenn er sein Pensum absolviert hat, seine Arbeit beendigt ist. Wenn die Schule die Jugend so lange dem Elternhause entzieht, wie es geschieht, dann muß sie auch die Erziehung und die Verantwortung für diese übernehmen. ... Ferner muß von dem Grundsatz abgegangen werden, daß es nur auf das Wissen ankommt und nicht auf das Leben. Die jungen Leute müssen für das jetzige praktische Leben vorgebildet werden"[2]

Hier werden - ausgehend vom Staatsoberhaupt - drei pädagogische Aufträge erteilt, derer sich die Pädagogik und allen voraus die Reformer der Pädagogik annehmen sollten:

1Müller 1977; S.289
2zit.n. Lietz 1970; S.19

- Die Verbreitung der Bildung anstelle der vermehrten elitären Anhäufung, die sich als zunehmend disfunktional erweist.
- Die Ausweitung der Schulpädagogik über die Wissensvermittlung hinaus hin zur Persönlichkeitbildung - kurz die Etablierung der Lernschule als Erziehungsschule, die die Familie als Sozialisationsinstanz z.T. ersetzen soll. Eine staatlich geforderte Ausweitung der staatlichen Kontrolle und Einflußnahme mit Hilfe der Pädagogik.
- Und zuletzt die gezielte Ausbildung der Schüler hin zu einer erfolgreicheren Bewältigung der veränderten sozialen und produktionsbedingten Anforderungen, die der gesellschaftliche Strukturwandel bedingt hatte: Pädagogik als Instrumentarium zur Überwindung gesellschaftlicher Krisenerscheinungen.

Diesen Aufträgen stellte sich die Reformpädagogik unkritisch und in vollem Umfang. Dabei kann man holzschnittartig vergröbert zwei große Strömungen ausmachen:
Die erste Strömung in gekennzeichnet von der Bildung eines Erziehungsbegriffes und einer Erziehungspraxis, deren wesentliche Aufgabe die Abwehr der Moderne, die Rückführung zum natürlichen Leben und Arbeiten und die Bildung des ganzheitlichen natürlichen Menschen sein sollte. Das Bildungsideal und die Form dieses eher restaurativen Flügels der Reformbewegung soll im Folgenden stellvertretend an einem seiner exponiertesten Vertreter, an Hermann Lietz, dargestellt werden. Mit Lietz, den Oelkers als "deutschnationalen Reformer"[1] vorstellt, soll hier die Doppelbödigkeit des Auftrages einer "Erziehung vom Kinde aus"[2] besonders deutlich herausgearbeitet werden.

Die zweite Strömung, die man eher als links-libertäre Strömung kennzeichnen kann, nahm die Moderne in ihren Erziehungsbegriff auf und verklärte diese mit Hilfe der traditionellen pädagogischen Theorien einerseits und neueren sozialen Utopien andererseits. Berthold Otto, nicht nur durch seine Berliner Schulpraxis, sondern auch durch seine gewagten Zukunftsentwürfe bekannt[3], soll als Vertreter dieser Richtung vorgestellt werden.

Beide Strömungen der Reformpädagogik wiesen sich dadurch aus, daß nicht mehr universitäre Erziehungswissenschaftler, sondern der pädagogische Nachwuchs - praktizierende Schulpädagogen, die von der damaligen Lernschule förmlich angewidert waren - die Bewegung prägten. So ist es kein Wunder, daß die Diktion ihrer Beiträge weniger theorieorientiert als praxisorientiert ausfällt. Bei der damals herrschende Didaktik des Schulsystems ist es ebenfalls kaum wunderlich, daß ihre Reden und Aufsätze sich zuallererst gegen die Strukturen wenden, unter denen sie selbst - zuerst als Schüler und später als Lehrer - gelitten hatten.
Beide Strömungen verbindet aber nicht nur ihr Berufsstand, ihre Kritik am bestehenden Schulsystem und ihr Rekurs auf Rousseaus und Pestalozzis Theoriekonzept, sondern auch ihre Überhöhung der Erziehung über das konkrete Gegenüber hinaus - ihr Entwurf einer Veränderung der Gesellschaft durch definierte Erziehungsziele. Ihre Pädagogik lebt von einer "Grenzüberschreitung, der Bindung des gesellschaftlichen Fortschritts an die richtige Erziehung. Die histo-

---

[1] Oelkers 1989; S.111
[2] Key 1908
[3] Otto 1910

rische Reformpädagogik setzt diese Verknüpfung fort, wenngleich mit den Theoriemitteln der Nachaufklärung. Aber sie impliziert die gleiche Mischung aus Weltverbesserung und pragmatischer Veränderung; und weil diese Mischung nie zusammenstimmt, kann sie nur als ambivalent begriffen werden, auf der linken Seite des politischen Spektrums ebenso wie auf der rechten"[1]

Zwar wird die Pädagogik vom Kinde aus proklamiert, das Kind bleibt aber Medium zur Umsetzung höherer Pläne via Generationsvertrag.
Wie ungeheuer brisant diese Ambivalenz und dieses Verständnis einer verklärten Pädagogik "vom Kinde aus" im Zusammenhang mit der Entwicklung der Nationalstaatsideologie wurde, zeigt sich am "Ende" der Reformbewegung. Denn obwohl die Chronisten der Bewegung (Nohl 1970/ Blättner 1968/ Tenorth 1988) das Ende der Reformbewegung mit dem Jahr 1933 datieren, scheint dieses markante Datum der deutschen Geschichte eher die Konsequenz dieses Erziehungsverständnisses denn ihr Ende zu kennzeichnen.

---

[1] Oelkers 1989; S.18

> "Führende Kritiker der Bildung, wie Nietzsche, der 1873 den Bildungsphilister anprangerte, und Lagarde mit den "Deutschen Schriften" trugen in ihrer Kritik die nationale Komponente mit sich und sorgten dafür, daß diese für die Reformbewegung nicht verloren ging"
>
> F. Blättner

Deutschnationaler Geburtshelfer und Charakterbildner - Erziehungsverständnis bei Hermann Lietz

Die Schriften des "Schulstifters"[1] Hermann Lietz sind mit Sicherheit kein herausragender Beitrag zur Theorie der Erziehungswissenschaft. Sie sind jedoch in hohem Maße authentisch und spiegeln damit nicht nur Biographisches sondern auch wesentlich Zeitgeschichtliches wider.
Biographisch sind sie in vielerlei Hinsicht und zeigen dabei das auf, was Lietz im Rückblick "ein Grundmotiv" für die Gründung der deutschen Landerziehungsheime (DLEH) nannte:
"Was ich als Kind gern gehabt habe, was mir unzweifelhaft wohl gethan hatte, das wollte ich auch anderen verschaffen; was mir wehgethan und geschadet hatte, anderen ersparen"[2]

Lietz war, 1868 auf Rügen geboren, in der Landwirtschaft des Vaters aufgewachsen. "Er war von Jugend an ein Bauer, und zwar ein echter, kein Sehnsuchts- und Erholungsbauer, wie die Wandervögel und die stadtflüchtigen Großstädter. So wie er ... auf Rügen gesund und frei aufgewachsen war, so sollten in den Landerziehungsheimen, die pädagogische Gutshöfe waren, die jungen Stadtmenschen aufwachsen."[3] Die Pädagogik Hermann Lietz' und die Gründungen der Internatsschulen Ilsenburg, Haubinda, Bieberstein und Hohenwerda sind ohne diesen Rückbezug auf die eigenen Kindheitserfahrungen nicht denkbar. Lietz bringt hier die philosophischen utopischen Vorstellungen einer Erziehung zur Natur und einer natürlichen Erziehung in Deckung mit der eigenen Sozialisationserfahrung und wendet sie gegen die entstehende Wirklichkeit der industriellen Moderne. Pauschal schreibt er gegen diese an - vor allem aber gegen die Urbanisierung und die neue Großstadtkultur, die er als "Pestluft" und "Höllenpfuhl"[4] beschreibt.
"Tausendmal lieber muß uns sein ein am Meeresgestade oder im Walde oder auf dem Bauerngut gleichsam `wild' ohne Menschenerziehung aufgewachsener Bauern-, Förster-, Fischer-, Hirtenknabe, ein Land- oder Waldarbeiterjunge, auch wenn er nie auf einer Schulbank gesessen hat, als ein, in der Großstadt verzogener, weil "unnatürlich" verbildeter Sohn des Bankiers, Restaurations-, Kaffeehaus-, Brauerei-, Fabrikbesitzers, Ministers, Geheimrats, Oberkonsistorialrats usw.. Jene alle haben wenigstens eine allweise und allwirksame, unüber-

---

[1] Badry 1968; S.152
[2] ebenda; S.153
[3] Blättner 1968; S.279ff
[4] Lietz 1970; S.9

troffene Erzieherin gehabt: die Natur."[1] Deutlich sind hier die Parallelen zu Rousseaus "Emile" zu hören. Die neu entstandene Welt des "Straßenlebens, Wirtshauses, Zirkus'" und der "Etablissements" sind für Lietz mit "Alkohol und Nikotin" die Gefahren, durch die "Moral und Geschmack der Jugend, des Volkes, verdorben werden."[2] In dramatischer Formulierung schreibt er: "Der Aufenthalt in der Großstadt ist aber noch schlimmer für das Kind als Bergesabgrund und Stromschnelle. Diese töten im schlimmsten Falle nur den Körper, jene mit hoher Wahrscheinlichkeit die Seele, die Natur."[3]

1878 verläßt Lietz Rügen um in Greifswald und später in Stralsund das Gymnasium zu besuchen. Die Anklage, die Lietz aus den Erfahrungen dieser Schulzeit heraus gegen die Lernschule entwickelt, durchzieht alle seine pädagogischen Reden und Schriften: "Sinnloses Auswendiglernen, verständnislose Lehrer, Paukbetrieb, interesselose Schüler, die nur das "Einjährige" anstreben, Zensuren und Versetzungen, die mehr vom Zufall und der Willkür als von wirklichen Leistungen bestimmt sind, das Verlassen- und Ausgesetztsein der Schüler, die vom Lande kommen, in den Pensionen der Stadt, alkoholische Exzesse... - Lietz hat es durchlitten. Auch das Nicht-versetzt-Werden..."[4]

Nach seinen Studienerfahrungen in Jena, wo er bei Wilhelm Rein studiert, und nach seinem einjährigen Besuch in der "New School of Abbotsholme" bei Cecil Reddie faßt er seine wütende Kritik gegen das Schulsystem in seinem ersten Buch zusammen, das unter dem seltsam anmutenden Titel "Emlohstobba - Roman oder Wirklichkeit?" 1897 in Berlin erscheint.

Emlohstobba - ein Anagramm für Abbotsholme - ist der Gründungsentwurf für eine Erziehungsschule der "natürlichen Erziehung", der Erziehung der "kindlichen Natur zu einer möglichst harmonischen Persönlichkeit"[5]. Gleichzeitig ist "Emlohstobba" in seinem ersten Teil die heftige Abrechnung "Namrehs" (Hermans) mit der Lernschule. Dieser Teil des Romans endet mit einem Traum "Namrehs", in dem - unter beifälligem Nicken der altehrwürdigen Greise (gemeint sind Pestalozzi, Fröbel, Fichte, Comenius, Rousseau, Arndt, Locke, Jahn, Spencer, Carlyle und Herbart) - auf einem großen Scheiterhaufen griechische Grammatiken, lateinische Extemporalienhefte, Regelbücher und Prüfungsbestimmungen verbrannt werden, während Millionen von Schulkindern jubeln und tanzen.

Lietz sucht in dem Roman eine Alternative zu der Schule, unter der er gelitten hatte, und fragt: "Gibt es eine Schule ohne die vielen Marterwerkzeuge der Jugend? Eine Schule, die nicht bloß einseitig den Verstand ausbildet, sondern die gesamte menschliche Natur: Körper, Arm, Bein, Auge, Ohr, Muskeln und Sehnen so gut wie ästhetische und sittliche Fähigkeiten. Oder ist dieser Gedanke von der "harmonischen Ausbildung aller Kräfte" nur ein vielleicht schöner aber unausführbarer Traum Pestalozzis?"[6]

Beim Aufbau seiner pädagogischen Theorie und Praxis hat Lietz diesen Traum Pestalozzis mit seinen eigenen biographischen Erfahrungen verbunden und eine

---

1 Lietz 1970; S.8
2 Lietz 1980; S.9
3 ebenda
4 Lassahn 1970; S.180
5 Lietz 1970; S.19
6 ebenda; S.5

Theorielegierung gebildet, die auf eigentümliche Art und Weise antimodern und reaktionär ist und sich zugleich der Zukunftsbildung und dem Kind verschreibt: Das Kind, die nachwachsende Generation wird zum zentralen Erneuerungspotential der Zukunft gegen den Verfall der Gegegenwart. Mit seiner Hilfe wird man die Krisen der Moderne und damit auch die eigenen schmerzhaften Erfahrungen überwinden.

Lietz erkennt in seiner, als "Pädagogik des Widerstandes"[1] konzipierten Erziehung den marginalen Punkt des gesellschaftlichen Wandels, der der Pädagogik ein neues Gewicht gibt. Bezug nehmend auf die Rede Wilhelms II., setzt er hier mit der Kritik an: "..weil man so mit der Kunst und Wissenschaft der Pädagogik sich nicht befreundete, diese wohl auch noch wenig ausgebildet war, verfuhr man handwerksmäßig, dikierte Extemporalien, korrigierte sie sorgsam, gab Zensuren, ließ nachsitzen, buchstabieren, Kopfrechnen, Schönschreiben, Lesen und meinte damit die Hauptsache gethan zu haben. Alles übrige schob man dem Hause zu"... "Aber das Haus, die Familie, kann heute die Erziehungsarbeit nicht mehr leisten... Dazu ist der Kampf ums Dasein, ist die Kraftanstrengung, die von der Mehrzahl des Volkes verlangt wird, zu schwer und groß geworden. Der Bauernhof, die Handwerksstätte, die alte einfache Häuslichkeit sind fast verschwunden. Der Großgrundbesitz, der mit Maschinen und ausländischen "Sachsengängern" arbeitet, die Mietskaserne, die Fabrik, das Comptoir des Großkaufmanns, die Militärkasernen, die Säle, in denen die Beamten in langen Reihen sitzen, die Eisenbahnen und Dampfer, auf denen Millionen täglich und stündlich unterwegs sind, der ewige Wechsel in den Wohnungen, die Freizügigkeit, Unseßhaftigkeit, die sogenannten Versetzungen von einer Provinz in die andere, ins ferne Land, das Wogen der Bevölkerung vom Land und aus der Kleinstadt in die Großstadt: dies und vieles andere haben thatsächlich das Familienleben bereits stark zersetzt, haben mindestens das alte System der Familienerziehung für die Allgemeinheit völlig unhaltbar gemacht. ... All diese Gründe fordern gebieterisch ein neues System der Erziehung"[2]
In seinem Bericht über die dreizehnjährige Tätigkeit der Landerziehungsheime faßt Lietz 1911 dieses neue System der Erziehung zusammen. Die Beschreibung der Aufgaben dieses Systems macht seine Funktion im Nationalstaat deutlich und läßt Lietz' Rezeption der Utopie der neuzeitlichen Pädagogik unschwer erkennen. Unter dem Titel der "religiös-sittlichen und nationalen Aufgaben der deutschen Schule"[3] stellt er fest, daß "heut die Schule die Aufgaben der Erziehung z.T. übernehmen muß" und damit den zeitaufwendigen Auftrag zur "Charakterbildung"[4] erfüllen muß. Daneben entwickelt er eine Forderung, die er aus dem gesellschaftlichen Wandel ableitet und die im pädagogischen Trend der Zeit liegt: "Eine besondere, unabweisbare Forderung ist heute die staatsbürgerliche Erziehung. Ehemals im feudalen und absoluten Staate genügte die staatsbürgerliche Erziehung einer kleinen regierenden Anzahl von Menschen... Nur durch die Erfüllung der großen erzieherischen Aufgabe von seiten des Staates, der Gemeinde, der gesamten oberen Schicht der Gesellschaft können wirklich die Gefahren, welche aus den revoltierenden und reaktionären Bestrebungen dem Reiche erwachsen, innerlich überwunden werden"[5].
Mit der Forderung, daß sich der Staat mit Hilfe der Pädagogik intensiv in den

---

[1] Lassahn 1970; S.182
[2] Lietz 1970; S.6ff
[3] ebenda; S.84
[4] ebenda
[5] ebenda; S.84ff

Sozialisationsprozeß einschalten soll, um für Akzeptanz und Dämpfung der sozialen Unzufriedenheit zu sorgen, greift Lietz einen Begriff auf, den der Reformer Georg Kerschensteiner in seinem Buch "Der Begriff der staatsbürgerlichen Erziehung"[1] untersucht hat.
Bezeichnenderweise setzt Kerschensteiner seinem Buch ein Zitat Immanuel Kants als Motto voran, das so prägnant wie nur irgend möglich die Kunst der `fünften Grundrechenart' zur Kunst der Pädagogik schlechthin erhebt. Kant empfiehlt darin:
"Ein Prinzip der Erziehungskunst, das besonders solche Männer, die Pläne zur Erziehung machen, vor Augen haben sollten, ist:
Kinder sollen nicht dem gegenwärtigen, sondern dem zukünftig möglichen besseren Zustande des menschlichen Geschlechts, das ist die Idee der Menschheit, und deren ganzer Bestimmung angemessen erzogen werden"[2]
Dieses Erziehungsverständnis, das ein zukünftiges Leben -einen gesellschaftlichen Entwurf - zur Orientierung für die alltägliche Begegnung zwischen Erwachsenen und Kindern erhebt und alle nachfolgenden Interaktionen und Prozesse dieser Orientierung radikal unterordnet, durchzieht die gesamte neuzeitliche und auch die moderne Erziehung bis heute. Es steht vermeintlich im Widerspruch zu einer "Erziehung vom Kinde aus". Lietz wie auch die anderen Reformer lösten die Kluft im Zuge der Aneignung auf, indem sie die projizierende Macht der Erwachsenen im Erwachsenen-Kind-Verhältnis beließen.

1893 erschien W. Preyers Buch über "die geistige Entwicklung in der ersten Kindheit, nebst Anweisungen für Eltern, dieselbe zu beobachten"[3]. Vermutlich in bezug auf Preyers Beobachtungen und Erkenntnisse schreibt Lietz in "Emlohstobba" von Funktion des Erziehers:
"Der Erzieher hat im Unterricht nichts als Hebammendienste ... zu thun. Er hat den geistigen Prozeß im Kind zu beobachten, zu begleiten, vorsichtig zu leiten. Der Lehrer hat das Interesse des Kindes zu benutzen, darauf zu achten, wohin es weist, ihm zu folgen und von da an weiter zu dem, der jedesmaligen geistigen Stufe, entsprechenden Ziele zu führen"[4]. So ist das "erste allgemeine Mittel der Erziehungsschule die genaue Beobachtung der Natur der Zöglinge und ein derartiges erzieherisches Verfahren, was dieser genau entspricht"[5].
Lietz bewegt sich mit diesen Aussagen im "Main-stream" der Reformpädagogik. Von Berthold Otto bis Georg Kerschensteiner haben alle Reformer diesem Rousseau'schen Ansatz der Beobachtung der Natur des Kindes in ihre Theoriebildung übernommen. Lietz übersieht jedoch eine zentrale Dimension des Erwachsenen-Kind-Verhältnisses, wenn er, wie 85 Jahre später Klaus Mollenhauer, von der Geburtshelferfunktion der Erziehers spricht. Mollenhauer komplettiert um den entscheidenden Aspekt, der zugleich die Basis für die Funktionsweise der `fünften Grundrechenart' in der Pädagogik ist, wenn er schreibt:
"Erwachsene sind nicht nur Geburtshelfer bei der Entwicklung des kindlichen Geistes, sondern für das Kind auch mächtige Zensoren dessen, zu dem es sich bildet".[6]

---

[1] Kerschensteiner 1919
[2] Kerschensteiner 1919
[3] Preyer 1893
[4] Lietz 1970; S.11
[5] ebenda; S.24
[6] Mollenhauer 1985; S.10

Die Geschichte der Pädagogik ist - auch und gerade bei Lietz - ungebrochen eine Geschichte der Zensur, in der außerhalb des Erwachsenen-Kind-Verhältnisses definiert wird, wohin Entwicklung gehen soll. Pädagogik "vom Kinde aus" bedeutet hier nur eine nuancierte Verschiebung in der Art der Einflußnahme, nicht aber einen radikalen Abschied von dieser. So ist es nur schlüssig, daß die dem "Emile" Rousseaus entnommenen Utopie einer natürlichen Erziehung sich so ausgestaltet, daß perspektivische, staatsbürgerliche und gesellschaftliche Notwendigkeiten und Vorgaben die Erziehung, ihre Ziele und Praxiskonzepte bestimmen. Auch wenn sich in Lietz' Erziehungspraxis die alltägliche Begegnung zwischen Erziehern und Schülern neu, d.h. kooperativer gestaltete, blieb die Vorgabe des Zieles und damit die `fünfte Grundrechenart' erhalten. Sie blieb nicht nur erhalten, sondern wurde in den Dienst des Nationalstaates gestellt. "Bei alledem" so schreibt Lietz fast mahnend "kommt es darauf an, daß im DLEH (Deutschen Landerziehungsheime) alle dem höchsten Ziele nachstreben, vom Idealismus erfüllt werden. Es darf über der Einzelarbeit nicht vergessen werden, daß alle Erziehung schließlich Selbsterziehung zum sittlichen Charakter ist, welche der eigenen Vervollkommnung sowie der des Menschengeschlechts dient"[1] An selber Stelle heißt es weiter: "Darum muß sie (die Erziehung) sein: Erziehung zur Treue und Zuverlässigkeit, die allein den Bestand der Gesellschaft ermöglicht,... Erziehung zur Wahrheit,.. Erziehung zu Tapferkeit und Mut,.. Erziehung zur Unbefangenheit und Toleranz... zur sittlichen Unbefangenheit, Offenheit, Reinheit und Keuschheit. Kurz alles zusammengenommen: Überwindung der Selbstsucht"[2]. Die Erziehungsschule soll damit das erreichen, was "Hannibal, was Geilamir, was dem Normannenkönig Wilhelm I, was den Ordensmeistern und Äbten nicht gelang: Sie will die großen und wertvollen Kulturgüter sich und damit dem Volk zu eigen machen und dabei doch so stark bleiben, um die Nation so stark zu halten, wie es sonst nur "Naturvölker" sind"[3].
Für Lietz sind Staats- und Erziehungsziele gleichgerichtet. Erziehung soll die ideellen Ziele in der Richtung verfolgen, "nach der durch die jeweilige Entwicklung des Volkes, des Staates, des Gemeinwesens.. dem der zu Erziehende angehört, hingewiesen wird"[4]

Mit der Gleichschaltung von Erziehung und Staat, mit der logischen Konsequenz, daß "natürliche Erziehung" nur heißen kann, Erziehung zur nationalen Stärke "zur Rettung von Fremdherrschaft"[5], steht Lietz keineswegs alleine. Weder im Kreis der Reformer noch im Kreis der neuzeitlichen Pädagogen ist er damit ein "Ultrarechter". Er bewegt sich mit dieser deutsch-nationalen Rezeption der pädagogischen Tradition genau in dieser selbst. Seine Vorbilder sind hier Schleiermacher, Stein und nicht zuletzt Fichte, der diesen Gedanken in seiner neunten Rede an die deutsche Nation 1807/1808 bereits überdeutlich machte:
"Jener (durch die Erziehung) zu erzeugende Geist führt die höhere Vaterlandsliebe, das Erfassen seines irdischen Lebens als eines ewigen, und des Vaterlandes als des Trägers dieser Ewigkeit, als einen seiner notwendigen Bestandteile unmittelbar in sich selber; und aus dieser Liebe folgt der mutige Vaterlandsverteidiger"[6]

---

1 Lietz 1970; S.35
2 ebenda
3 ebenda; S.23
4 ebenda; S.76
5 ebenda; S.83

Lietz folgt diesem Auftrag, den die Pädagogik sich selbst gegeben hat, und der ihr gleichzeitig Legitimation zur Partizipation am gesellschaftlichen Wandel war und versucht, Erziehung - den neuen Verhältnissen scheinbar angemessen - als Instrument der Befriedung dem Nationalstaat dienbar zu machen.
1910 leitet er einen Bildband zur Arbeit der Landerziehungsheime mit der Frage ein:
"Wie kann man als Erzieher dazu beitragen, daß die ungeheure Erbitterung, die heute bei Tausenden und Abertausenden von Arbeitnehmern gegenüber den Arbeitgebern zu finden ist, schwindet und der soziale Friede einkehrt? Wie kann man dabei helfen, daß die drohende Entartung, die immer weiter um sich greifende Degeneration großer Volkskreise einer Vorwärtsentwicklung zu Gesundheit und Kraft und damit einer heilbringenden Zukunft des Vaterlandes Platz macht? Nicht lange Abhandlungen und Zukunftsträume sollen diese Frage beantworten, sondern nachstehende Bilder..."[1]

Die Sprache und die Bilder verraten den deutschnationalen Praktiker Lietz. Die dahinterliegende Diktion der pädagogischen Konzeption ist jedoch nicht sehr weit von der Diktion politisierter Pädagogik der 60er und 70er Jahre unseres Jahrhunderts entfernt, auch wenn die politischen Linienführungen gänzlich andere sind. In dieser Diktion ist sich Lietz, trotz seiner nationalistischen Ausrichtung, mit den anderen reformpädagogischen Flügeln einig. So kommt es, daß er - obwohl er zur "national-ethischen Erneuerung" durch eine den "Zeitaufgaben gemäße Erziehung"[2] aufruft - beim linken Flügel der Reformbewegung als einer der ihren akzeptiert ist. Seine nationalistischen Töne sind dazu angetan, sich heute schnell von ihm zu distanzieren. Hier sollte der Versuch unternommen werden, diese schnelle Distanzierung dadurch zu verunmöglichen, daß diese nationalstaatliche Vereinnahmung der Erziehung als logische Konsequenz aus dem Grundparadigma der `fünften Grundrechenart' in der Pädagogik hergeleitet wurde.

Am 12. Juni 1919 starb Lietz in Haubinda. 12 Jahre nach seinem Tod, 1931, - inmitten der erbitterten Kämpfe zwischen nationalsozialistischer und kommunistischer Partei - erscheint in der Zeitschrift des Internationalen Sozialistischen Bundes (ISK) eine Werbeanzeige, in der zum Kauf einer Laudatio von Minna Specht auf Hermann Lietz aufgefordert wird. In ihr wird Lietz als "Bahnbrecher für eine freiere Erziehung" gewürdigt.[3]

6zit. n. Flitner 1953; S.270
1Lietz 1910; S.4
2Lietz 1970; S.83
3Zeitschrift des Int. Soz. Bundes (Isk) 1931 (6/1931)

"Wie überall rückt derart das Bürgertum auch hier
von seinen befreienden Anfängen ab, wiederuft sie"

Ernst Bloch [1]

Zukunftsschule und Zukunftsstaat - Berthold Otto's Unterrichtsreform

Die Geschichtsschreiber der pädagogischen Reformbewegung sind sich in der Klassifizierung Berthold Ottos uneins. Die einen sehen ihn, mit einer "fein ausgebildeten Theorie", abseits der Bewegung stehen.[2]. Die anderen werten ihn als "herausragenden Vertreter, der von nicht wenigen als `Führer' der Reform betrachtet" wurde [3]. Je nach Perspektive sind tatsächlich beide Einschätzungen zutreffend.

Was die "Pervertierung des dialogischen Verhältnisses (in der Erziehung) durch den völkischen Urgrund"[4] - die national-ethische Ausrichtung seiner pädagogischen Theorie also - anbetrifft, so steht Otto mit Sicherheit abseits der Hauptlinie der Reformer. Nationalistisch - völkische Töne sind bei ihm äußerst selten zu finden und wenn, dann nur leise und gekoppelt mit der ihm eigenen Utopie eines "Zukunftsstaates". Er verfocht die Idee einer sozialistischen Monarchie, die er 1910 in seinem Buch "der Zukunftsstaat als sozialistische Monarchie"[5] vorstellte. In ihm versucht er, die parteipolitische Spaltung, die die politische Landschaft nachhaltig prägte und die zu "Kämpfen im inneren Volksleben"[6] führte durch eine Verschmelzung der politischen Entwürfe von Sozialismus und Monarchie aufzuheben. Sozialismus "dessen ganzes wirtschaftlichen Wesen ... die bestgegliederte Organisation des ganzen Volkskörpers erfordert"[7] soll verbunden werden mit der "ungeheuren Kraft, (die) für den einzelnen und für die Gesamtheit in der durch tatkräftige Arbeit von Jahrhunderten erwachsene Staatsorganisation"[8]- der Monarchie liegt. Hinter diesem Staatsentwurf steht Ottos Vorstellung vom "volksorganischen Denken", das er als "Seelenleben eines ganzen Volkes als organische Einheit"[9] sah. Treibend für diesen Entwurf war aber auch seine Enttäuschung über die Sozialdemokratie. Diese hatte zum einen seine Beiträge zum "republikanischen Zukunftsaufbau"[10] - seine beiden Bücher "Die Sozialdemokratische Gesellschaft, was sie kann und was sie nicht kann"(1893) und "Der Umsturz"(1896) in ihrer Presse totgeschwiegen. Zum anderen hatte sie für ihn durch "Parteibeamtentum den republikanischen Zukunftsstaat ... auf den Nimmermehrstag"[11] hinausgeschoben.

---

1 Bloch 1972; S.12
2 Blättner 1968; S.283
3 Oelkers 1983; S.208
4 Kunert 1973; S.96
5 Otto 1910
6 ebenda; S.I
7 ebenda; S.2
8 ebenda
9 Otto 1963; S.188
10 Otto 1910; S.13
11 ebenda

Was aber seinen pädagogischen Entwurf einer Zukunftsschule anbetraf, so war Otto sicher einer der öffentlich bekanntesten Vertreter einer "Pädagogik vom Kinde aus", was andere Reformer, wie Gurlitt veranlaßt haben mag, ihn als "Führer" der Bewegung zu bezeichnen. Seine "freiheitlichste Schule stand in auffälligem Kontrast zur institutionalisierten Ausbildung der Zwangs- und Strafschulen."[1]. Berthold Otto hatte diese Zukunftsschule in Grundlagen bereits 1887 entwickelt, aber erst 1897 die Chance erhalten, sie bei einem Vortrag vor dem Leipziger Schriftstellerverband öffentlich vorzustellen. 1901 erschien dann die erste Auflage, 1912 die zweite und 1928 die dritte Auflage im Eigenverlag, den er den "Verlag des Hauslehrers" nannte.[2]
Ottos Begründung eines dialogisch angelegten Erziehungsverständnisses und Unterrichts in der "Zukunftsschule", seine konsequente Untersuchung und Praxis eines "schülergesteuerten Unterrichts"[3] machen ihn, im Rahmen dieser Arbeit, zu einem Vertreter der Reformbewegung, der sich zum einen der Verwandlung eines dialogischen Konzeptes der Erziehung hin zu einer nationalistisch instrumentalisierten Erziehung widersetzte, zum anderen aber sich von der Zukunftsbildung durch Erziehung nicht gänzlich verabschieden wollte und konnte.

Nach einem mißglückten und abgebrochenen Studium - vor allem bei den Philosophen Steinthal und Paulsen verläßt Otto 1883 die Universität und versucht sich als Hauslehrer in Herne und Berlin. Aus seinen Beobachtungen als Hauslehrer entwickelt er seine "Beiträge zum Wissenschaftlichen eines natürlichen Unterrichts", die er 1887 versucht drucken zu lassen. Erst 14 Jahre später findet sich ein Verlag, der das Manuskript unter dem Titel "Die Zukunftsschule" druckt. Hatte Otto 1887 eine "umfassende Kritik der bestehenden Schuleinrichtungen"[4] intendiert, so ging es ihm 1901 um die Begründung eines Gegenentwurfs. Er war nicht wie Lietz "zum Gegner des Gymnasialunterrichts.. durch den Unterricht geworden, den ich (B. Otto) empfangen habe; an den habe ich namentlich für die Oberklassen eigentlich nur angenehme, zum Teil herzerhebende Erinnerungen. Ich bin zum Gegner des Unterrichts dadurch geworden, daß ich ihn dann selbst erteilt und ihn beim Erteilen psychologisch geprüft habe"[5]
Als Grundlagen für diese Prüfung bedient er sich Steinthals Trieblehre und Sprachphilosophie, nach der ein Kind logisches Denken ebenso wie die Sprache instinktiv und triebhaft, gleichsam von selbst im alltäglichen Umgang erwirbt. Zum Beleg dieser Theorie und zum Ausgangspunkt für seine Theorie des "natürlichen Unterrichts" nimmt Otto die Sprachentwicklung des Kindes in der Mutter-Kind-Dyade, die er ausführlich, quasi als wissenschaftlichen Nachweis für seine Methode, seinen Ausführungen zur "Zukunftsschule" voranstellt:
"Wenn ein Kind in das schulpflichtige Alter tritt, hat es einen mehr als fünfjährigen Kursus des Anschauungs- und Sprechunterrichts hinter sich. Da gab es freilich keine regelmäßigen Lehrstunden, keine häuslichen Arbeiten, keine Strafen, wenn man sein `Pensum' nicht konnte ... in diesem Kursus, in welchem keins der gebräuchlichen pädagogischen Hilfsmittel zur Anwendung kam, hat das Kind dennoch sehr viel gelernt, wahrscheinlich den allergrößten Teil dessen, was es überhaupt zu lernen hat". "Demnach scheint es nicht unangebracht, diese

---

1 Henningsen in Blättner 1968; S.138
2 Otto 1928
3 Henningsen in Blättner 1968; S.138
4 Otto 1928; S.X
5 ebenda

Methode etwas näher zu prüfen.. und dann zu versuchen, ob sie sich nicht in irgendeiner Weise für die Schule nutzbar machen läßt"[1]
Die Prüfung ergibt als Methodengrundlage:
"Dem Kinde wird vielfache Gelegenheit gegeben, seinen Erkenntnistrieb zu betätigen, ob es diese Gelegenheit benutzen will oder nicht bleibt ihm vollständig überlassen... Das Leitende an diesem Unterricht ist der Erkenntnistrieb des Kindes" und "der Vorzug dieser natürlichen Methode ist, daß jede einzelne Erkenntnis in dem für sie günstigsten Augenblicke entsteht"[2] In seiner zum Teil sehr ironischen Sprache setzt Otto gegen diese Erkenntnis ein Gleichnis, das "allgemein für den Unterschied (der natürlichen Methode) zur bisherigen Schulmethode steht:
Man gehe auf einen Scheibenstand (Schießstand) bis zur Scheibe, drücke dort eine mitgebrachte Kugel durch das Zentrum, lade dann diese Kugel in eine Büchse, gehe auf den Schützenstand zurück und feure ab. Dann ist die Kugel regulär aus der Büchse geschossen; und sie hat unleugbar das Zentrum der Scheibe durchbohrt. Auf die Reihenfolge der Begebenheiten hat man keinen Wert zu legen; wenn man die Formulierung der Erkenntnis vor ihrer psychischen Herstellung vorgehen läßt, so kann man ruhig auch das Treffen der Scheibe dem Abfeuern des Schusses vorhergehen lassen. Und man geht in beiden Fällen sicherer so; der Schüler gelangt zu der gewünschten Formulierung, nicht zu einer von seinem Schwärmergeist geschaffenen neuen; und die Kugel macht das Loch an der gewünschte Stelle nicht an einer vom Zufall bestimmten anderen"[3]

Aus diesem Gleichnis und den Beobachtungen des "natürlichen Unterrichts" vor der Schulreife zieht Otto drei Resultate die konstitutiv für die "Zukunftsschule" werden:

Erstens muß diese Schule radikal schülergesteuert, also vom Interesse der Schüler allein bestimmt sein. Weder Curricula noch eine feste Zeiteinteilung in Stunden und Pausen haben darin Platz, sondern nur die jeweilige Beantwortung der Fragen der Schüler, die Befriedigung des Erkenntnistriebes. Anfang und Ende des Unterrichts, Teilnahme und Nichtteilnahme bleiben den Schülern überlassen.

Zweitens muß der Lehrer, will er dem Erkenntnistrieb des Schülers folgen, sich "sichere Grundlagen durch gezielte Beobachtungsarbeit verschaffen."[4] Für Otto ist diese Beobachtung wesentlich für ein neues Berufsverständnis. "Wenn es sich in Zukunft praktisch möglich erweisen sollte, auf die Entwicklung der Kindergeister in der Weise einzuwirken, wie der geschickte Gärtner auf die Entwicklung der Pflanzen einwirkt", schreibt er, "so hätten wir in einer auf genaue Beobachtung des kindlichen Geistes gegründeten Pädagogik ein weiteres Kapitel der angewandten Psychologie"[5]

Drittens muß ein Unterricht, der ausschließlich vom Erkenntnisinteresse der Schüler bestimmt und vorangestrieben wird, auf das Machtmonopol des Erziehers, des Lehrers verzichten und damit das Erwachsenen - Kind - Ver-

---

1 Otto 1928; S.1ff
2 ebenda; S.3
3 ebenda; S.216
4 Oelkers 1983; S.208
5 Otto 1929; S.215

hältnis neu gestalten. An die Stelle des manipulierenden, direktiven Gesprächs muß das "Prinzip des zwanglosen Diskurses"[1] treten. Diskurs hat mit Habermas die Schaffung eines herrschaftsfreien Raumes zur Vorraussetzung. Und das genau war die Intention Ottos, wenn er schreibt: "Zu nichts werden die Schüler gezwungen; nicht einmal die Strafgewalt haben die Lehrer sich vorbehalten; die Schüler haben ihre eigene Gerichtsbarkeit geschaffen .. die trefflich funktionierte".[2]

Deutlich zu erkennen ist hier, daß Otto im Gegensatz zu den meisten anderen Reformpädagogen seiner Zeit das Problem der "Zensur"[3] durch die Erwachsenen erkannte und grundsätzlich anzugehen versuchte, indem er eine dialogisch-beobachtend diskursive Begegnung zwischen Lehrern und Schülern für das Schulsystem der Zukunftsschule konzipierte.
Gleichwohl ist ihm die Überhöhung der "natürlichen Erziehung" im Dienste seiner poltischen Ambitionen nicht ganz fremd. So schreibt er etwa: "Nicht nur die Stellung des jungen Menschen zur Erkenntnis wird beobachtet, sondern auch seine Charaktereigenschaften, die sich in den mannigfaltigen Spielen unserer Zukunftsschule... weit besser zeigen können."[4] Otto reiht sich damit in die, von Georg Kerschensteiner angeführte, erzieherische Debatte um den Charakterbegriff [5] mit ein. Ihm kommt es hier nicht nur auf die individuelle selbstbestimmte Charakterbildung an, sondern darauf, daß jeder bereichernd im Sinne des "volksorganischen Denkens" seinen Platz im "Seelenleben eines ganzen Volkes auf der Basis des, allen Menschen eigenen, `Gemeingefühls' wahrnehmen kann"[6]. Im Vorwort zur "Zukunftsschule führt er diesen Gedanken als Ziel seiner Schulpädagogik an:

"Das deutsche Volk wird das `Volk der Denker' genannt. Es wird diesen Ehrennamen verdienen, wenn es nicht nur einen gewissen Promillesatz `großer Denker' aufweist, sondern wenn sich jeder Volksgenosse als Denker ausweisen kann. Diese Möglichkeit ist im Lehrgang (der Zukunftsschule) erwiesen."[7]
Im Schlußwort dieses Lehrganges entfaltet der sonst weniger pathetische Reformer dann auch das Rousseau'sche Pathos der anderen Reformer, wenn er schreibt:
"Das Kindesalter ist in der Tat der Abglanz des Himmelreiches auf Erden; es ist die einzige Zeit, in der das Leben seinen Wert in sich selber trägt. Wir Erwachsenen leben nur um zu nützen. Diese köstliche Zeit der Kindheit zu befreien von der Gewaltherrschaft, unter die eine fehlgeleitete Eltern- und Lehrerfürsorge sie gestellt hat, den Geist des Kindes sich frei entfalten lassen zum Wahren, Schönen und Guten, das ist die Aufgabe, deren Lösbarkeit wir zu beweisen suchen"[8]

So kommt es, daß Otto im Rahmen der gesamten Reformpädagogik einen sehr eigenständigen Platz einnimmt, gekennzeichnet durch pädagogische-praktische Radikalität einerseits und monarchistisch-sozialistisch volksgebundenes Denken

---

[1] Oelkers 1983; S.209
[2] Otto zit. nach Oelkers 1983; S.209
[3] Mollenhauer 1985; S.10
[4] Otto 1910; S.284
[5] Kerschensteiner 1912
[6] Oelkers 1983; S.208
[7] Otto 1928; S.XIV
[8] ebenda; S.218

andererseits. Seine "Zukunftsschule" ist zwar auf der Trieblehre Steinthals entwickelt und durch die "Naturhaftigkeit" der Mutter - Kind - Beziehung untermauert, sie ist aber in ihrer dialogischen Konzeption des Erwachsenen-Kind-Verhältnisses und ihrer Radikalität in der Praxis "Aufklärung wider Willen"[1]

Ottos `Entdeckung' durch die preußischen Behörden und seine `Entfaltung' in Berlin-Lichterfelde zeigen diese Ambivalenz deutlich: Als Vater von sechs Kindern weigerte er sich, seine Kinder in eine öffentliche oder staatlich anerkannte private Schule zu schicken und unterrichtet sie zu Hause. Die Behörden in Leipzig machen ihm Schwierigkeiten, die aber rasch, durch Druck der preußischen Regierung in Berlin, aufgehoben werden. Otto hatte einige Jahre zuvor sein Buch über Bismarck dem Kaiser geschickt und Wilhelm II. hatte es angenommen. Friedrich Althoff, ein preußischer Ministerialrat am Hof, bot nun dem in Leipzig wenig geliebten Otto - vermutlich auf Veranlassung des Kaisers - eine monatliche Zahlung von 250,- Mark ohne Gegenleistung an, wenn er seine Stelle als Lexikonredakteur in Leipzig aufgibt und nach Berlin umzieht. Selbst die Restmiete für die Wohnung in Leipzig und die Umzugskosten wurden vom preußischen Staat erstattet. Der Reformer sollte so freigestellt werden, seinen pädagogischen Schulexperimenten nachzugehen. Otto zieht also als pädagogischer "free-lance" Arbeiter der preußischen Regierung 1902 nach Berlin, entfaltet dort seine Hausschule in Lichterfelde, hält Vorträge und veröffentlicht pädagogische und staatspolitische Schriften. Er wird zum Reformer aus Kaisers Gnaden.

Dennoch wird er mehr und mehr zum Außenseiter der Bewegung, die immer stärker mit dem "völkischen Element" hausierte und die Schulpädagogik zwar als "Schule im Dienste der werdenden Persönlichkeit"[2] zu reformieren suchte, diese Persönlichkeit aber als "möglichst vollkommenes Einzelwesen" verstand, "das sich bewußt und freudig einordnet in die völkische und nationale Gemeinschaft."[3] Während Otto, und mit ihm die "politische Romantik, das organische Gesellschaftsmodell von der Harmonie aller Teile her verstanden hatte", wurde in der immer stärker werdenden "völkischen Ideologie daraus ein Subordinantionsprinzip, das politische Harmonisierung nach dem Führerprinzip" anstrebte.[4]

Die Pädagogik der nationalsozialistischen Ideologie, ihre ideologische Verklärung der "natürlichen Entwicklung" sollte dann endgültig den "völkischen Urgrund "[5] von der Rousseau'schen "Pädagogik vom Kinde aus" trennen und in repressive Erziehung verkehren. An die Stelle der neu entstandenen Erkenntnisse der Entwicklungspsychologie wurde eine rassistische Evolutionsideologie gesetzt. An die Stelle der Vorstellungen von Autonomie des Geistes und der freien Persönlichkeit wurde die völkische Ideologie der kollektiven Stärke gegenüber Fremdherrschaft gerückt.
Diese Ideologie der Erziehung, die konsequent zu den Verbrechen in Auschwitz, Treblinka und Sobibor führte, war jedoch angelegt in der "Weltanschauungspädagogik"[6] der Reformpädagogen, in der bereits im Ansatz das

---

1 Henningsen in Blättner 1968; S.129
2 Gaudig 1930
3 Seyfert 1914 zit. nach Oelkers 1983; S.211
4 Oelkers 1983; S.216
5 Kunert 1973; S.96
6 ebenda; S.104

dialogische Erziehungsverständnis pervertiert wurde. Der Dialog, so schreibt Hubertus Kunert, erlaubt "eine methodische Nachprüfbarkeit und bestimmt auf diese Weise den einzuschlagenden und einzuhaltenden Weg pädagogischen Erkennens..., ohne daß er im voraus festgelegt ist, wie in der völkischen Weltanschauungspolitik."[1]

Daß man Berthold Otto eine Teilnahme an dieser Pervertierung trotz aller Ambivalenz nur schwer unterstellen kann, zeigt das folgende Zitat aus einer Briefesammlung des Kulturphilosophen Rudolf Pannwitz an Berthold Otto. Die Ausschnitte des Briefes sind einer Sammlung entnommen, die Pannwitz, der sich als "Charonkünstler" bezeichnete unter dem Titel "Kunst, Kraft, Kultur, - Charonbriefe an Berthold Otto" 1906 in Leipzig veröffentlichte. Dort schreibt Pannwitz an Otto:
"Sie müssen dienen, aber nicht der Vergangenheit, sondern der Gegenwart, und so tun Sie es...Daß sie dem Kinde nichts bringen, was es nicht verlangt, auch das müssen Sie so können, wie ich's von keinem sonst weiß, oder mir denken kann. Bliebe noch Sie selbst. .. Genau Ihrer Entwicklung parallel läuft natürlich Ihre Politik und Ihre Pädagogik, und bleibt auch dem früh erkannten Kern dieselbe... "[2] "Sie zwingen bewußt niemanden, aber gerade durch Ihr absolutes Nichtzwingen aber arbeiten Sie ohne es zu wollen Ihr Wesen so stark heraus, daß es nach meinem Empfinden durch sein bloßes Dasein viel stärker zwingt als aller Wille vermag... Aber ein solcher Einfluß, sogar ein solches Zwingen ist ja nichts anderes als das 'selbstverständliche' Leben selbst. Wie soll man sich da als Pädagoge verhalten? Erstens indem man bewußt nichts von sich aus aufzwingt, was dafür, daß das Kind glücklich ist und sich ganz gewaltig entfalten kann, schon ausreicht. Zweitens in dem man nachprüft"[3]- reflektiert.

Pannwitz vertrat dezidiert die Ansicht, daß man den Erziehungsbegriff "von der Schul- und Hauswissenschaft der Pädagogik trennen und damit einen politisch-instrumentellen Anspruch an die Pädagogik überhaupt aufgeben" müsse[4].
Als einer der wesentlichen Autoren veröffentlichte Pannwitz in Martin Bubers renommierter Sammlung "Die Gesellschaft" und war der Philosophie der Dialogik, mit der Buber sich 1922 in die pädagogische Diskussion einmischen, sollte verbunden.

---

1 Kunert 1973; S.105
2 Pannwitz 1906 S.114ff
3 ebenda; S.110ff
4 Oelkers 1983; S.212

Martin Bubers Entwurf einer kontemplativen erzieherischen Begegnung

Zur Einführung

Buber, am 8. Februar 1878 in Wien geboren, wuchs nach der Trennung der Eltern (1881) in Lemberg beim Großvater auf, der sowohl vertraut mit der chassidischen Bewegung und deren Talmudinterpretationen als auch Vorsteher der dortigen israelitische Kultusgemeinde war.

Wie zentral die Erfahrung der Trennung von den Eltern, die Erziehung durch den Großvater und die Berührung mit der chassidischen Lehre in Lemberg war, beschreibt Buber u.a. in seinen biographischen Fragmenten.[1] Diese biograpischen Hintergründe ziehen sich wie ein roter Faden durch Bubers gesamte philosophische Arbeit: Begegnung, der Dialog vom Ich zum Du, wurde zum Brennpunkt seines philosophischen Denkens; das Aufspüren der chassidischen Legenden - ihre Übersetzung und Kommentierung, die Buber immer weiter vorantrieb - untermauerte seine Philosophie mit Erkenntnissen aus dieser Richtung jüdischer Religiosität und Mystik; und nicht zuletzt: die jahrzentelange mühevolle Übersetzungsarbeit am Alten Testament - in den 20er Jahren mit Franz Rosenzweig begonnen und erst 1961 fertiggestellt - bestimmte seinen eigenwilligen Umgang mit der Sprache.

Obwohl Buber eher ein Schreibtischgelehrter war, der sich über Jahre mit stiller Übersetzungs- und Sammlungsarbeit beschäftigte, stand er in stetiger Auseinandersetzung mit unterschiedlichen Strömungen der Gesellschaft, wurde zu Vorträgen und Versammlungen unterschiedlichster Art geladen und nahm ungefragt zu politisch brisanten Themen Stellung. Seine Auseinandersetzung mit pädagogischen Fragen nimmt im Vergleich zu seinem Gesamtwerk einen minimalen Umfang ein. Es sind Vorträge, die Buber zwischen 1919 und 1953 gehalten hat, immer erfragt als Einmischung des Philosophen Buber zu pädagogischen Fragestellungen. Obwohl diese Texte einen so geringen Umfang haben, ist "ihre Wirkung über Jahrzehnte hin erstaunlich. Das Material der Wirkungsgeschichte (dieser Texte) hat sich als so reichhaltig erwiesen, (mehrere tausend bibliographische Einheiten...), daß eine Auswertung" durch Bubers Verlag noch nicht abgeschlossen werden konnte.[2]

Wo und in welchem Umfeld auf welche Nachfragen hin hat Buber sich nun in die pädagogische Diskussion eingemischt? Bei der Beanwortung dieser Frage und der darauf folgenden Auseinandersetzung mit Bubers Erziehungsverständnis werde ich mich, wie auch bei Lietz und Otto, ausschließlich auf seine Schriften stützen und die praktisch-pädagogische Arbeit Bubers ausblenden.

1919 findet in Bubers Wohnort Heppenheim an der Bergstraße eine Tagung statt, bei der Buber neben Paul Natorp zur Volkshochschule referiert - ein Thema, das ihn lange begleiten sollte. Mit Natorp und dem ebenfalls teilnehmenden

---

1 Buber 1986
2 Verlegernachwort zur 7. Auflage der Reden über Erziehung in Buber 1986a; S.92

Eugen Rosenstock-Hussey gemeinsam tritt Buber, in der Folge dieser Tagung, in einen Dialog mit anderen Gruppen der deutschen Volkshochschulbewegung im Rahmen des Hohenrodter Bundes[1]. 1922 veröffentlicht Buber einen Beitrag unter dem Titel "die Aufgabe", in dem er Erziehung als Erschließung des dialogischen Verhältnisses beschreibt und sich gegen eine "politische Instrumentalisierung der Erziehung" wendet.[2]

1925 wird Buber von Elisabeth Rotten gebeten, das Hauptreferat der Internationalen pädagogischen Konferenz in Heidelberg zu halten. - Bubers vielfältige Beziehungen zu Personen, die die pädagogische Diskussion prägten, werden u.a. deutlich, wenn man erfährt, daß er 1919 einen Vortrag an der Jenaer Abendvolkshochschule hielt, deren Leiter Wilhelm Flitner war[3]. - Thema und Leitmotiv der Heidelberger Konferenz, zu dem Buber sich äußern sollte, war die "Entfaltung der schöpferischen Kräfte im Kinde" - ein Thema, das die zentrale Haltung der reformpädagogischen Erziehungsvorstellung nochmal deutlich hervortreten ließ. Buber lehnte einen Vortrag zu diesem Thema zuerst ab, da er dem Thema nichts abgewinnen könne und die Teilnehmer vermutlich enttäuschen würde[4]. Nach einer nochmaligen Aufforderung der Tagungsleitung, doch gerade deswegen zu sprechen, hält Buber seinen Vortrag, dem eine erregte Diskussion der Teilnehmer folgt. "Die Aussprache," so schreibt Buber, "ist mit Recht als ein leidenschaftliches Ringen" bezeichnet worden.[5] Diesen Vortrag, den Buber lapidar mit "über das Erzieherische" überschreibt, will er als "Darlegung der Wesenshaltung" verstanden wissen, von der auch seine sonstigen Äußerungen zu Erziehung und Erwachsenenbildung ausgegangen sind.[6]

Bezeichnend für diese Wesenshaltung ist nicht nur die Vorgeschichte der Themenstellung, sondern auch die Anrede Bubers, mit der er bereits im ersten Satz in deutliche Distanz zur pädagogischen Haltung der Reformpädagogen tritt: "Die Entfaltung der schöpferischen Kräfte im Kinde", so beginnt Buber den Vortrag, "das ist der Gegenstand, über den bei dieser Tagung geredet werden soll. Zu ihrem Eingeleit vor Sie tretend, darf ich Ihnen nicht für einen Augenblick verschweigen, daß ich von den sieben Worten, in denen er ausgedrückt ist, nur die zwei letzten unfragwürdig finde."[7]

Es ist bemerkenswert - und deshalb soll hier ein erneuter Versuch der Interpretation dieser Rede unternommen werden -, daß die pädagogische Diskussion nicht nur im Anschluß an die Rede unter den Reformpädagogen sehr erregt war, sondern auch in den 50er Jahren entflammte und eine ungeheure Fülle von Stellungnahmen nach sich zog.
Im Kontext dieser Arbeit erscheint das "Nach-Denken"[8] Bubers über Erziehung - denn es handelt sich bei dem Vortrag nicht um einen erziehungswissenschaftlichen Beitrag sondern um ein philosophisches "den-Dingen-nach-denken"

1vergl. Bubers Erinnerungen daran, in: Buber 1986a; S.7ff und die Dissertation Rita van de Sandt's: "Martin Bubers bildnerische Tätigkeit zwischen den beiden Weltkriegen" 1976 Diss.päd. Hochschule Rheinland,(masch.)
2vergl. Oelkers 1989; S.149
3Buber 1986; S.115
4siehe Bubers Vorwort zu 1. Auflage der Reden über Erziehung
5Buber 1986a; S.8
6vergl. Buber 1986a; S.7
7ebenda; S.11
8Wolff 1980; S.7

- als zentrale Bruchstelle in der Linearität des neuzeitlichen Erziehungsverständnisses. Um dies näher darzustellen, soll in den folgenden vier Kapiteln zuerst auf die Ideologiekritik an Buber eingegangen werden. Diese scheint mir Buber eher zu erhellen als aus den Angeln zu heben. In einem zweiten Kapitel soll versucht werden, ausgehend von der Ideologiekritik Bubers politisches Denken im Zusammenhang mit Erziehung zu erörtern. In der Folge soll dann seine Kritik und Distanz gegenüber der Reformpädagogik über die Begriffe der Gemeinschaft und der Umfassung herausgearbeitet werden. Im vierten Teil soll, ausgehend vom Umfassungsbegriff Bubers, der kontemplative Charakter seines Verständnisses von der erzieherischen Begegnung dargestellt werden.

> Man kann jene Definition der Philosophie als maßgeblich betrachten, die sie als Erkenntnis aus reinen Begriffen bestimmt, doch...man wird nichts aus Begriffen erkennen, sofern man sie nicht vorher geschaffen hat.
>
> Gilles Deleuze

Ideologiekritik und Bubers Spache

Als sich die pädagogische Diskussion nach 1945 nicht nur der Reformpädagogen, sondern, aus gutem Grund, auch Bubers Reden über die Erziehung bemächtigte, tat sie dies "im Kontext der existentialistischen, religions- und kulturphilosophischen Redeweisen jener Zeit... in solcher Breite, daß Verflachung und modische Einstellungen, wohl auch Verdinglichung seiner mehr hinweisenden als objektivierenden Begriffsbildung nicht ausbleiben konnte."[1] Buber wurde prompt darauf zuerst von W. Brezinka und unabhängig davon von Adorno angegriffen und mit Ideologiekritik belegt. Brezinka bezeichnete Bubers Erziehungsverständnis als die " ideologische Seligsprechung einer romantischen Beziehung."[2] Adorno nannte Bubers Sprachgebrauch eine "Wurlitzer-Orgel" des Geistes"[3]. Der Kontext, in dem Adorno diesen Vorwurf ausspricht, ist - nach den Erfahrungen mit deutscher Ideologie und Hitlerfaschismus jedoch so gewichtig, daß es sich lohnt, Bubers Sprachgebrauch vor dem Hintergrund des "Jargons der Eigentlichkeit"[4] zu betrachten. Zwar fällt auf, daß Adorno Buber "auffallend schont"[5], doch auf den ersten Blick muten Bubers Formulierungen und Wortschöpfungen an, als würden sie den Ideologieverdacht Adornos allemal bestätigen.

Buber schreibt von "Vergegnung", "Umfassung", "Weltverantwortung", "eigener Konkretheit", dem "gesegneten Werk" und "Charaktererziehung". Alles Worte, die den Verdacht des "Jargons der Eigentlichkeit" nahelegen. Beschäftigt man sich jedoch mit Bubers anderen Arbeitsgebieten, den Übersetzungs- und Interpretationsarbeiten chassidischer oder alttestamentarischer Erzählungen, so werden dort die Begriffe, die Buber beispielsweise in der Übersetzung der Psalmen gebraucht, noch problematischer. Dort ist von "Erheiligung", "Gegenwartsstatt", "Weltstamme" und "Nachtgraus" die Rede[6]. Nimmt man hier die hebräischen Originaltexte und die Übersetzung Martin Luthers zur Hilfe, so ist unschwer zu erkennen, daß es sich bei Bubers scheinbar krausem Sprachschatz um mühsame Versuche handelt, durch z.T. aus einzelnen Silben zusammengerückte Wortgebilde den wesentlichen Gehalt des Originals zu erhalten. Buber orientiert sich bei seinen Übersetzungen und Texten an dem Wortstamm und bildet analog zur hebräischen Grammatik ein, der Wortwurzel entstammendes Substantiv. Dort wo Luther schwer zu Übersetzendes glattzieht oder einfach fälscht, nimmt Buber die Arbeit auf sich, alte Wortbedeutungen neu aufzunehmen, neue Wortsinne zu schaffen - in der Hoffnung, an Authentizität und Ge-

---

1 Scarbath/Scheuerl 1979; S.213
2 ebenda
3 ebenda
4 Adorno 1966; S.17ff
5 Röhrig 1978; S.506
6 vergl. Buber 1962

nauigkeit zu gewinnen. Bei genauer Leseweise trifft dieses Bemühen auch für Bubers philosophische und pädagogische Texte zu, ein Bemühen, daß das Gegenteil von einem "Jargon der Eigentlichkeit" zu sein sucht. Wie an späterer Stelle für die in Bubers Erziehungsverständnis so wichtigen Begriffe der Vergegnung und der Umfassung zu zeigen sein wird, ist die Sprechweise Bubers nicht "träumerische Duselei."[1] Sie ist Bestandteil der philosophischen Suchbewegung, die sich gerade um sorgsame Nuancierung deswegen bemüht, weil sie beliebige Ideologiebildung auszuschließen sucht. Dort, wo sie unter Ideologieverdacht geraten könnte, aber entspringt sie der Selbstverständlichkeit Bubers, auch schriftlich in chassidischer Tradition Zwiesprache mit Gott zu halten. In dieser Zwiesprache, in der er Schöpfung und Schöpfer zum Reflexionsstoff erhebt, ist seine Sprache für Mißdeutungen besonders offen. Zum Beleg der Unhaltbarkeit der Ideologiekritik und zugleich als Beispiel für die Auflösung, die Buber häufig in der Religionsphilosophie sucht, will ich eine Stelle aus der Rede "über das Erzieherische" zitieren, die typisch für Bubers Abgrenzung, seinen Sprachgebrauch und seine Selbstverständlichkeit ist, mit der er Theologie und Philosophie verknüpft:
"Was ist es", so fragt Buber, "um die "Entfaltung der schöpferischen Kräfte"? Ist das die Wirklichkeit der Erziehung? Muß die Erziehung eben dies werden, damit sie Wirklichkeit sei? So meinen es offenbar die Einberufer dieser Tagung, die ihr ihren Gegenstand gegeben haben. Sie meinen offenbar, deshalb habe die Erziehung bisher ihr Werk nicht getan, weil sie anderes anstrebte als eben die Entfaltung dessen, was im Kinde ist, oder unter den Kräften des Kindes andere als eben die schöpferischen beachtete und begünstigte. Und sie wundern sich wohl jetzt, daß ich doch selber vom Schatz der ewigen Möglichkeit und von der Aufgabe seiner endlichen Hebung spreche. So habe ich denn klarzustellen, daß dieser Schatz durch den Begriff der "schöpferischen Kräfte" und seine Hebung durch den Begriff "Entfaltung" nicht zulänglich erfaßt wird. Schöpfertum bedeutet ursprünglich nur den göttlichen Anruf an das im Nichtsein verborgene Wesen."[2] Hört man dem letzten Satz aufmerksam nach, so merkt man, daß Buber hier eine entscheidende Begrenzung des Erziehungsauftrages anmahnt, um dann im Verlauf der Rede dem Begriff "Schöpfung" und der Dialogik der zwischenmenschlichen Beziehung nachzuspüren. Buber ist dabei weder mit ideologieverwendbaren Worthülsen noch mit der latenten Anmaßung, nach der diese schmeckt, zufriedenzustellen. Er bemüht sich im Gegenteil eine Sprache zu finden, die deutlich das Zwischenmenschliche vom Göttlichen trennt und damit nicht mehr als Begründungszusammenhang einer "höheren Macht"- des Volkes, der Nation etc. - benutzbar ist.
Dennoch scheint Buber einem zweiten Vorwurf zunächst Recht zu geben; einem Vorwurf, der Buber einen unpolitischen Erziehungsbegriff zuweist. Dieser Vorwurf ist im Zusammenhang dieser Arbeit deshalb von Interesse, weil er erstens etwas anmahnt, was gerade im Zusammenhang mit dem Beitrag, den die deutschnationalen Reformpädagogen zur Entstehung des deutschen Faschismus beigetragen hatten, äußerst problematisch geworden war. Und zweitens, weil sich in ihm die Frage verbirgt, wie Buber die schwierige Verknüpfung von Gesellschaft, Einflußnahme und Pädagogik löst. Mit Verweis auf Bubers politisches Selbstverständnis soll zunächst der Vorwurf zurückgewiesen werden, Buber sei unpolitisch, bevor der weitaus schwierigeren Frage nach Bubers Umgang mit der gesellschaftlichen Funktion von Erziehung nachgegangen wird.

---

1 vergl. Marx und Engels in der Vorrede der "Deutschen Ideologie" zit. nach Röhrig 1978 S.506
2 Buber 1986a; S.13ff

Gesellschaftsreform und Erziehung bei Buber

Nachdem die Mode des "Buberns"[1] - Buber als Nachweis für alles und jedes heranzuziehen - vorbei ist, kann vielleicht auch ein wenig distanzierter und nicht aus der bewundernden Haltung für den "großen jüdischen Philosophen"[2] und immer mit Verweis auf sein gesamtes philsophisches Werk, an die Frage herangegangen werden, inwieweit sein Erziehungsverständnis sich mit seinen politischen Vorstellungen verband und inwieweit sein Erziehungsverständnis in seinen Schriften ebenso instrumentalisiert Benutzung findet, wie es in der neuzeitlichen Pädagogik vorzufinden ist.

Buber apolitische "Philosophiererei" zu unterstellen, ist genauso unmöglich, wie "Martin Buber für eine konservative Politik zu vereinnahmen; es hieße Buber völlig mißverstehen, wenn man in seinem Namen Freiheit einschränken und die Macht der Autorität heraufbeschwören will."[3]
Buber war durch die Begegnung mit Gustav Landauer politisch geprägt worden.
Bei seiner Mitarbeit im Kreis der "Neuen Gemeinschaft" der Brüder Heinrich und Julius Hart lernte Martin Buber den wenig älteren Landauer kennen. Landauer, 1870 in Karlsruhe geboren, war als Journalist und Sozialist politisch tätig. In seinen Schriften ging er deutlich in Distanz zur deutschen Sozialdemokratie und entwickelte, in Anlehnung an Proudhon und Kropotkin, einen "entstaatlichten" Sozialismus. In seinem "Aufruf zum Sozialismus" formuliert Landauer: "Die Grundform der sozialistischen Kultur ist der Bund der selbstständig wirtschaftenden, und untereinander tauschenden Gemeinden... Wollen wir die Gesellschaft, so gilt es sie zu erbauen, gilt es sie zu üben: eine Gesellschaft ist eine Gesellschaft von Gesellschaften; ein Bund von Bünden; ein Gemeinwesen von Gemeinswesen von Gemeinwesen..."[4] Und unter Artikel 4 seiner zwölf Artikel des sozialistischen Bundes schreibt er 1908: Der Sozialistische Bund erklärt als Ziel seiner Bestrebungen die Anarchie im ursprünglichen Sinnen: Ordnung durch Bünde der Freiwilligkeit."[5]
Landauer, der 1918 mit Ernst Toller und Erich Mühsam die Münchner Räterepunblik anführte und am 1. Mai 1919 ermordet wurde, trieb den Gedanken der Gemeinschaft als Grundzelle des Sozialistischen Bundes voran und entwickelte einen Sozialismusbegriff, der weiten Abstand vom Entwurf eines Staatssozialismus hatte. Sprache als Basis von Gemeinschaft[6], der Austausch und die anarchistische sozialistische Wirtschaftstruktur als Themen machen deutlich, daß Landauer Sozialismus nicht als Wirtschaftsform allein sondern vor allem als Kultur verstand. Als Kultur der Gemeinschaft. Landauer, geprägt von der politischen Auseinandersetzung, nahm in der Haft 1899 die Übersetzungen der mittelhochdeutschen Predigten des Mystikers Meister Eckhart auf. Die Auseindersetzung mit diesem Theologen prägte sein Verständnis von Gemeinschaft und von Kommunikation als Mittel der Gemeinschaft und floß dazu in seinen 19 Jahre anhaltenden Dialog mit Martin Buber ein.
Bei einem der Treffen der "Neuen Gemeinschaft" machte Buber deutlich, wie sehr er sich den Sozialismusbegriff Landauers zu eigen zu machen begann. In

---

1Scarbath 1979; S.213
2vergl.: Röhrig 1978; S.518
3ebenda; S.515
4Landauer 1950 S.9
5ebd. S.10
6vergl. Landauers Sprachkritik in "Skepsis und Mystik" 1903

seiner Rede sagte er, Landauer variierend: "Wir wollen nicht Revolution, wir sind Revolution". Wie Landauer "die mittelalterliche Mystik hob Buber den Chassidismus neu ins Bewußtsein. Die beiden jungen Männer wurden Freunde,und `Bubers Anschauungen über das gemeinschaftliche Leben der Menschen sind von Landauer beeinflusst worden'(Hans Kohn)"[1]
Bezugnehmend auf diesen gedanklichen Austausch schreibt Landauer an Martin Buber im Mai 1918: "Lieber Buber - Ich danke Ihnen für Ihren `Weg zum Cahssidismus'. Was Sie da, vom Bericht zum Bekenntnis und zur Lehre aufsteigend, sagen, hat mir innig wohlgetan. Lassen sie sich's nicht anfechten, Buber, wenn ich bei der oder jener ihrer Unternehmungen nicht dabei sein kann; jeder braucht seine eigenen Formen und Sprungbretter. Das rührt nicht an unsere Einigkeit und Gemeinsamkeit, die in diesen Jahren viel tiefer geworden ist".[2]
Für Landauer war Buber "der entscheidende Vermittler zum Judentum und der eigenen jüdischen Biographie.... Doch spricht vieles dafür, daß seine Wirkung auf Landauers jüdisches Selbstverständnis nicht diese Intensität erreicht hätte, wäre seine Sicht der chassidischen Mystik nicht ihrerseits schon von Landauers Rekonstruktionen der sprach- und dogmenkritischen, der anarchistischen Dimension christlicher Mystik, vor allem der Schriften Meister Eckharts, mitgeprägt worden."[3]
Aus dem Diskurs mit Landauer, aus der wechselseitigen Beeinflussung auf der Grundlage eines jeweils auf Mystik auffußenden Gemeinschaftsbegriffs, ist Bubers Sozialismusbegriff deutlich geprägt. Gegen die "vitale Dissoziierung als Krankheit der Völker" anschreibend, formuliert Buber: "Nicht Verwischen der Grenzen zwischen den Bünden, Kreisen und Parteien, sondern gemeinschaftliche Erkenntnis der gemeinschaftlichen Wirklichkeit und gemeinschaftliche Erprobung der gemeinsamen Verantwortung" ist das Ziel.[4] Und in seiner Rede anläßlich der Verleihung der Friedenspreises des deutschen Buchhandels schreibt er in einem Aufsatz über "das echte Gespräch und die Möglichkeit des Friedens: "In ihren menschlichen Menschen müssen die Völker ins Gespräch kommen, wenn der große Friede erscheinen und das verwüstete Leben der Erde erneuern soll." [5]

Bubers religiöser Sozialismus prägt unübersehbar seine pädagogischen Schriften, die sich im wesentlichen um die Kernfrage drehen, wie Erziehung mit dem Problem umzugehen hat, daß sie immer "eine Auslese der wirkenden Welt durch den Menschen"[6] in der Vermittlung bedeutet. In seinem Aufsatz "Bildung und Weltanschauung"[7] legt er über seine sozialistischen Gemeinschaftsvorstellungen deutlich Zeugnis ab, klagt aber gleichzeitig Solidarität mit anderen Weltanschauungen ein. Aber, so Buber, "es gilt nicht Toleranz" zu üben, sondern Vergegenwärtigung der Wurzelgemeinschaft und deren Verzweigungen... Es gilt nicht eine formelhafte Scheinverständigung auf einer Minimalbasis, sondern Wissen um das Wahrheitsverhältnis von drüben, um des anderen Realverhältnis zur Wahrheit; nicht `Neutralität', sondern Solidarität."[8] Damit nimmt

---

1 Schultz S.140
2 Landauer 1929 S.232
3 Altenhöfer S.153
4 Buber 1986a S.58
5 Buber 1953 S.8
6 Buber 1986a; S.24
7 ebenda; S.51
8 ebenda; S.58

Buber deutlich die Kritik einer unpolitischen Haltung bei gleichzeitiger Beibehaltung der Verständigung mit der konträren Meinung im Politikverständnis vorweg. Noch deutlicher werdend schreibt er: "Der ideologische Anteil an dem, was der einzelne Wahrheit nennt, ist unausschmelzbar; aber was er vermag, das ist, im eigenen Geist Einhalt zu gebieten der Politisierung der Wahrheit, der Utilitarisierung der Wahrheit, der ungläubigen Gleichsetzung von Wahrheit und Verwendbarkeit."[1] Buber nimmt hier so deutlich wie kaum stärker möglich der Kritik an seiner Begriffsbildung den Raum, indem er sich gegen die Utilitarisierung wendet. Dieses Einhaltgebieten hat Buber als politische Figur sowohl in Deutschland bis 1938 als auch in Israel in Klarheit praktiziert. Um den Preis der politischen Isolierung hat er sich der Ideologiebildung konsequent versagt - ob es die Frage des Umgangs mit den Tätern des Holocaustes betraf oder die politische Konzeption des Staates Israel als eines Landes mit arabischer und jüdischer Bevölkerung.

Wie um den Ideologievorwurf ad absurdum zu führen, schreibt Buber dann 1935: "Wir leben .. in einer Zeit, in der Schlag auf Schlag die großen Träume, die großen Hoffnungen des Menschenvolkes sich erfüllen: als ihre eigenen Karikaturen. Was ist die Ursache all dieses massiven Scheins? Ich weiß keine andere, als die Macht der Fiktivgesinnung."[2]

Wie aber verbindet oder entkoppelt Buber nun seine politisch-philosophischen Vorstellungen mit Erziehung? Wie löst er das grundpädagogische Problem der Einflußnahme, der "Prägung", der "Charaktererziehung" oder der Instrumentalisierung? Es ist die Frage danach, ob Buber Erziehung in der Konzeption der `fünften Grundrechenart' als Weg der willentlichen, gezielten, formulierten, gesellschaftlichen Einflußnahme über ein definiertes Erziehungsziel betrachtet, oder ob er bei der Verneinung dieser Einflußnahme sich in Gefahr begibt, Erziehung als einen neutralen Akt, als unpolitische, religiös-interaktionistische Begegnung zu verstehen. Diese Frage läßt sich erarbeiten, wenn man Bubers Abgrenzung gegenüber den Reformpädagogen im Zuge seines Heidelberger Vortrages untersucht. Bubers eigenen Weg zwischen einer Erziehungskonzeption, die der Ideologiebildung offensteht, und einer Erziehungskonzeption, die direkt instrumentalisierend entworfen ist, herauszuarbeiten, ist doppelt schwierig: Bubers Entwurf passt durch seine schwierige Sprache und seinen alttestamentarisch-dialogischen Gottesbegriff nicht in die erziehungswissenschaftlichen Kategorien.

Zunächst verweigert sich Buber, dem Begriff einer "natürlichen Erziehung vom Kinde aus" und der "Entfaltung der schöpferischen Kräfte" als einem Erziehungsziel zu folgen. Er verbindet diese Verweigerung mit einer außerordentlich bissigen Kritik, mit der er seine Zuhörer belegt: "Das Symbol des Trichters (der alten Pädagogik) ist um einen Begriff, gegen das der Pumpe eingetauscht zu werden. Ich werde an die beiden Lager der Entwicklungslehre des 17. und 18. Jahrhunderts erinnert, die Animalkulisten, die den ganzen Keim im Samentierchen, und die Ovulisten, die den ganzen im Ei vorfanden. Die Theorie der Entfaltung der Kräfte im Kinde gemahnt in ihren radikalsten Äußerungen an Swammerdams "Auswicklung" des "präformierten" Lebewesens. Aber das Werden des Geistes ist ebensowenig wie das des Körpers eine Auswicklung. Die Dispositionen, die man, könnte man in Wahrheit eine Seele analysieren, in der eines Neugeborenen entdecken würde, sind nicht als Fähigkeiten aufzunehmen und einzubilden."[3]

---

1 Buber 1986a; S.56
2 Buber 1986a; S.62

Buber trifft hier eine Feststellung über die Erkenntnisentwicklung des Kindes, die Jean Piaget in seiner Entwicklungstheorie später weit differenzierter entfaltet und die bis heute keine ausreichende Rezeption in der erziehungswissenschaftlichen Diskussion gefunden hat. Buber fährt in seinem Vortrag wie folgt fort: "Die Welt zeugt im Individuum die Person. Die Welt also, die ganze Welt: Natur und Gesellschaft `erzieht' den Menschen, läßt sie ihre, der Welt Einwürfe fassen und durchdringen. Was wir Erziehung nennen, die gewußte und gewollte Auslese der wirkenden Welt durch den Menschen; bedeutet, einer Auslese, gesammelt und dargelebt im Erzieher, die entscheidende Wirkungsmacht verleihen."[1]

Auch wenn Buber hier die Kriterien der Auslese nicht näher benennt, schränkt er den Erziehungsauftrag des Erwachsenen gegenüber dem Kind deutlich ein: Der Erwachsene ist nicht Schöpfer der Welt, nicht Interpret derselben, sondern durch sein Handeln in dieser und seine Kenntnis von dieser Welt vermittelnde Instanz bei der Erkenntnisgewinnung des Kindes. Buber deutet damit eindeutig in eine dritte Richtung des Erziehungsverständnisses: Nicht das Eintrichtern oder die pumpende Beschleunigungsbewegung, sondern die Auslese der wirkenden Welt im Sein der Begegnung zwischen Erzieher und Kind ist das Grundelement der Erziehung. In diesem Verständnis war der alte Erzieher - "sofern er eben Erzieher war - nicht der Mensch des Machtwillens, sondern er war Tradent, Tradent gesicherter erbmächtiger Werte." Der Erzieher wird hier von Buber im Sinne der kritischen Psychologie als Tradent der gesellschaftlichen Errungenschaften in der Ontogenese des Kindes gesehen. Buber schreibt in seiner Werte-Diktion weiter: "Vertritt der Erzieher dem Zögling gegenüber die Welt, so vertrat jener besonders die geschichtliche, das Gewordensein. Er war der Abgesandte der Geschichte, diesem Eindringling Kind gegenüber.. Er warf die Werte in das Kind oder zog es in sie."[2]

Daß der "neue" Erzieher nicht per Deklaration sich aus dieser machtvollen Position entheben kann, mahnte Buber an. Weder eine Erklärung der "Erziehung vom Kinde aus" noch didaktische Reformen lösten für ihn dieses Grundproblem, das bestand, seit Erziehung zur Profession geworden war. "Wenn Erziehung bedeutet, eine Auslese der Welt durch das Medium einer Person auf eine andere Person einwirken zu lassen", schreibt Buber, "so ist die Person, durch die das geschieht, vielmehr, die es durch sich geschehen macht, einer eigentümlichen Paradoxie verhaftet. Was sonst nur als Gnade, in die Falten des Lebens eingelegte, besteht: mit dem eigenen Sein auf das Sein anderer einzuwirken, ist hier Amt und Gesetz geworden. Damit aber .... hat sich die Gefahr aufgetan, daß das neue Phänomen, der erzieherische Wille, in Willkür ausartet; daß der Erzieher von sich und von seinem Begriff des Zöglings, nicht aber von dessen Wirklichkeit aus die Auslese und Einwirkung vollziehe. Man braucht nur etwa die Berichte über Pestalozzis Unterricht zu lesen, um zu merken, wie leicht sich bei den edelsten Pädagogen die Willkür in den Willen drängt."[3]

Diese Gefahr sieht Buber umsomehr, als es eine feste Norm oder Maxime der Erziehung nicht gibt, nicht geben kann. Was der Erzieher zur Legitimation sei

---

3ebenda 1986a; S.23
1ebenda 1986a; S.24
2ebenda; S.30
3Buber 1986a; S.43

ner machtvollen Willkür so nennt, "war stets nur die Norm einer Kultur, einer Gesellschaft, einer Kirche, eines Zeitalters, der auch die Erziehung hörig war".[1]

Die in der Pädagogik immer wieder aufgeworfene Frage, die wie ein Glaubensbekenntnis abgefordert wird, "wohin, worauf zu soll erzogen werden" verkennt diese Situation. Und sie verkennt, daß der Mensch zwar Geschaffenes gestaltet aber nicht - auch nicht in der Pädagogik - selbst zum Schöpfer, wie Buber ihn versteht, werden kann. Schöpfer und Schöpfung sind für Buber dabei nur dialogisch zu verstehen. Um es mit Emanuel Levinas zu sagen: "Für Buber ist Gott das Große, das Ewige Du"[2] Der Mensch kann in das Gespräch mit der Schöpfung und dem Schöpfer treten, steht aber in seinem kreativen Handeln immer nur in der Gnade Gottes. "Aber", so schließt Buber seinen Heidelberger Vortrag, "er kann, jeder kann sich und andere dem Schöpferischen öffnen. Und er kann den Schöpfer anrufen, daß er sein Ebenbild rette und vollende".[3]

Dieses Öffnen gegenüber dem Schöpferischen, womit Buber die Gestaltung der Schöpfung unter dem Auge des Schöpfers und nicht die Kreativität als künstlerische Befähigung meint - diese Öffnung zur Teilhabe an der Welt ist bei Buber verbunden mit der Teilhabe an der Gemeinschaft, der Teilhabe an Begegnung mit dem Gegenüber. Wenn Buber ein Erziehungsziel definiert, so ist es die Teilhabe an Gemeinschaft, die als Gnade erfahren in Demut vor der Schöpfung und dem Gegenüber zu gestalten ist.

Damit hat Buber den Versuch unternommen, Erziehung aus der kulturellen Bedingtheit, ihrem gesellschaftlichen Hintergrund heraus zu verstehen, sie aber der "Utilitarisierung" durch diese zu entziehen. Instrumentalisierung soll dadurch vermieden werden, daß der Erzieher nicht die geplante, gezielte Herausbildung einer spezifischen Persönlichkeit intendiert, sondern dem Kind als gegenüberstehende Persönlichkeit begegnet und Erziehung als eine Realität neben anderen Erkenntnisrealitäten dem Kind in der gelebten Auslese dieser Welt darbietet. Buber beschreibt dies in seinem Aufsatz "über Charaktererziehung" folgendermaßen: "Alles prägt: die Natur und die soziale Umwelt, das Haus und die Straße, die Sprache und die Sitte, die Welt der Geschichte und die Welt der täglichen Nachrichten aus Gerücht, Radio und Zeitung, die Musik und die Technik, das Spiel und der Traum, alles miteinander, - manches, indem es Fragen, Zweifel, Abneigung, Widerstand erzeugt; gerade durch das Ineinandergreifen der verschiedenartigen, einander gegengesetzten Wirkungen wird der Charakter geprägt. Und mitten drin in dieser prägenden Unendlichkeit steht der Erzieher, nur ein Element unter unzähligen, aber von ihnen allen unterschieden durch den Willen, an der Prägung des Charakters teilzunehmen, und durch das Bewußtsein, eine bestimmte Auswahl des "Richtigen", dessen, was sein soll, dem ÇÇwÇÇerdenden Menschen gegenüber zu vertreten. In diesem Willen und in diesem Bewußtsein ist seine Berufung als Erzieher grundlegend ausgedrückt. Zweierlei erwächst daraus für den Erzieher: zum ersten die Demut, das Gefühl, nur ein Element inmitten der Fülle des Lebens, nur eine einzelne Existenz inmitten all der unermeßlichen auf den Zögling einwirkenden Wirklichkeit zu sein, zum zweiten aber die Selbstbesinnung, das Gefühl, darin die einzige auf den ganzen Menschen einwirken wollende Existenz zu sein, und damit das Gefühl der Verantwortung für die Auswahl des Seins, die er dem Zögling gegenüber vertritt.."[4]

1ebenda; S.47
2Levinas 1991 S.47
3ebenda; S.49

Wie kann nun aber Erziehung, in diesem Sinn verstanden, dafür Sorge tragen, daß sie sich dem Kind, dem Gegenüber nicht entfremdet, das heißt ihre eigene Notwendigkeit, eine gesellschaftliche Notwendigkeit über die Notwendigkeit des Kindes stellt, sondern diese in erkenntnisfähigem Nebeneinander beläßt? Wie kann der einzelne, der Erzieher/die Erzieherin, sich dieses schwierigen Aktes der Balance einer zutragenden, Interpretationen auf Fragen hin anbietenden Erziehung - die Welt in ihrer Komplexität reduzierenden und wertenden aber nicht ideologisierenden Auslese, die Buber als Erziehung proklamiert - sicher sein?

Bubers Erziehungsverständnis müßte hier theoretisch- religiöser Anspruch bleiben, wenn nicht die für seine Dialogik so zentralen Begriffe der Gemeinschaft und der Umfassung hier Klärung bringen würden. Voraussetzung für diese Klärung ist, daß sich die Leser für das folgende Kapitel noch einmal auf Bubers Sprache einzulassen und dabei den eigenen Erfahrungen mit Begegnung und Erziehung nachzufühlen bereit sind.

4Buber 1986a; S.69

> "Wir sind sehr, sehr komplizierte Geschöpfe, dazu
> mißtrauisch und in uns gekehrt; nichts werden euch
> das Glas und das Auge der Weisen sagen.., wenn ihr
> den Glauben an uns und die Fähigkeit mit uns zu
> fühlen, nicht habt."
>
> Janusz Korczak[1]

> "Die Sache selbst zum Sprechen" bringen heißt "sich
> an sie anschmiegen und durch dieses unvoreinge-
> nommene, radikale Sicheinlassen auf die jeweilige
> Besonderheit des Gegenstandes hindurch zum zu-
> gleich klärenden wie kritisch überwindenden, allge-
> meinen Begreifen" zu gelangen.
>
> Ulrich Oevermann [2]

Gemeinschaft und Umfassung

Gemeinschaft - um mit dem einfacheren der beiden Begriffe zu beginnen - ist für Buber Ziel und Weg zugleich; beides als Auftrag des Menschen, in dem Buber die Scheinalternative zwischen Vereinzelung und Aufgehen (etwa im völkischen) zu lösen versucht. So schreibt Buber in seinem Aufsatz "über die Charaktererziehung" 1935:
"Die Sehnsucht nach der persönlichen Einheit, aus der die Einheit einer Menschheit geboren werden soll, soll der Erzieher in seinem Zögling erfassen und stärken. Glaube an diese Einheit und Wille zu ihr, das ist keine "Rückkehr" zum Individualismus, sondern ein Schritt über die Zweiheit von Individualismus und Kollektivismus hinaus. Die große ganze Beziehung von Mensch zu Mensch kann nur zwischen einheitlichen, verantwortenden Personen sein, darum ist sie im totalen Kollektivismus seltener als in irgendeiner historisch früheren Staatsform, in der autoritären Partei seltener als in irgendeiner früheren Form der Vereinigung".[3] Erziehung ist aber, wie Oelkers es faßt, für Buber das "erschließende Ereignis" in der dialogischen Beziehung zwischen zwei Menschen und zugleich ein Vorgriff auf die wahre Sozietät.[4]
Und eben diese Sozietät, diese aus einem religiösen Sozialismus heraus verstandene Gemeinschaft, die nur aus einer eigenständigen, in dialogischer Begegnung stehenden Person heraus entstehen kann, "widerstreitet der politischen Instrumentalisierung der Erziehung."[5] Gemeinschaft ist ein Gegensteuern gegen "Dissoziierung", an deren Stelle das "Miteinander-zu-tun-Bekommen" gesetzt wird, das mit "den Mitteln der Pädagogik, der Andragogik, der Bildungsarbeit" erreicht werden soll[6]. Dieses Miteinander-zu-tun-bekommen war sowohl Bu-

---

1 Korczak 1973; S.94
2 Oevermann 1976; S.234
3 Buber 1986a; S.89
4 vergl.: Oelkers 1983; S.149
5 Buber 1922 zit. nach Oelkers 1983; S.149
6 Buber 1986a; S.58

bers Ziel in der Grundlegung seiner Philosophie vom "Ich und Du" als auch angestrebter Punkt seiner Bildungsarbeit in der Volkshochschulbewegung und der zionistischen Jugendbewegung, und es war Ziel seiner politischen Einmischungen in Israel.

Neben diesem Gemeinschaftsbegriff ist wohl das Bedeutsamste in Bubers Philosophie der Dialogik die minutiöse Betrachtung dessen, was alltäglich ist, aber weder durch die Kommunikationstheorie Watzlawiks[1] noch durch den Interaktionismus Krappmanns[2] bisher ähnlich treffend erfaßt werden konnte: - die einfache zwischenmenschliche Begegnung von Ich und Du; die Bewegung zwischen mir und meinem Gegenüber.

Der französische Philosoph Emanuel Levinas würdigt Bubers Beitrag an eben diesem Punkt:
"Diese Aufwertung der dialogischen Beziehung und ihrer phänomenologischen Nichtreduzierbarkeit, ihrer Fähigkeit, eine autonome Sinnordnung zu konstituieren, ebenso legitim wie die traditionelle, privilegierte Subjekt-Objekt-Korrelation des Erkenntnisprozesses - wird der unvergeßliche Beitrag Martin Bubers zur Philosophie bleiben. Die Mannigfaltigkeit der sozialen Nähe gilt nicht mehr, wie zuvor, im Vergleich zur Einheit oder Synthese oder Totalität des Seins, wie sie Wissen und Wissenschaft anstreben, als Unvollkommenheit oder als Verlust der Vernunft. Die Dimension der Gemeinschaft ist eine durchgehend sinnvolle Ordnung ethischer Beziehungen, die Beziehungen mit der nie assimilierbaren und somit im eigentlichen Sinne unbegreifbaren, mit Zugriff und Besitz unvereinbaren Andersheit des Anderen. Die Entdeckung dieser Ordnung in ihrer ganzen Eigentümlichkeit, das Durchdenken ihrer Konsequenzen bleiben mit dem Namen Buber verbunden."[3]

In diesem Durchdenken der dialogischen Beziehung ist eine Phänomen der Philosophie Martin Bubers, gerade in Abgrenzung zu o.g. Kommunikationstheorien, besonders bedeutsam. Gabriel Marcel, von dem Levinas schreibt, er habe "das Terrain der dialogischen Philosophie druchstöbert... ohne zu wissen, daß es schon von einem anderen abgegrast worden war "[4] - Gariel Marcel benennt dieses Phänomen der zwischenmenschlichen Begegnung mit dem Wort "Co-Präsenz". Buber, seiner Sprachlichkeit treu bleibend, führt das Wort von der "Umfassung" ein.

Im Zusammenhang dieser Arbeit und für Bubers Erziehungsbegriff ist dabei der Begriff der Umfassung gerade deshalb wesentlich, weil er den Kern dieser Begegnung zwischen Mensch und Mensch, zwischen Erwachsenem und Kind zu treffen scheint. Jenen Kern, der in der kommunikationstheoretischen und interaktionistischen Analyse bisher keine Bedeutung gefunden hat, der aber für eine Neufassung des Erziehungsbegriffes konstitutiv ist.

"Umfassung", wie sie Buber versteht, zu klären, geht nicht, ohne Buber ausführlich im Original zu Wort kommen zu lassen. Man kann "Umfassung" nicht klären ohne die aktive Teilnahme des Lesers/der Leserin, der/die den Worten mit Hilfe

---

[1] Watzlawik 1969
[2] Krappmann 1970?
[3] Levinas 1991 S.39
[4] ebd.

seiner/ihrer eigenen Erfahrung über das Gespräch vom Ich zum Du, vom Erzieher zum Kind,nachspüren muß.

Buber schreibt am Anfang seiner autobiographischen Fragmente, daß es ihm bei der Niederschrift darum ging, in einer Rückschau von "jenen auftauchenden Momenten Bericht zu erstatten, die auf Art und Richtung" seines Denkens "bestimmenden Einfluß ausgeübt hatten"[1]. Und eben diese Fragmente beginnen mit einem Einschnitt in Bubers Leben, der ihn vermutlich lebenslang an das Thema der Begegnung zwischen Menschen gebunden hat. War sein Großvater, bei dem er vom dritten Lebensjahr an aufwuchs, die Person in seinem Leben, die ihm die Begegnung zwischen Mensch und Gott nahebrachte, so war die Mutter, deren Abwesenheit er vom dritten Lebensjahr an erlebte und die er erst nach mehr als zwanzig Jahren wiedersehen sollte, diejenige Person, die ihm die zwischenmenschliche Begegnung zur Frage aufwarf. Buber schreibt in Erinnerung an dieses Widersehen:
"Als ich nach weiteren zwanzig Jahren meine Mutter wiedersah, die aus der Ferne mich, meine Frau und meine Kinder besuchen gekommen war, konnte ich in ihre noch immer zum Erstaunen schönen Augen nicht blicken, ohne irgendwoher das Wort `Vergegnung' als ein zu mir gesprochenes Wort zu vernehmen. Ich vermute, daß alles, was ich im Lauf meines Lebens von der echten Begegnung erfuhr, in jener Stunde auf dem Altan (des Hauses) seinen ersten Ursprung hat."[2]
In dieser tiefen Form sensibilisiert für die Unterschiede zwischen Vergegnung und Begegnung, ist Buber aufmerksam genug, auch andere alltägliche Formen der Begegnung wahr-zunehmen und zu bedenken. In einem Fragment, das er "Das Pferd" überschreibt, schildert er die Begegnung mit einem Apfelschimmel auf dem Gutshof seiner Großeltern, zu dem er als Kind häufig in den Stall schlich, um ihm den Nacken zu kraulen:
"Das war für mich nicht ein beiläufiges Vergnügen, sondern eine große, zwar freundliche, aber doch auch tief erregende Begebenheit. Wenn ich sie jetzt, von der sehr frisch gebliebenen Erinnerung meiner Hand aus deuten soll, muß ich sagen: Was ich an dem Tier erfuhr, war das andere, die ungeheure Anderheit des anderen... Wenn ich über die mächtige, zuweilen verwunderlich glattgekämmte, zu andern Malen ebenso erstaunlich wilde Mähne strich und das Lebendige unter meiner Hand leben spürte, war es, als grenzte mir an die Haut das Element der Vitalität selber, etwas, das nicht ich, gar nicht ich war, gar nicht ich- vertraut, eben handgreiflich das andere, nicht anderes bloß, wirklich das andere selber und mich doch heranließ, sich mir anvertraute, sich elementar mit mir auf Du und Du stellte."[3]
Buber beschreibt hier gleich zwei Erfahrungen die für sein Erleben und sein Denken elementar sind: Die Erfahrung des anderen, der, wie er es nennt, Anderheit des Anderen; und die Erfahrung diese Anderheit wirklich im Ich erspüren zu können, über die Haut erfühlen zu können und doch eine Verbindung wahrnehmen zu können, die das Ich mit dem Du verbindet. Die erste Erfahrung, die der Andersartigkeit des anderen sollte prägend für den Grundaufbau von "Ich und Du" werden. Die zweite Erfahrung aber legt bereits das an, was Buber später als konstitutiv für das Erziehungsverhältnis benennen wird - der Begriff der "Umfassung" als das extreme Gegenstück zur "Vergegnung".

---

1 Buber 1986; S.9
2 ebenda; S.11
3 Buber 1986; S.25ff

In den Reden über das Erzieherische, versucht er seinen Heidelberger Zuhörern diesen Begriff gleich zweifach nahezubringen, mit der Hilfe zweier gegensätzlicher Formen der Begegnung, die beide trotz ihrer Gegensätzlichkeit Umfassung beinhalten: •
"Ein Mensch schlägt auf einen anderen ein, der stillhält. Nun geschehe es plötzlich dem Schlagenden, daß er einen Schlag den er führt, empfängt. Denselben Schlag. Als der Andere, der Stillhaltende. Einen Augenblick lang erfährt er die gemeinsame Situation von der Gegenseite aus."[1]
"Ein Mann liebkost eine Frau, die sich liebkosen läßt. Nun geschehe ihnen, daß er die Berührung doppelseitig verspürt: noch mit seiner Handfläche und schon auch mit der Haut der Frau. Die Zwiefältigkeit der Gebärde, als einer zwischen Person und Person sich ereignenden zuckt durch die Geborgenheit seines genießenden Herzens und rührt es auf."[2]
Dieser Akt der Umfassung, des Fühlens mit der Haut des anderen, der Erfahrung der Wirklichkeit des anderen, ist hier als momenthaft und ruckartig beschrieben und dennoch ist er für Buber grundlegender Bestandteil der zwischenmenschlichen Begegnung dort, wo sie zur Gemeinschaft von Du und Ich führt. Wenn ein Mensch dem anderen begegnet, ohne die Chance der Umfassung, ohne das blitzartige Gefühl mit der Empfindung des anderen empfinden zu können, ist die Begegnung gestört, unterbrochen und droht zur "Vergegnung" zu werden.
Im dreizehnten seiner insgesamt siebzehn autobiographischen Fragmente beschreibt Buber auf besonders einfühlsame Weise, wie ihm der Charakter des wirklichen Gesprächs zwischen Menschen verdeutlicht wurde. Mit der Form dieser Erzählung rückt er in die talmudische Tradition der chassidischen Legende, deren Erfahrungsberichte er über Jahrzehnte hinweg sammelte, ordnete, übersetzte und kommentierte. Dieser Text ist "auf besondere Weise mit Bubers innerem Weg verbunden,"[3] und Buber hat diese Erfahrung, die er 1911 machte mehrmals in ihrem Wortlaut überarbeitet, da es ihm darum ging, diese Begegnung von dem "Stab und dem Baum" nicht als mystische, sondern als real erlebte wiederzugeben. Auf Grund dieser Grenzwanderung des Textes und seiner Besonderheit soll er hier ungekürzt wiedergegeben werden:

"Der Stab und der Baum"
Nach einem Abstieg, zu dem ich ohne Rast das Spätlicht eines vergehenden Tages hatte nutzen müssen, stand ich am Rande einer Wiese, nun des sicheren Weges gewiß, und ließ die Dämmerung auf mich niederkommen. Unbedürftig einer Stütze und doch willens, meinem Verweilen eine Bindung zu gewähren, drückte ich meinen Stock gegen einen Eschenstamm. Da fühlte ich zwiefach meine Berührung des Wesens: hier, wo ich den Stock hielt, und dort, wo der Stab die Rinde traf. Scheinbar nur bei mir, fand ich dennoch dort, wo ich den Baum fand, mich selber.
Damals erschien mir das Gespräch. Denn wie jener Stab ist die Rede des Menschen, wo immer sie echte Rede, und das heißt: wahrhaft zugewandte Anrede ist. Hier wo ich bin, wo Ganglien und Sprachwerkzeuge mir helfen, das Wort zu formen und zu entsenden, hier "meine" ich ihn, an den ich es entsende, ich intendiere ihn, diesen einen unverwechselbaren Menschen. Aber auch dorthin, wo er ist, ward etwas von mir deliegiert, etwas, das gar nicht sub-

---

[1] Buber 1986a; S.37
[2] ebenda; S.38
[3] Buber 1986; S.110

stanzartig ist wie jenes Beimirsein, sondern reine Vibration und unangreifbar. Das weilt dort, bei ihm, dem von mir gemeinten Menschen, und nimmt teil am Empfangen meines Wortes. Ich umfasse ihn, zu dem ich mich wende."[1]

"Umfassung", die Möglichkeit des zweifachen Fühlens, die Teilnahme am "Empfangen meines Wortes", ist die volle "Vergegenwärtigung des Unterworfenen, des Begehrten, des Partners, nicht mit der Phantasie, sondern mit der Aktualität des Wesens."[2] Sie ist in dreifacher Form in der zwischenmenschlichen Begegnung möglich:

- In der ersten Form ist sie im Diskurs zweier Anschauungen, ihrer Argumente, als abstrakte Umfassung möglich. Bei ihr begibt es sich " wie durch die Handlung eines namenlosen Boten - in einem Nu -, daß jeder die mit den Insignien der Notwendigkeit und des Sinn bekleidete Legitimität des anderen gewahrt."[3] Als sehr einprägsames Beispiel dieser abstrakten Umfassung beschreibt Buber in einem Briefwechsel mit Rudolf Pannwitz seine Begegnung im Gespräch mit Paul Natorp.[4]

- Im Erziehungsprozeß aber, so meint Buber, kann diese Umfassung nur in einer zweiten Form Gestalt annehmen: Sie muss eine einseitige Umfassungsbewegung des Erziehers sein. "Das erzieherische Verhältnis", so schreibt Buber, "hat seinen Grund in der konkreten aber einseitigen Umfassungserfahrung."[5] "Der Mensch, dessen Beruf es ist, auf das Sein bestimmbarer Menschen einzuwirken, muß immer wieder dieses, sein Tun.. von der Gegenseite erfahren. Er muß, ohne daß die Handlung seiner Seele irgend geschwächt würde, zugleich drüben sein, an der Fläche jener anderen Seele, die sie empfängt... es genügt nicht, daß er sich die Individualität dieses Kindes vorstelle, es genügt aber auch nicht, daß er es unmittelbar als eine geistige Person erfahre und anerkenne; erst wenn er von drüben aus sich selber auffängt und verspürt "wie das tut", wie das diesem anderen Menschen tut, erkennt er die reale Grenze..."[6]

- Die dritte Form der Umfassung ist diejenige, in der der eine des anderen als Person "innewird."[7] Über dieses Anerkennen dessen, daß "es mit dem anderen so ist, wie mit mir", wird die Umfassung zu einer nicht abstrakten doppelseitigen Bewegung zwischen dem Anderen und dem Einen. Diese Bewegung, nicht nur einseitig, nicht nur abstrakt nennt Buber Freundschaft.

Und durch eben diese einseitige Umfassungsbewegung, die er für die Pädagogik als Profession für grundlegend hält, beginnt Buber zwei zentrale Probleme der Pädagogik unter einem neuen Gesichtspunkt aufzulösen:

1Buber 1986; S.110
2Buber 1986a; S.37
3ebenda; S. 41
4vergl.: Buber 1986a; S.108
5Buber 1986a; S. 42
6ebenda; S.43
7ebenda; S.42

Erstens definiert er die Umfassung als eine einseitige, die, sollte sie beidseitig werden, zur Freundschaft wird. Buber macht damit die Realität der Einseitigkeit, um die sich die "fortschrittliche" Pädagogik seit jeher zu drücken sucht, die sie in der Antipädagogik, der Pädagogik vom Kinde aus und in der antiautoritären Bewegung aufzulösen suchte, es aber nicht konnte - diese Realität macht er zum konstitutiven Merkmal professioneller Erziehung. Grundlegend ist demnach für das Erziehungsverhältnis nach Buber ,daß Umfassung als einseitiger Prozeß von seiten des Erziehers in ihm geschieht..
Zweitens erteilt Buber jeder normativen, moralischen oder politischen Instrumentalisierung des Kindes - der "fünften Grundrechenart" also - eine Absage, indem er voraussetzt, daß der Erzieher fühlt, wie das tut, was er tut, es nicht nur fühlt, sondern in diesem Fühlen immer wieder erfährt. Denn im erzieherischen Verhältnis kann nach Bubers Vorstellung die einseitige Umfassung nicht nur momenthaft vorkommen, sondern muß als eine beständige Form der "unterirdischen Dialogik,"[1] der inneren Reflexion dauerhaft präsent sein.

Bruno Bettelheim, der das Verstehen des Unbewußten aus der Psychoanalyse direkt in das erzieherische Verhältnis zwischen Erzieher und Kind einzubringen versuchte, hat scheinbar für dieses Verhältnis dasselbe im Sinn, wenn er von den Erziehern seiner "Orthogenic School" für autistische Kinder in Chicago diesbezüglich eine hohe Einbildungskraft fordert. Er schreibt:
"Nur wenn wir uns so vollkommen in die Emotionen des gestörten Kindes eingefühlt haben, daß wir verstehen, warum es uns beschimpft und uns trotz bester Bemühungen als seinen Feind empfindet, der ihm Leid antun will; und nur wenn wir Dank unserer Einbildungskraft einsehen, wie wir die Welt sehen müßten, um uns ein ebenso falsches Bild vom anderen Menschen und seinen Motiven zu machen, - nur dann haben wir den Abgrund zwischen dem gestörten Menschen und uns überbrückt... Wir müßten dann nur noch fragen: Wenn es mir so ginge - was würde ich mir dann wünschen."[2]
Doch Buber grenzt seinen Begriff der Umfassung sorgsam gegenüber dem von Bettelheim gebrauchten Begriff der Einfühlung und der Einbildungskraft ab. Liest man Protokolle aus Mitarbeiterkonferenzen zwischen Bettelheim und den Mitarbeitern der "Orthogenic School", kann man erahnen, worin diese Abgrenzung für Buber begründet liegt:
Bettelheims Verstehen des Gegenübers entspringt einem instrumentell therapeutischen Gebrauch der Umfassung, der theoretisch in der psychoanalytischen Diagnostik und deren Therapieverständnis begründet ist. Die Einfühlung mit Kraft der Einbildung ist ein "sich mit Hilfe der psychoanalytischen Bildung Hineinversetzen" in das Kind. Es ist nicht gegen das "so tun als ob" eines "roll-taking" der Pädagogik abgesichert und kann rein als therapeutisch-didaktische Methode eingesetzt werden.

Buber nimmt diese mögliche Fehlinterpretation seiner Gedanken vorweg, wenn er schreibt: "Es wäre verkehrt, das was hier gemeint ist mit dem geläufigen, aber wenig sagenden Terminus der "Einfühlung" zu verbinden. Einfühlung bedeutet, wenn irgendetwas, mit dem eigenen Gefühl in die dynamische Struktur einer.. menschlichen Kreatur zu schlüpfen und sie gleichsam von innen abzulau

---

1 Buber 1986a; S.41
2 Bettelheim 1975; S.8ff

fen, die Formung und Bewegtheit des Gegenstandes mit den eigenen Muskelempfindungen verstehend ... Sie bedeutet somit Ausschaltung der eigenen Konkretheit, Verlöschen der dargelebten Situation, Aufgehen der Wirklichkeit, an der man teilhat, in purer Ästhetik."[1]

Umfassung ist dagegen die "Erweiterung der eigenen Konkretheit" über die eigene Wahrnehmung hinaus, aber immer unter der Mitnahme dieser Konkretheit. Sie beinhaltet immer, daß die Situation in der sie geschieht, nicht Spiel, Phantasie oder etwa Fallgespräch ist, sondern "gelebte Situation" mit dem Gegenüber, ein "gemeinsam erfahrener Vorgang", ein gemeinsam gelebtes Ereignis. Und sie bedeutet, daß die umfassende Person, der Erzieher, "ohne irgendetwas von der gefühlten Realität ihres eigenen Tätigseins einzubüßen" den Vorgang "zugleich von der anderen Seite aus erlebt."[2]

---

[1] Buber 1986a; S.37ff
[2] ebenda; S.38

Die Bekehrung des Knaben

> "Rabbi Ahron kam einst in die Stadt, in der der kleine Mordechai, der nachmalige Rabbi von Lechowitz, aufwuchs. Dessen Vater brachte ihm den Knaben und klagte, daß er im Lernen keine Ausdauer habe. 'Lasst ihn mir eine Weile hier', sagte Rabbi Ahron. Als er mit dem kleinen Mordechai allein war, legte er sich hin und bettete das Kind an sein Herz. Schweigend hielt er es am Herzen, bis der Vater kam. 'Ich habe ihm ins Gewissen geredet', sagte er, 'hinfort wird es ihm an Ausdauer nicht fehlen'."[1]

Umfassung und Kontemplation

Hella Kirchhoff hat 1988 eine Arbeit über "Dialogik und Beziehung im Erziehungsverständnis Martin Bubers und Janusz Korczaks" vorgelegt, in der sie in großer Breite Martin Bubers Erziehungsverständnis auf der Basis seiner Philosophie der Dialogik erarbeitet. Trotz dieser Breite hat sie die Erläuterungen, die Bubers autobiographische Fragmente für den Begriff der Umfassung bieten, nicht aufgenommen und ist so, nach meiner Ansicht zu einer nachvollziehbaren, wenngleich falschen Interpretation des Umfassungsbegriffes gekommen. Am Schluß ihrer Arbeit kommentiert sie diesen folgendermaßen: "Durch Phantasie, so interpretiere ich Buber, kann der Mensch sich die Wirklichkeit des anderen präsent machen. Buber scheint von der Möglichkeit auszugehen, über Phantasie, über die eigenen Vorstellungs- und Gefühlskräfte das Wesen des anderen tatsächlich erfassen zu können. Da dieser Vorgang begrifflich offenbar schwer zu fassen ist, flüchtet sich Buber m.E. in bildhafte Sprache, die verschleiert statt offenzulegen - spricht er doch auch vom "einschwingen" in den anderen, um die Wesenserfahrung zu benennen."[2]

Hella Kirchhoff setzt dieses Erfahren des anderen gegen den Begriff Korczaks vom "Kind als unergründlichem Geheimnis", auf den in dieser Arbeit später eingegangen werden wird. Ihre Buber-Kritik ist von einem wesentlichen Mißverständnis geprägt, zu dessen Beweis sie - wie in der Buber-Kritik üblich, - seine bildhafte Sprache als Sprache der Unkonkretheit hervorhebt. Buber spricht, wenn er von "Umfassung" redet, nicht davon "das Wesen des anderen zu erfassen." Er spricht dagegen von " doppelseitiger Empfindung" "der eigenen Konkretheit und der Konkretheit des Gegenübers". Er spricht von "Gegenwärtigung" und "Umfassung" als "Wesenserfahrung", was etwas gänzlich anderes meint als das "Erfassen des Wesens" durch einen Akt der Phantasie. Erfassen des Wesens würde die Durchsichtigkeit des Gegenübers via "Umfassung" bedeuten, die Gläsernheit des anderen durch die Phantasieleistung des einen. Nichts ist Buber fremder, wenn er den Begriff der Umfassung gebraucht. Vielmehr ist mit ihm ein Akt der Berührung zwischen Ich und Du gemeint, der dem Ich verwehrt, ohne das Denken um das Du seine Handlungen zu vollziehen. Ein Akt, der das Du im Ich dauerhaft präsent werden läßt, aber nicht als Wesenerfassung des Du. Nicht durchsichtig, sondern wissend um ihn.

---

[1] Buber 1990; S.327
[2] Kirchhoff 1988; S.294

Hier treten in den Begriffen "Wesenserfassung" und "Umfassung" zwei gänzlich unterschiedliche Denktraditionen und Formen menschlichen Erlebens und Handelns auf, die Erich Fromm mit den Kategorien "Haben" und "Sein" beschreibt. In seinem Buch "Haben oder Sein"[1] versucht Fromm philosophisch mit Rekursen auf Marx, den Buddhismus und die mittelalterliche Lehre Meister Eckharts nachzuweisen, "daß Haben und Sein zwei grundlegend verschiedene Formen menschlichen Erlebens sind."[2] In Fromms Philosophie entstand dieses Begriffspaar interessanterweise vor einem sehr ähnlichen biographischen Hintergrund wie bei Buber das Begriffspaar der Begegnung und der Vergegnung. Folgt man Fromms Ausführung und überträgt sie auf die Begriffe "Umfassung" und "Einfühlendes Erfassen", so ergibt sich nach meinem Dafürhalten: "Erfassen des Wesens", ebenso wie bei Bettelheim "Einfühlung um zu Verstehen", entspricht in der Denkweise Erich Fromms der Lebenshaltung des Habens. Bubers Begriff der "Umfassung" dagegen ist eine Begrifflichkeit des Seins, der gelebten Begegnung. Keine intellektuelle Erfahrung, sondern eine Erfahrung des begegnenden Zustandes.

Erich Fromm, am 23. März 1900 in einer jüdisch-orthodoxen Familie geboren hat ein philosophisches und sozialpsychologisches Werk hinterlassen, das Rainer Funk als einen Weg "von der jüdischen zur sozialpsychologischen Seelenlehre" beschreibt.[3] In einem Interview, das er kurz vor seinem Tod der ZEIT gab, beschreibt Fromm jene Traditionslinien, die ihn später, - im Frankfurter Lehrhaus, dem historischen Vorläufer der Frankfurter Schule - mit Buber, Rosenzweig, Scholem u.v.a.m. in Verbindung brachten. Fromm schildert darin seine frühen Prägungen aus der Orthodoxie:
"Ich wurde geboren als einziges Kind, - was schon ganz schlimm ist, - von zwei sehr neurotischen Eltern, überängstlichen Eltern aus einer sehr orthodox jüdischen Familie, auf beiden Seiten mit Tradition von Rabbinen. Und die Welt in der ich lebte, das war die Welt des traditionellen Judentums, das war im Grunde genommen eine mittelalterliche Welt. Das war noch nicht die bürgerliche. Von dieser mittelalterlichen Welt bezog ich meine Traditionen und meine Bewunderungen und meine Vorbilder. So lebte ich eigentlich halb in der altjüdischen echten Tradition und halb in der Modernen Welt."[4]
Diese Traditionslinien, sein Studium bei Rabbiner Nobel und die daraus folgenden Studien am "Freien Jüdischen Lehrhaus" waren "die wichtigsten Quellen des Fromm'schen Lebens und Denkens."[5] Nobel, von dem Fromm "noch im Alter schwärmte... war von der jüdischen Mystik durchdrungen und lebte eine konservative religiöse Lebenspraxis"[6], von der Fromm erst im Alter von 26 Jahren, nach der Berührung mit dem Buddhismus Abstand nahm.
In dem, von ihm mitbegründeten "Freien Jüdischen Lehrhaus" machte Fromm Bubers Bekanntschaft. Die Begegnungen dieses Lehrhauses, das Denken der Referenten und seines Leiters Franz Rosenzweig sollten Fromms späteres Denken, nach seiner zunehmenden Distanz zur Psychoanalyse und zu Sigmund Freud prägen. Fromm, den H.J. Schultz als "Liebhaber des Chassidismus" beschreibt[7], weist seine Auseinandersetzung mit der jüdischen Mystik und seine

---

1 Fromm 1980
2 ebenda; S.27
3 Funk 1987
4 DIE ZEIT vom 21.3.1980
5 Funk 1987 S.96
6 ebd.
7 Schultz 1990 S.392

Liebe zu ihr in seiner Promotionsschrift nach. In dieser ersten sozialpsychologischen Studie über das Diaspora-Judentum widmet er dem Chassidismus wesentlichen Raum und hebt den Stellenwert der Kontemplation innerhalb der chassidischen Bewegung hervor. Buber zitierend schreibt er dort: "Für den Chassiden ist alles auf die Erkenntnis Gottes abgestellt... Diese Erkenntnis wird nicht durch Wissen erworben, sondern durch Sich-Versenken, durch Kontemplation."[1] Und diese Form der kontemplativen Erkenntnis setzt er gegen die "Haben"-Ordnung der Moderne: "Dem Chassidismus fehlen all die kapitalistisch -bürgerlichen Tugenden..."[2]
In die Gesellschaftsanalyse, die Fromm in seinem Spätwerk "Haben und Sein" vornimmt, fließen diese Auseinandersetzungen mit dem Begriff der Kontemplation und seine eigene Sozialisation in dieser mittelalterlichen Welt des traditionellen Judentums deutlich mit ein. In Anlehnung an den Begriff der "vita contemplativa" als mittelalterlicher Lebensmaxime, den Hannah Arendt der "vita activa" der Moderne gegenüberstellt,[3] formuliert Fromm hier eine Hoffnung die stark an Bubers und Landauers Sozialismusbegriff erinnert und wie dargestellt in denselben Wurzeln begründet ist. Seine Analyse mündet in der Vorstellung eines humanistischen, "von der Perversion des Zentralismus und Dogmatismus gereinigten Sozialismus" und in der Hoffnung auf eine Begrenzung des Produktionswachstums "durch die Befriedigung `vernünftiger' Bedürfnisse auf dem Wege echter Selbstbestimmung".[4]

In seinem Rekurs auf die kontemplative Lebenspraxis und den Begriff des "Seins" als Haltung nimmt Fromm ein weiteres Versatzstück der Diskussionen des Frankfurter Lehrhauses mit auf. Der Kontemplationsbegriff und der Begriff des "Sein" wird von Fromm aus der Erfahrung der chassidischen Lebenspraxis und vor allem aus der Theologie und Mystik des Meister Eckhart entlehnt.
Um nun den Begriff der "Umfassung, wie zu Anfang dieses Exkurses angeschnitten, als Kategorie des "Seins" gegenüber der "Wesenserfahrung" oder anderen Umdeutungen abzugrenzen, ist es notwendig, das kontemplative Element der "Umfassung" weiter herauszuarbeiten. Kontemplation als Betrachtungsweise, als Form einer aktiven Lebenspraxis erschließt sich neben der Chassidischen Tradition auch aus der Theologie Meister Eckharts. In ihr ist das Sein des Menschen als Partizipation am Sein Gottes gedacht. "Esse ist deus", so einer zentralen Leitsätze in Eckharts Denken, Sein ist Schöpfung, Sein ist Teilhabe an der Schöpfung, Sein ist Gott. Für Eckhart ist Sein ein Vorgang des "Sich - Gebärens", bei dem etwas "in sich selbst und über sich selbst hinaus verfließt"[5]. Dieses sich "Selbst-Gebären" als Seinsform ist deutlich unterschieden vom Haben, dessen Ziel der Besitz, das Verfügen über, die Unterwerfung durch Wissen etc. ist. Dieser Seinsbegriff, der auch von Marx im Begriffspaar der Aneignung und Vergegenständlichung aufgegriffen wird, ist bei Eckhart nicht ein passives Dasein, sondern vielmehr sein Gegenteil. Es ist ein aktiver Akt, das Leben in der Begegnung mit der Umwelt, dem anderen entstehen zu lassen, nicht durch die Vereinnahmung dieser, sondern durch das Leben mit und in diesen. Fast identisch im Wortgebrauch mit Buber umschreibt Eckhart diese Begegnung mit "Außen und Innenstehen, Begreifen und Umgriffenwerden, Schauen und Geschautsein, Halten und Gehaltenwerden."[6]

---

[1] Fromm 1989 S.169
[2] ebd. S.171
[3] Arendt 1981
[4] DIE ZEIT vom 21.1.1977
[5] Fromm 1980; S.69

Folgt man der Philsophie Meister Eckharts weiter, so wird deutlich, daß diese Geisteshaltung des Seins, des Begreifens und Umgriffenwerdens, für ihn gleichbedeutend mit Kontemplation, mit Versenkung ist. Kontemplation nicht begriffen als inaktive Betrachtung, passive Beschau des tätigen Lebens oder Überhöhung desselben, sondern als integraler Bestandteil aller Tätigkeit begriffen. Kontemplation mit passiver Beschau und Mystik mit Losgelöst von Vernunft gleichzusetzen ist im alltäglichen Sprachgebrauch beider Worte üblich. Dieses alltägliche Mißverstehen war wohl die Grundlage für eine Anmerkung Landauers zu Eckhart, die er in einem Brief an seine Frau Hedwig macht. Begeistert schreibt Landauer dort:
"Dieser Meister Eckhart... wird gewöhnlich ein 'deutscher Mystiker' genannt, wobei man sich ganz gewiß das Richtige denken kann. Er war nämlich ein sehr klarer, nüchterner, manchmal sogar spitzfindiger Geist, bei dem das Verstandesleben das Empfinden durchaus überwog; ein Pantheist mit außerordentlich tiefen, uns wie modern anmutenden Gedanken und einer entzückenden, schönen und schlichten Prosa."[1]
Für die Begegnung als kontemplativem Akt verwendet Eckhart denselben Begriff des "Einschwingens" wie Buber.[2] Kontemplation ist bei Eckhart dieses Einschwingen, die Freiheit inmitten der sorgenden Verantwortung der Dinge, die aktive Mitwirkung des Menschen mit Gott.

Landauers und damit Meister Eckharts Einwirken auf Bubers Denken, das sich bei Fromm wiederspiegelt, tritt am Begriff der Kontemplation deutlich hervor. Landauers "Auseinandersetzungen mit der mittelalterlichen Mystik werden für Buber zu entscheidenden Anregungen"[3]. Im Sinnes des "Esse est Deus" begreift Buber Erziehung als einen Akt, in dem man als Pädagoge "den Schöpfer anrufen kann, daß er sein Ebenbild rette und vollende."[4] In der für ihn so selbstverständlichen Zwiesprache mit dem Schöpfer enthebt Buber den Pädagogen der Gefahr, selbst als Schöpfer zu wirken und weist ihm die Rolle dessen zu, der eine Auswahl der Welt darbringt und in dem Akt der Auswahl seine zentrale Verantwortung hat. Durch die Möglichkeit der "Umfassung" hat der Pädagoge bei Buber die Chance, das eigene Handeln in seiner Wirkung auf das Gegenüber zu rezipieren und zugleich das Gegenüber in einem tiefen Sinne als Subjekt, als individuelle Schöpfung zu erleben.
In einer Art "Schöpfungspädagogik" entwickelt Buber hier zunächst eine Pädagogik, die frei von der allumfassenden Verantworung ist, damit aber in die Notwendigkeit der Zwiesprache mit dem Kind als Gegenüber gestellt wird - als Zwiesprache mit dem Schöpfungswillen. Erziehung muß durch den Akt des "Einschwingens", der Umfassung getragen sein, oder sie wird zur Vergegnung, zur arroganten Anmaßung, selbst Schöpfer zu sein. Buber entwirft damit die Grundzüge einer kontemplativen Pädagogik. Ihre Aufgabe ist es nicht, wie im Heidelberger Vortragsthema, die Kräfte des Kindes zu "entfalten". Ihre Aufgabe ist, das Kind in einem kontemplativen Akt zu erfahren und es aus dieser Erfahrung heraus in seiner Realisierung des Schöpferwillens zu begleiten und zu unterstützen. Umfassung ist dabei zugleich ein kontemplativer und reflexiver Akt über das Empfinden, in den Dialog einzutreten.

---

6 Meister Eckhart zit n. Gawor/ Wallis 1991; S. 28
1 Pross 1990 S.130
2 Eckharts Martha- Betrachtungen vergl.: nach Gawor/Wallis 1991
3 Altenhöfer 1985 S.150
4 Buber 1986a; S.49

Bubers Pädagogik lebt von der selbstverständlichen Annahme der Zwiesprache mit Gott. Sie fußt mit dem Begriff der Umfassung in ihren kontemplativen Grundzügen im Bereich der Methaphysik, wie sie Gabriel Marcel für die zwischenmenschliche Begegnung mit dem Begriff der "Co-präsenz" umreißt.[1] Was Buber als Begegnung und "Umfassung" beschreibt und was bei Marcel als Akt der "Co-präsenz"zwischen Ich und Du umrissen wird, ist für den Leser wahrscheinlich im Bereich eigener Erfahrung nachprüfbar. Es ist in jenem Sinne methaphysisch, daß es im Mikrobereich des Empfindens und im Einzugsbereich der Gnade des Augenblicks liegt. Dieser Bereich des Empfindens wird von Buber zum konstitutiven Bereich der Pädagogik erhoben. Kontemplation ist dabei nicht mit "Empfindungsduselei" zu verwechseln, sondern eine aktive, gestaltende Geisteshaltung, die beispielsweise im Zenbuddhismus Grundlage aller Handlungen ist.[2] Eine Geisteshaltung, die weit ab von unkonkreten Begriffen wie `gefühlsschwanger' oder `einfühlsam' liegt, sondern eine sehr konkrete Konzentration der Wahrnehmung auf das Jetzt und das Gegenüber meint. "Umfassung" bedeutet nicht die Erkenntnis dessen, was der andere, das Gegenüber in seinem Wesen ist, sondern die Vertiefung, das "Einschwingen" in die situative und emotionale Wahrnehmung des anderen, eine Versenkung in sein Weltbild, seine Erlebniswelt, seine Imagination.

Kontemplation als eine zu "Umfassung" führende Praxis ist eine Geisteshaltung im Handeln, die den Handelnden von der "Abhängigkeit" befreit. Sie stellt ihn frei von der Zeilorientierung, von der Legitimation seines Handelns durch das Morgen und verweist ihn ins Jetzt. In einem Brief schreibt Landauer im Januar 1910 auf seine Person bezogen: "Ich mache mich von alledem, was mir als Betätigung notwendig ist, nicht einen Augenblick innerlich abhängig; das Motto meiner sozialistischen Versuche könnte sein: Ohne Hoffnung. Das wäre Verzweiflung - wenn meine Aktivität Anhängigkeit wäre; so aber ist sie nur meine Notwendigkeit, und wenn die Wirkung nicht kommt, bin ich immer der ich bin. Wenn Sie es nicht als eitel auslegen wollen, darf ich sagen: auch diese Aktivität ist ein Akt der Kontemplation, wie sie mir eben gegeben ist."[3]

"Umfassung" als kontemplativer Akt der Begegnung meint, folgt man Landauer, Kontemplation ohne Telos, meint Verstehen als einfache Notwendigkeit, ohne die Kolonialisierung des Gegenübers und ohne Kolonialisierung der Zukunft.[4] Der Begriff ist in Bubers Konzeption der Versuch, durch einen kontemplativen Akt die Instrumentalisierung der Pädagogik zur Reproduktion gesellschaftlicher und ökonomischer Machverhältnisse zu brechen. Nur mit ihm gelingt die Begleitung eines Sozialisationsprozesses, wie ihn Ottomeyer einfordert. Ottomeyer schreibt: Der Prozeß der Sozialisation "erfordert nicht nur eine Erfüllung der Anforderungen, die aus der Notwendigkeit der Reproduktion der Durchschnittsarbeitskraft entstehen, sondern vor allem auch die Erlangung und Entfaltung persönlicher Identität ... auch wenn es kritisch und nicht nur affirmativ als bloße Anpassung an die gesellschaftlichen Verhältnisse gefaßt ist"[5]

Das kontemplative Grundverständnis der erzieherischen Begegnung zwischen Erwachsenem und Kind birgt die Chance die Verdinglichung, die Erziehung in den definierten Erziehungszielen erfährt auszuheben. Erziehungsziele, so for-

---

[1] vergl. Marcel 1992 S.12
[2] vergl.: Fromm/ Suzuki 1971
[3] Landauer 1927 Bd.I 1.299
[4] vergl.: Müller/Otto 1984
[5] K. Ottomeyer zit. nach Scheffold/ Bonisch 1985 S.69

muliert es Klafki, "sind Antworten bestimmter Menschengruppen auf bestimmte geschichtliche Situationen unter dem Gesichtspunkt, wie sich die nachwachsende Generation gegenwärtig und zukünftig verhalten soll".[1] Sie kaschieren ihre ökonomische und gesellschaftlich affirmative Orientierung unter frei konvertiblen Ideologieversatzstücken. Dies hat die Übernahme der Reformpädagogik in die nationalsozialistische Erziehungsideologie deutlich gezeigt. Als Kaschierung dienten "die Natur", "die Natur des Kindes", "Gemeinschaft", etc. Allen Entwürfen liegt dabei mehr oder minder dieselbe Instrumentalisierung der Pädagogik nach der Methode der `fünften Grundrechenart' zugrunde: Das Resultat steht fest, es wird nach einer Methode gesucht, dieses zu erreichen. Damit bleibt das Erwachsenen-Kind-Verhältnis weitestgehend unverändert frei von Dialogik und "Umfassung" und damit in Bubers Worten immer ein Akt der "Vergegnung" anstelle der Begegnung.

Bubers pädagogische Konzeption, wie er sie den Reformpädagogen in seinem Heidelberger Vortrag gegenüberstellte, weist hier einen Ausweg auf, der in der pädagogischen Diskussion nach 1945 nicht hinreichend aufgegriffen wurde. Statt dessen wurden die reformpädagogischen Schriften als Erbe aktiviert, neu aufgelegt und als Grundlage für z.b. schulpädagogische Entwürfe verwendet. - Man muß eingestehen, daß sie wesentlich operationaler sind als Bubers Pädagogik. - Kerschensteiners "staatsbürgerliche Erziehung" erfuhr im Nachkriegsdeutschland eine Renaissance in der Schulpädagogik, während Buber einigen philosophisch Interessierten zu verzweifelten Systematisierungsversuchen vorbehalten blieb.

Buber selbst war 1938 vor der nationalsozialistischen Vernichtungspolitik nach Palästina emigriert und erlebte dort die Entstehung des Staates Israel. Als religiöser Humanist übte er scharfe Kritik an der Inbesitznahme des Bodens durch die zionistische Bewegung und mahnte die Politiker zu einer freundschaftlichen Koexistenz mit der palästinensischen Bevölkerung. Selbst im Umgang mit den Tätern des Holocaust blieb er, wie in der Diskussion um die Todesstrafe Adolf Eichmanns, konsequenter Vertreter jenes religiösen Humanismus, der seine Erziehungsvorstellung so stark beeinflußt hat.
Martin Buber starb 1965 in Jerusalem.

---

[1] vergl. Klafki 1980

Teil 2

Janusz Korczak - Meister des Dreisprungs

Vom Wer, Was und Wohin mit Korczak

Jerusalem - die goldene Stadt, wie Naomi Shemer sie besingt, die Königliche, wie sie in arabischer Sprache heißt - liegt zwischen vier Hügeln. Ihre Lehrstuben, Kirchen, Synagogen und Moscheen sind umrahmt von Geschichte und ihrer Symbolik, und das gilt auch für die Hügel:

Der Ölberg als Stätte der zukünftigen Erlösung nimmt unter den vieren eine besondere Stellung ein. Hier soll nach jüdischem Glauben der Messias erscheinen. Vom Garten Gethsemane, am Fuß des Bergs, bis zur Kuppe reihen sich die Gräber derer, die nach jüdischem Glauben auf die Erlösung durch die Ankunft Gottes auf Erden warten. Hier ist auch Martin Bubers Grab.

Gegenüber, auf der anderen Seite der Altstadt, liegt dder Zionsberg. Hier liegen die Gräber Davids, Salomos und der übrigen Könige. Der Berg ist Wallfahrtsort aller drei Religionen und wichtigster heiliger Ort in Jerusalem.

Als dritter Hügel steht am Rande der Altstadt Jerusalems der Mount Scopus. Wie der zweite Höcker eines Kamels ist der Skopusberg an den Ölberg angeschmiegt. Bereits vor der Gründung des Staates Israel entstand dort die Hebräische Universität von Jerusalem. Der Berg gilt als Symbol für Wissenschaft, Forschung und Philosophie.

Der vierte Hügel liegt abseits des alten Stadtzentrums. Er ragt wie ein Bug in die abfallende Landschaft des Babd el Wad, der Shomronebene und des Tals von Ein Kerem hinaus. Der Herzlberg - benannt nach dem Gründer der zionistischen Bewegung - ist der Berg des Leides. Hier ist in der Gedenkstätte Yad Washem die Erinnerung an die Vernichtung der europäischen Juden und die Trauer um die Opfer des Holocaust bewahrt; das Andenken an die jüdischen Gemeinden, die jüdische Kultur Europas, die in den Flammen der deutschen Barbarei unterging.

Hinter der Memorial Hall in Yad Washem, weit oben versteckt, am schönsten Fleck des Hügels, steht, mit Blick auf die weite Landschaft gerichtet, die Statue eines alten, mageren Mannes. Seine Arme sind ausgebreitet, der Mantel hängt wie ein Zelt, und darunter kauern, stehen zusammengedrückt Kinder. Sie bedienen sich des Alten als Schutz, sind an ihn geschmiegt, und doch sieht es gleichzeitig so aus, als würde er ohne sie in die Knie gehen, erlahmen und zusammenbrechen. Gekrümmt und doch fliegend, gestützt und doch schwebend, hat der Künstler die Figur des Pädagogen Janusz Korczak in der Spannung gehalten; der Spannung, die sein gesamtes Leben durchzog.

Der Beginn dieses Lebens kann, soweit es die Jahreszahl betrifft nur ungenau datiert werden: Korczaks Vater, der Warschauer Advokat Jozef Goldszmit schob die standesamtliche Anmeldung seines Sohnes Henryk lange Zeit auf. Henryk Goldszmit, alias Janusz Korczak, wird am 22.Juli 1878 oder 1879 in einer assimilierten Familie der Warschauer Oberschicht geboren. Nach behüteter Kindheit, nach dem Tod des Vaters und der, in Folge dessen, weniger behüteten Jugend, entscheidet sich Henryk 1898 für das Medizinstudium an der Warschauer Universität. Ein Jahr später reicht er im Rahmen eines literarischen Wettbewerbes unter dem Pseudonym Janusz Korczak[1] ein Drama in vier Akten als Wettbewerbsbeitrag ein. Neben seinem Studium und später neben seiner Berufstätigkeit ist Henryk Goldszmit als engagierter Journalist tätig, der zunehmend sich Kindern als Thema seiner Feuilletons zuwendet. Seine literarischen Beiträge und Glossen zeichnet er zunächst mit wechselnden Insignien, legt sich dann jedoch auf das Kürzel K. oder auf Janusz Korczak fest. Als praktizierender Kinderarzt, berühmt wegen der inzwischen verfassten Romane, wird er als Doktor Korczak angesprochen. Zeitlebens aber zeichnet Korczak formale Angelegenheiten, wie Gesuche an die Gemeinde oder Behördenpost mit seinem Geburtsnamen. So ist es auch nicht Janusz Korczak sondern Henryk Goldszmit der 1911 den Wechsel in eine benachbarte Profession antritt und die Leitung des neu errichteten Waisenhauses für jüdische Kinder "Dom Sierot" übernimmt. Über mehr als 30 Jahre gestaltet er gemeinsam mit Stefa Wilczynska dort die pädagogische Praxis. Das "Dom Sierot" ist bis zu seinem gewaltvollen Tod 1942 der Hintergrund seiner Reflexionen, seiner pädagogischen Schriften und seiner literarischen Beiträge. Janusz Korczak, alias Henryk Goldszmit - von den Kindern einfach "Doktor" genannt- hat sein Leben in dieser Zeitspanne so gestaltet, wie er es im Oktober 1932 seinem Freund Josef Arnon, einem ehemaligen Schüler schreibt: "Wenn es das Lebensziel ist, sich selbst zu sättigen, sei es im Magen oder im Geist, dann droht alleweil der Bankrott: Es ist aus; Übersättigung oder das Gefühl der Leere. Wenn Du schöpfst, um andere zu nähren, hast Du ein Ziel; es gibt einen Bedarf nach Erfüllung. Eigenes Leiden umschmelzen in Wissen für dich und in Freude für andere. Fehlschläge sind dann sogar schmerzlicher, aber sie demoralisieren nicht. Kein leichtes und angenehmes Leben, aber ein aufrichtiges Leben, voller alltäglicher schlichter Aufgaben."[2]

1939 wurde Korczaks Geburtsstadt von der deutschen Wehrmacht besetzt. Kurze Zeit später erließen die deutschen Besatzer den Befehl ein abgeschloßenes mit Mauern umgebenes Stadtviertel für die jüdische Bevölkerung zu errichten, das die Hälfte des Stadtzentrums von Warschau umfasste. Das "Warschauer Ghetto" - von Überlebenden oft als Vorort zur Hölle beschrieben - wurde als ein Rad in der Vernichtungsmaschinerie der sogenannten "Endlösung" errichtet. Yitzhak Perlis gibt das genaue Datum mit dem 15. November 1940 an: "After several postponents, reductions... the date was finally fixed for November 15th, 1940. On that day the gates of the ghetto were actually closed".[3]

Am 30. November mußte auch das "Dom Sierot" das Haus in der Krochmalnastraße verlassen und den Umzug in das Ghetto vornehmen. Nachdem die Liquidation der Bevölkerung des Ghettos durch die SS beschlossen wurde, verließen täglich tausende von Menschen das Ghetto über den "Umschlagplatz" genannten Rangierbahnhof. Ihr Leben endete in den Gaskammern des Vernichtungslagers Treblinka.

Adam Czerniakow, der Älteste des Judenrates im Warschauer Ghetto hatte bis zuletzt die Hoffnung wenigstens die Waisenhäuser vor der Vernichtung schützen zu können. Am 27. Juli 1942 notiert er: "Das tragischste Problem ist das der Kinder in den Waisenhäusern usw. Ich habe es zur Sprache gebracht - vielleicht

---

[1] den Namen entlehnt Korczak einem Roman dieser Zeit
[2] Korczak; Brief an J. Arnon vom 8.10.1932
[3] Korczak 1983b S.38

läßt sich etwas machen."[1] Am Tag darauf nimmt sich Czerniakow das Leben. Auf seinem Tisch fand man eine letzte Notiz:
"Worthoff und seine Kollegen (vom `Umsiedlungsstab') waren bei mir und verlangten, daß für morgen ein Kindertransport vorbereitet wird. Damit ist mein bitterer Kelch zur Neige getrunken, denn ich kann doch nicht wehrlose Kinder dem Tod ausliefern. Ich habe beschloßen abzutreten. Betrachtet dies nicht als Akt der Feigheit..."[2]
Am 6. August 1942 wurden auch die Kinder des Waisenhauses "Dom Sierot" gemeinsam mit Korczak und Stefa Wilczynska und den verbliebenen Mitarbeitern zum "Umschlagplatz" Ecke Stawki-/ Dzikastraße getrieben.

Marek Rudniki, damals 15 Jahre alt, berichtet:
"Korczak mit den Kindern, Stefa (Wilczynska) und der Rest des Personals gingen auf den Platz. Von der Stelle aus, wo ich zurückgeblieben war, aus einer Entfernung von ungefähr 30 Metern, sah man die Nebengeleise und darauf Viehwaggons, einige schon beladen, andere offen, die Fensterspalten mit Stacheldraht verschnürt. ... Auf dem Platz tummelte sich ein Beamter des Judenrates - jetzt weiß ich, daß das Nahum Remba war, der natürlich Korczak kannte und sogleich an ihn herantrat. Aus Rembas Bericht ... erfahren wir, daß er, verzweifelt, Korczak vorgeschlagen habe, mit ihm zum Büro des Judenrates zu gehen, um auf irgendeine Art und Weise zu "intervenieren" - wir wissen heute, daß das völlig zwecklos gewesen wäre -, doch Korczak sei nicht bereit gewesen, er habe sich nicht einen Schritt von den Kindern entfernen wollen. Remba beabsichtigte damals, wie er behauptet, diese kleine Gruppe irgendwie am Rande des Platzes zu postieren, um ihren Abtransport aufzuschieben, ein Manöver, daß ihm schon einmal gelungen war, doch Szmerling störte den Plan und wies den Weg direkt in den Waggon. Die Kinder gingen die Rampe hinauf und verschwanden im Dunkel. Korczak war der letzte. Ich sehe seine gebeugte Gestalt im Wagenschlund. Hinter ihm drängte sich schon das nächste Waisenhaus. Ich habe lange gewartet, so lange, bis auch der Rest der Waggons beladen war. Habe gewartet, bis der Zug sich in Bewegung setzte. Ich bin fast sicher, daß viele der Kinder im Waggon erstickt sind, bevor der Zug Treblinka erreichte. Ich bin überzeugt, daß Korczak nicht lebend in Treblinka angekommen ist."[3]

Janusz Korczak selbst schreibt in Vorahnung 1933 : "Ich lese sehr viel, wie ein Student oder ein Jüngling. In jedem Buch, auf einen Eimer Wasser finde ich einige Tropfen meiner eigenen Wahrheit. Wie sollte man sie auffangen? Ich sehe große Leiden voraus und einen heftigen Ausbruch des Fanatismus. Ich gebe mich dem Scheine hin, daß in dem Moment eine ziemliche Menge zu sagen sein wird. Man muß abwarten, obschon in meinem Alter der Gedanke aufflackert, daß ich es nicht erlebe."[4] Vier Jahre später schreibt er: "Das Unheil hat noch nicht seine Tiefe erreicht. Noch fünf, vielleicht zehn Jahre. Der Sturm, oder die Sintflut; dann werdet ihr eine Welt der neuen Ordnung erblicken. Unsere Generation hat viele Geschehnisse und einige erfolgslose Experimente erlebt."[5]

---

1 Czerniakow 1986 S.284
2 ebd. S.285
3 Marek Rudnicki und Felek Scharf : Der letzte Weg Janusz Korczaks in: Beiner/ Dauzenroth 1989; S.44 - vergl. I. Newerlys Anmerkung zu Korczaks Ghettotagebuch:"Korczaks Gesundheit war damals - im Mai 1942 - schon so vollkommen ruiniert, daß seine Ärzte ihm eine an sich notwendige Operation verweigerten, weil `sein Herz diese nicht aushielte' ".(in: Korczak 1970 S.279)
4 Korczak; Brief an J. Arnon vom 15.5.1933

"Ich denke nicht, daß ich das Morgen erleben werde, obwohl ich glaube, daß es kommen wird..."[1]

Im Angesicht dieses Lebens und seines gewaltvollen Endes geschieht es nur allzu leicht - zumal wenn man dem Volk der Täter angehört -, Korczak die Identität des Märtyrers überzustülpen, ihn auf die Rolle des Opfers zu begrenzen.[2] Dies ist in weiten Zügen der Korczak-Rezeption geschehen. So fragt auch Ernest Jouhy anläßlich des dreißigsten Todestages 1972: "Janusz Korczak, Symbol des Opfergangs der Millionen vergaster Juden? Ein Name für die namenlosen Kinder, die dem Völkermord zum Opfer fielen? Soll man - dreißig Jahre nach dem Tag, an dem er an der Spitze der Kinder und Erzieher seines Waisenhauses durch das Warschauer Ghetto zum Sammelplatz zog, von dem aus die Züge in die Gaskammer von Treblinka fuhren - seines heldenhaften Todes gedenken; oder seines vier Jahrzehnte langen Wirkens als Arzt, Schriftsteller und Pädagoge."[3]

Welches ist der Berg also, an dem wir Janusz Korczak verorten, aufsuchen und nachspüren sollen: Der Berg der messianischen Erwartungen - der Ölberg, der Berg der religiösen Führer des Judentums - der Zionsberg, der Berg des Leides und der Tränen - der Herzlberg oder der Mount Skopus mit seinen Gebäuden der Lehre und des Lernens?

Der alte Mann, den das Denkmal in Yad Washem darstellt, hatte sich in seiner Phantasie einen anderen Ort in Jerusalem gewünscht, keinen des Gedächtnisses, sondern einen des Nachdenkens, des Forschens.

In seinen Briefen an Josef Arnon schreibt er: "Hätte ich die Mittel, so würde ich gerne ein halbes Jahr in Palästina verbringen, um über alles nachzusinnen, was geschehen ist, und ein halbes Jahr in Polen, um das aufzubewahren, was übrig ist."[4] "Ich gebe die Hoffnung nicht auf, die letzten Jahre, die mir verbleiben, in Palästina zu verbringen - um mich dort nach Polen zu sehnen."[5] "Würde es geschehen, daß ich nach Palästina gelangte, so würde ich nicht zu den Leuten kommen, sondern zu den Ideen, die dort in mir geboren würden. Was würde mir der Berg Zion bedeuten, der Jordan, das Heilige Grab, die Universität auf dem Skopus..."[6]

1989 hatte ich das Glück, an einer Tagung der Internationalen Korczak-Gesellschaft in Israel teilnehmen zu können. Dort trafen sich Schüler Korczaks, ehemalige Zöglinge des Waisenhauses, Wissenschaftler, Studenten und Praktiker, um sich über die pädagogische Praxis des Pädagogen Korczak, die diagnostische Praxis des Arztes Korczak und die literarische Praxis des Schriftstellers Korczak auszutauschen. Mich erfüllte nicht nur das dichte, sehr sorgfältig vorbereitete Programm der Vorträge. Die Sachlichkeit, mit der jene sprachen, die Korczak gekannt hatten, von ihm betreut wurden oder mit ihm gearbeitet hatten, war es, die mir besonders auffiel. Während die Aussagen von Zeitzeugen, die ich bis dahin gelesen hatte sich meist um die Figur des "Herrn Doktor" rankten,

---

5ebenda; Brief vom 30.12.1937
1Korczak; Brief an J. Arnon vom 22.11.1938
2vergl.: Lifton 1990; S.15
3Jouhy 1988; S.235
4Korczak; Briefe an J. Arnon vom 27.2.1933
5ebenda; Brief vom 8.10.1932
6ebenda; Brief vom 30.12.1937

an die Vaterfigur Korczaks, sein Charisma gebunden waren, entstanden hier Vorträge, die sich mit Einzelaspekten seiner Arbeit, seiner Forschung und seiner Poesie beschäftigten. All dies geschah mit einer Strebsamkeit, die auf ein, den einzelnen wohl sehr konkret vor Augen stehendes, Ziel ausgerichtet war: "Auf daß es nicht vergessen wird!"[1] Nicht der Mythos Korczak sondern die konkrete alltägliche Arbeit sollte möglichst differenziert in Erinnerung gehalten werden.

Einen großen Beitrag zu dieser Erinnerung hat, neben den Zeitzeugen, Betty Jean Lifton mit ihrer Biographie geleistet, in der es ihr auf beeindruckende Weise gelungen ist, das komplexe, verwobene und inhaltsreiche Leben Korczaks so aufzubereiten, daß ein ausgesprochen gut zu lesender Bericht mit hoher Authentizität und vielen Quellen entstanden ist.[2] Vor dem Hintergrund der Existenz dieser Biographie ist es leichter geworden, über Korczaks Arbeit zu schreiben, in der Hoffnung, das nicht zu tun, was Maria Bronikowska warnend in ihrem Gedicht schreibt.

" Über Dich

Sie haben dir eine Philosophie:
eine antike - sokratische,
platonische - stoische,
angedichtet -
für Dich ein System gesucht -
Deine Gedanken und Taten
durch die Siebe geschüttelt.
Sie wollten Dich gliedern -
deuten, benennen -
einer Partei, einer Richtung -
einer Orientierung zuordnen
nicht nur Dein Leben nutzen,
sondern auch Deinen Tod."[3]

Nur - wie schwierig ist die Theorie eines Autors und Praktikers zu erfassen, dessen gesamtes Werk so verwoben ist wie Korczaks. Seine schriftliche Hinterlassenschaft, die trotz der Vernichtung wesentlicher Bestände eine umfangreiche polnische Bibliographie umfaßt, seine ärztliche Praxis, seine wissenschaftliche Lehre, die publizistische Arbeit im Rundfunk - all dies ist miteinander verbunden. Das eine ist aus dem anderen entstanden, manchmal zur Unterstützung des anderen, der Vervollständigung dienend, und alles trägt das deutliche autobiographische Signum - ist aus dem fast süchtig geführten Leben Korczaks entstanden-. Als er in einer Kur zwei Monate kein Buch und keine Zeitschrift angerührt hatte, schrieb Korczak: "Ich fühlte mich frei, wie ein Morphinist nach einer erfolgreichen Kur."[4]

---

[1] Ida Merzan, Studentin und Mitarbeiterin Korczaks veröffentlichte 1987 ihre Erinnerungen an das Waisenhaus unter diesem Titel (Merzan 1987). Ebenso fand das Symposium der Internationalen Korczak- Gesellschaft 1988 unter dem Titel "Auf dass nichts in Vergessenheit gerät" statt (Beiner/ Dauzenroth 1989)
[2] Lifton 1990; vergl. u.a. die Kritik von Felek Scharf in "The Jewish Quarterly", Jg 1989, Heft 1; London
[3] zit. n. Dauzenroth 1992

Die einzelnen Schwerpunkte seiner Arbeit sind nicht voneinander zu trennen, und dennoch sind sie systematisch ineinander aufbauend. Korczak selbst hat in seinem Tagebuch, das er im Warschauer Ghetto führte, versucht, durch die Unterteilung seines Lebens in Sequenzen von je sieben Jahren Ordnung in die eigene Dynamik zu bringen.
"Wenn ich mein Leben an mir vorüberziehen lasse, so hat mir das siebente Jahr das Gefühl gegeben, jemand zu sein. Ich bin. Ich habe mein Gewicht.Ich bedeute etwas. Ich werde wahrgenommen. Ich kann. Ich werde.- Vierzehn Jahre. Ich blicke um mich. Ich nehme wahr. Ich sehe... Meine Augen sollen sich auftun. Sie haben sich geöffnet. Erste Gedanken über Erziehungsreformen. Ich lese..."[1]
Autoren, die über Korczaks Leben reflektierten, haben versucht, ihn mit seiner pädagogischen Konzeption Bewegungen, Gruppierungen zuzuordnen, manchmal im Rückgriff auf eine Einreihung, die er selbst als Junge aufgeschrieben hatte: Unter dem Datum des 15. August 1893 notiert Korczak in seinem Tagebuch, das 1914 unter dem Titel "Beichte eines Schmetterlings" verlegt wurde: "Ich denke jetzt oft an die Vergangenheit, sammle Material für eine Studie "Das Kind". Fräulein Wanda hat mir das Buch "Die Reformatoren der Erziehung" versprochen. Spencer, Pestalozzi, Fröbel usw..Einst wird auch mein Name in dieser Reihe stehen."[2]
Häufig wurde Korczak in die Reihe der Reformpädagogen gestellt. Oelkers dagegen hebt ihn von den Reformpädagogen deutlich ab und beschreibt seine Pädagogik als revolutionär: "Wenn Korczak als der `polnische Pestalozzi' bezeichnet wird, so ist das ehrenvoll, aber falsch. Natürlich entstand diese Zuschreibung aufgrund des besonderen Verhältnisses, das beide, Korczak wie Pestalozzi, zu Kindern hatten. Aber es ist theoretisch unhaltbar, denn Pestalozzi teilte das Grundmuster der neuzeitlichen Pädagogik, dem Korczak gerade widerspricht."[3]

Es scheint also geboten, von plakativen Vergleichen, attributiven Zuschreibungen Abstand zu nehmen und zu versuchen, eben jenes, der europäischen Reformpädagogik entgegenstehende, Grundmuster Korczaks herauszuschälen. Doch dieses Grundmuster ist untrennbar von Korczaks Biographie, seinen Wurzeln, Entwicklungen und Erfahrungen, die ihn als einen Meister des Dreisprungs ausweisen. Jener Disziplin, in der die einzelnen Sprünge ihre Kraft und Reichweite aus dem jeweils Vorigen entwickeln. Die Einzelleistung der Sprünge besticht erst wirklich durch die Dynamik der ganze Bewegung, des ganzen Ablaufes. In Korczaks Biographie reihen sich diese Dreisprünge dicht aneinander: Er war Schriftsteller, Arzt und Pädagoge. Jeder dieser Berufe bestimmte die Art und Weise seiner pädagogischen Praxis nachhaltig. Dabei fügten sie sich, wie nachzuweisen sein wird, eng ineinander zu einer großen wieder dreifachen pädagogischen Haltung.

Deren Grundlagen bildeten eine be-ob-achtende Pädagogik, die nur auf der Grundlage der Korczak eigenen konstitutionellen Pädagogik entstehen konnte und in eine Pädagogik der Forschung einmündete. Dieser Dreisprung durchzieht die gesamte Arbeit Korczaks: Besinnung, Poesie und Wissenschaft - eine be-

---

[4] Korczak; Briefe an J. Arnon 2.8.1939
[1] Korczak 1970; S.304
[2] Korczak 1914; S. 25 - M. Falkowska 1989 weist diese Veröffentlichung Korczaks als authentisches Tagebuch Korczaks zwischen 1892- 94 aus.
[3] ebenda

fremdliche Mischung - ergänzen sich, bis Poesie zur Wissenschaft wird und beides der Besinnung dient. Die Grundtriade dabei scheinen die Tätigkeiten des Reflektierens im Sinne einer Kontemplation - des Schreibens als literarischer Annäherung und des Forschens als wissenschaftliche Erkenntnismethode zu bilden.

Im Folgenden will ich versuchen, diese Dreisprünge Korczaks darzustellen und daraus das Grundmuster seiner Pädagogik, in Abgrenzung zur Reformbewegung seiner Zeit und in Anlehnung an den kontemplativen Erziehungsbegriff Bubers herauszuarbeiten. Es soll der Versuch unternommen werden, das Grundmuster jener Dreisprünge Korczaks der "Leben abtötenden Dreieinigkeit von desensibilisierendem Schematismus, dogmatischem Idealismus und instrumenteller Vernunft" gegenüberzustellen, für den "die geisteswissenschaftliche Pädagogik.. ein Prototyp" ist[1]

Um an Bubers Denken anschließen zu können, scheint es mir jedoch wichtig auf die Bedeutung der jüdsch-polnischen Identität in Korczaks Selbstverständnis einzugehen, da sie mir eine wesentliche Grundlage für die Orientierung seines Denkens und Handelns zu sein scheint.

---

[1] Brendler 1987; S.121

Jude, Pole, oder ein drittes Gemeinsames ?
Identitäts- und Gedankenlinien bei Korczak

Anläßlich einer Konferenz der deutschen Erziehungsberatungsstellen hielt Ulrich Oevermann 1989 einen Vortrag zum Thema Identität.[1] In ihm stellte er die lapidare, aber so entscheidende Aussage auf, daß Identität die Verfügbarkeit der eigenen Biographie zur Voraussetzung habe. Verfügbarkeit meint, im Gegensatz zur bloßen Gewordenheit, die Möglichkeit des Rückbezugs und des Nachvollzugs eben dieser Gewordenheit. Sie meint die Möglichkeit zum Nachvollzug der Biographie durch die eigene Semantik der Gefühle, der Sinne und der Sprache. Erst dies ermöglicht dem Individuum, sein Handeln in den Kontext der eigenen Genese zu stellen, die Kontingenz dieses Handelns zu reflektieren.

Vor dem Hintergrund seines Subjekt-Modells, - des "autonom handlungsfähigen mit sich selbst identischen Subjekts"[2] entwickelt Oevermann eine kompetenztheoretische Argumentation, in der er die Kompetenzen des Individuums von der Performanz unterscheidet. Kompetenz, als "Fähigkeit Fähigkeiten auszubilden" steht hier die "historisch-sozial konkretisierte und zugleich individuierte Form des Gebrauchs der Kompetenz", die Performanz gegenüber.[3]
Oevermann macht damit deutlich, daß das Individuum in einer spezifischen historischen Situation, einer spezifischen sozialen Lage, individuiert, seine Kompetenz entfaltet. Diese Entwicklungsvorstellung, bei der sich Oevermann an Piaget anlehnt, führt aber nur über die Möglichkeit des Nachvollzugs der eigenen Biographie zu einem mit sich identischen Subjekt. Identität, ohne die Verfügbarkeit der historisch-sozialen Lage und der individuellen Lebensgeschichte existiert nicht. Sie wäre bar jeden Bezugsrahmens, der sie erst ermöglicht.

Korczaks Werk ist eine ständige Identitätssuche, sie ist ein beständiger Versuch des Rückbezuges auf die eigene Biographie, den familienhistorischen und sozialhistorischen und gesellschaftshistorischen Rahmen des eigenen Lebens. Seine Literatur, seine Aufzeichnungen aus der erzieherischen Praxis, seine Gebete, Briefe und Gedankensplitter sind ein ständig fortlaufender Versuch, nicht nur das eigene Handeln zu reflektieren und voranzutreiben, sondern auch die Linien dieses Handelns aus der Vergangenheit hervorzuzaubern. Der Geruch der Weichsel im Roman "Die Kinder der Straße", die Blicke aus dem Fenster in den Hof in "Kaitus der Zauberer", das Tagebuch "Beichte eines Schmetterlings", voller widerstrebender Gefühle, - all diese Dokumente stellen Versuche dar, sich rückzuversichern und zugleich die Linien in das gegenwärtige Handeln komplex zu sichern.

Will man also das Grundmuster in Korczaks erzieherischem Handeln, so etwas wie seine Theorie der Pädagogik aufspüren, so muß man aus Oevermanns Überlegungen den Umkehrschluß ziehen: Um das Grundmuster im Handeln eines Individuums zu verstehen oder auch nur aufzufinden - seine Identitätslinien zu erkennen -, muß man sich der Biographie zuwenden. Nicht historisch aufarbei

---

[1] Da der Vortrag bisher nicht verlegt wurde halte ich mich an Aufzeichnungen
[2] Liebau 1987 S.102
[3] ebd. S.103

tend, sondern bezogen auf das subjektive Erleben. Man muß prüfen, auf welche Teile dieser Biographie das Individuum Rückbezug nimmt, wie es sich reflektierend versteht.

Und eben in diesem Sichern der Rückbezüge, die Korczak selbst vornimmt, liegt bereits die erste Gefahr der Vereinnahmung. Die große Menge an autobiographischen Bezügen, ihre Komplexität und Widersprüchlichkeit, ermöglicht es, leicht eine subjektive Auswahl zu treffen und damit die eigene vorgefaßte Meinung zu untermauern. Dies scheint mir immer wieder in der Korczak-Rezeption zu geschehen.
Für die einen ist Korczak Jude, für die nächsten Pole, und die dritten werten ihn als politischen Revolutionär. Die einen meinen deutliche Zeugnisse für den Zionisten Korczak zu finden, die zweiten arbeiten ebenso deutliche Beweise für den polnischen Patrioten Korczak heraus, und die dritten weisen Korczaks sozialistische Gesinnung nach. Wie hat sich Korczak selbst empfunden - welches sind die Identitätslinien in seinen eigenen Aufzeichnungen?

Vor allem in den Briefen an Josef Arnon spiegelt sich die Überlegung wider, welchen Stellenwert für Korczak Polen und Palästina hatten. In wechselnden Stimmungen schreibt er von seiner Verwurzelung in Warschau, seinen Bedenken, unvorbereitet nach Palästina zu fahren und dort den Menschen zur Last zu fallen, von seiner Sehnsucht hier wie dort zu sein.
"Natürlich brauche ich den Himmel und die Landschaft, den Jordan und den Sand und viele, viele Ruinen und Überbleibsel". Und wenige Sätze später fügt er an: "Hier in Polen ist ein großes Stück Arbeit zu tun. Ich halte mich nicht träge davon fern. Es ist mein Klima, meine Flora und Tradition; es sind die Menschen, die ich kenne und mit denen ich mich ohne Schwierigkeiten verständigen kann. Dort ist alles fremd und schwer. Eure Fabriken und Zitrusplantagen, die Kämpfe und Kriege. Viele sind besser darauf vorbereitet."[1]
Wie eng beides - Polen und Palästina - für Korczak zusammengehört, wie wenig es voneinander abgespalten werden kann, zeigt die Mahnung, die er an Arnon richtet: "Falls Deine politische Absicht jedoch darin besteht, Dich von allen Banden loszureißen, die Dich an Polen binden, dann wird das eine vergebliche Mühe sein, es wird nicht gelingen. - Nimm feste Verbindung zum polnischen Konsulat auf. Es sollte Polen von großem Wert sein, enge Kontakte zu halten und sie nicht zu kappen."[2] Denn, so bemerkt er scherzhaft, "Warschau ist .. eine Vorstadt von Palästina."[3]
Am 15. Mai 1942 , wenige Wochen vor der endgültigen Liquidation des Warschauer Ghettos, sitzt Korczak morgens an den Notizen seines Tagebuches. Trotz der antisemitischen Angriffe von polnischer Seite, die er vor 1939 erfuhr, trotz oder gerade wegen der Trennung von der polnisch- katholischen Bevölkerung Warschaus durch die Ghettomauern und trotz der Gefahr, die dies mit sich bringt, trägt er seit Beginn der Okkupation Polens durch die deutschen Rassisten die polnische Offiziersuniform - als Protest. Trotz der immensen Gefahr weigert er sich zudem, die weiße Armbinde mit dem Davidstern zu tragen, die die Besatzer als Stigma den Juden Polens verordneten. Nur zweimal während des Ghettos legt er sie als Zeichen der Solidarität und der Zugehörigkeit zum jüdischen Volk innerhalb des Waisenhauses, bei Veranstaltungen an. Vor diesem Hintergrund und angesichts dieser Erfahrungen schreibt er :

---

[1] Korczak; Briefe an J. Arnon ;20.3.1934
[2] ebenda; Brief vom 15.3.1933
[3] ebenda; Brief vom 6.12.1933

"Ein Nationalist sagte einmal zu mir: `Ein Jude, und sei er auch ein aufrichtiger Patriot, ist bestenfalls ein guter Warschauer oder Krakauer, aber nie Pole'.
- Das hat mich überrascht. -
Ich mußte ehrlich zugeben, daß mir weder Lemberg, noch Posen, noch Gdingen, noch die Seen von Augustow, noch Zaleszczyki oder das Olsagebiet etwas bedeuten. Ich war noch nie in Zakopane (wie ungeheuerlich!) - Polesien, die See und der Urwald von Bialowieza lassen mich kalt. Fremd ist mir die Weichsel bei Krakau, und Gnesen kenn ich nicht, und ich möchte es auch gar nicht kennenlernen. Aber ich liebe die Weichsel bei Warschau, und ich habe brennendes Heimweh nach Warschau, wenn ich fern von ihm bin. - Warschau ist mein und ich bin sein. Ich gehe noch weiter: ich bin Warschau. Mit dieser Stadt war ich fröhlich und traurig, ihre Heiterkeit war meine Heiterkeit, ihr Regen und ihr Schmutz waren mein Regen und mein Schmutz. Mit Warschau bin ich groß geworden. Aber in letzter Zeit sind wir einander ein wenig fremd geworden. Neue Straßen, neue Stadtviertel sind gebaut worden, in denen ich mich nicht mehr auskenne. Jahrelang fühlte ich mich in Zoliborz wie ein Ausländer. Lublin und sogar Hrubieszow, das ich nie gesehen habe, sind mir vertrauter.
Warschau war mein Boden - die Werkstätte meiner Arbeit, hier bin ich daheim, hier sind meine Toten begraben."[1]

Fast beiläufig erwähnt Korczak am Ende dieses Bekenntnisses zwei Orte, die die die Wurzel jener Familie, in die er am 22. Juli 1878 als Henryk Goldszmit geboren wurde, bilden. Hrubieszow, eine kleine Stadt an der Grenze Ostpolens war der Lebensort seines Großvaters Herz (Hirsz) Goldszmit und seines Urgroßvaters.
1926 schreibt Korczak in einem kleinen Artikel das wenige, was uns heute von seinem Urgroßvater bekannt ist. Der Artikel erscheint in der "Kleinen Rundschau" - einer Kinderzeitung, die wöchentlich in ganz Polen als Beilage der Zeitschrift "Unsere Rundschau" erscheint und deren Redaktion er gemeinsam mit Kindern leitet: "Der Urgroßvater war Glaser in einem kleinen Städtchen. Die armen Leute hatten damals keine Scheiben in den Fenstern. Der Urgroßvater ging in die Höfe und setzte Scheiben ein. Er kaufte Hasenfelle. Gern denke ich, daß mein Urgroßvater Scheiben einsetzte, damit es hell werde, und Felle für Pelze kaufte, damit es warm werde."[2] Vier Jahre später wird Korczak von der Zeitschrift "Literarische Nachrichten" nach seinen nächsten schrifstellerischen Vorhaben gefragt und gibt an zweiter Stelle an, er wolle einen Roman unter dem Titel "Urgroßvater - Urenkel" schreiben.[3]
Zu Lebenszeiten des Urgroßvaters schwappte die "Haskala," die Bewegung der jüdischen Aufklärung, nach Hrubieszow über. Diese Strömung sollte sich vom Urgroßvater bis zu Korczaks Vater und Korczak selbst als grundsätzliche Orientierung im Judentum durchsetzen.[4]
Korczaks Großvater, Herz Goldszmit, arbeitet als Chirurg im örtlichen jüdischen Krankenhaus. "Er war einer der wenigen, die große Summen für den Bau

---

1Korczak 1970; S.267
2Falkowska 1989; 1-11; Unsere Rundschau 1926, Nr.332, Zugabe (kl. Rundschau) Nr.9, S.5 -
  Bei den folgenden Angaben aus dem "Kalendarium" von M. Falkowska werden die poln. Originalquellen, soweit bekannt, angegeben. Die Zählung 1-11 gibt die Zitatstelle in Heft 1 Seite 11 des handschriftlichen Übersetzungsmanuskripts an.
3ebenda; 6-16 ;Literarische Rundschau 1930, Nr.30, S.2
4ebenda; 1-11

einer neuen Synagoge spendeten."[1] Gleichzeitig trat er aktiv für Bildung und Fortschritt in der Gemeinde ein. Korczak schreibt: "Ich bin nach meinem Großvater benannt, und der hieß Herz. Vater hatte das Recht, mich Henryk zu nennen; er selbst hatte den Namen Joseph erhalten. Auch seinen anderen Kindern hatte der Großvater christliche Namen gegeben... Aber dennoch hat er dabei geschwankt und gezögert."[2] Herz Goldszmit gab seinen Kindern nicht nur polnische, christliche Namen, sondern schickte sie anstelle des "Cheder", der Talmudschule, als aufklärerischer Geist, zur polnischen Schule.

Korczaks Vater, Jozef Goldszmit kam auf das Gymnasium in Lublin, dem zweiten Ort, den Korczak am Ende seiner Tagebuchnotiz nennt. Er setzte die aufklärerische Tradition durch Bildungsarbeit und den Versuch des Dialogs mit der Orthodoxie fort. Mit 19 Jahren schrieb er in der Zeitschrift "Morgenrot" in dieser Tradition im Versuch, jüdische Orthodoxie und Aufklärung nicht zu entzweien:
"Wir haben die Macht, die Schranke, die uns von den orthodoxen Brüdern trennt, zu durchbrechen, und dies durch die strenge Ausführung der Kardinalpflichten der Religion, um die irrtümliche und doch bei vielen Anhängern vorherrschende Ansicht zunichte zu machen, daß das Bildungswesen sich gegen die Religion stellt."[3] Jozef Goldszmit rief zur Gründung von "weltlichen Kinderhorten mit mosaischem Religionsunterricht, anstelle der bestehenden `Cheder' auf, die vom Wissen und der polnischen Kultur isoliert waren."[4] Neben vielen unterschiedlichen sozialen Aktivitäten publizierte er mehrere Schriften und verfolgte die Veröffentlichung "von Bildnissen berühmter Juden des 19 Jahrhunderts". Ähnlich der von Korczak projektierten Reihe bekannter Persönlichkeitsbildnisse, u.a über Louis Pasteur und Pestalozzi, verlegte Jozef Goldszmit in eigener Auflage ein Werk über Moses Montefiore, das er seinem Vater widmete.[5] Er schrieb darin: "Montefiori ist Jude und vergißt es nicht, sich seiner Abstammung rühmend, in dieser den Faden zu einem Leben voller Tugend zu suchen. Aber Montefiore ist auch Engländer, ist ein musterhafter Bürger seines Landes."[6]

Korczak, Jude - Pole, versuchte in dieser aufklärerischen Traditon fortzufahren.[7] Die auffallende Kontinuität der wesentlichen Gedanken und auch mancher Vorhaben seines Vater in seinem Leben beschreibt Korczak kurz vor seinem Tod in seinen Aufzeichnungen im Warschauer Ghetto: "Ich sollte dem Vater viel Platz widmen: in meinem Leben verwirkliche ich, was er angestrebt hat und was mein Großvater in langen Jahren qualvoll zu erreichen versucht hat."[8]

Korczaks Vater starb als bekannter Rechtsanwalt der Warschauer Oberschicht am 25. April 1896 nach langem psychischem Leiden. Korczak schreibt im

---

1ebenda
2Korczak 1970 S.332
3Falkowska 1989; 1-12
4ebenda
5ebenda
6ebenda
7vergl. Kahn 1992, der den jüdischen Hintergrund in Korczaks Pädagogik historisch, kulturell und biographisch beleuchtet.
8Korczak 1970; S.332

Ghetto: " Ich hatte panische Angst vor der Irrenanstalt, in die mein Vater ein paarmal eingewiesen worden war. Ich - der Sohn eines Wahnsinnigen. Also erblich belastet. Jahrzentelang, bis zum heutigen Tage, quält mich zuweilen der Gedanke daran."[1] 26 Jahre nach dem Tod des Vaters dokumentiert Korczak nochmal die familiären Traditionslinien. 1922 verlegt er eine Reihe von fünfzehn Gebeten unter dem Titel "Allein mit Gott"[2]. Die einfühlsamen, imaginären Personen zugeschriebenen Gebete, die die jüdische Tradition des direkten Dialoges mit Gott aufnehmen, widmet er seinen Eltern mit den folgenden Worten: "Mütterchen - Väterchen, aus all Eurer und meiner Vorfahren versteinerter Sehnsucht und Schmerzen will ich einen hohen, emporstrebenden, einsamen Turm für Menschen errichten... Ich danke dafür, daß ihr mich lehrtet, den Flüsterton der Verstorbenen und der Lebendigen zu erlauschen, so, daß ich das Geheimnis des Lebens in einer schönen Todesstunde erkennen werde. Euer Sohn."[3] Zugleich findet sich am Anfang des Buches ein Bekenntnis, das dem Schöpfungsgedanken in Bubers Heidelberger Rede entnommen sein könnte: "Ich weiß", schreibt Korczak, "daß jedes Geschöpf mit sich durch Gott und mit Gott durch sich im Leben die riesige Welt vereinen muß."[4] Klarer und eindeutiger kann Korczaks Rückbezug auf das aufklärerische Judentum, seine Traditionen, die Versuche seiner Vorfahren und die Identität sowohl als Jude als auch als Pole nicht ausgedrückt werden, als in dieser Widmung und dem nachfolgenden Bekenntnis. Daß er sich hierzu das Buch " Allein mit Gott" wählt, ist sicherlich nicht zufällig geschehen.

Korczak pflegt einen selbstverständlichen Umgang mit dem Judentum. Weder verschweigt er es noch deklamiert er es. Nur einmal stimmt er zu, es zu kaschieren: Mit Beginn der Rundfunksendungen für Kinder, in einer Zeit starker antisemitischer Stimmung in Polen, wird er von der Leitung des Senders gebeten, die Sendungen anonym zu gestalten. Man gibt ihnen den Titel "Die Radioplaudereien des alten Doktor". Als nach etwa 3jähriger Sendedauer bekannt wird, daß jener "alte Doktor" der bekannte Jude Korczak ist, wächst der Druck auf die Leitung so, daß sie Korczak bittet, die Sendung abzusetzen. Dies war nicht die einzige Erfahrung, die Korczak machte. In Rezensionen auf seine Neuerscheinungen spiegelt sich der aufbrechende Antisemitismus wider. 1923, nachdem der erste Band der Kindererzählung "König Hänschen" erschienen war, erfolgte eine Kritik in der "Warschauer Rundschau", die sich noch vergleichsweise harmlos ausnimmt:
"Eine zweite unangenehme Tatsache", schreibt die Autorin, "ist der Einfluß des jüdischen Polnisch auf den Schreibstil. Davon war keine Spur in den Geschichten aus den Ferienkolonien, obwohl eine von ihnen, über einen jüdischen Jungen, schon alleine vom Thema diese Tonart dem Autor hätte unterschieben können... Jeder, der andere Sachen von Herrn Korczak gelesen hat, bezweifelt nicht, daß er mit der polnischen Sprache umzugehen versteht. Früher ist er nie in solches Polnisch gerutscht. Das müssen irgendwelche neuen Einflüsse sein: Vielleicht hört er jetzt mehr jüdische Kinder als polnische, und deshalb hört man sie auch in seinem Buch."[5]

---

1 Korczak 1970; S.323
2 Korczak 1980
3 Falkowska 1989; 3-8
4 Korczak 1980; S.1
5 Falkowska 1989;3-15; Warschauer Rundschau 1923 Bd.II, Nr.21,S.394

Deutlicher noch fallen zwei Rezensionen zum Erscheinen des in Amerika spielenden Buches "der Bankrott des kleinen Jack" aus. In der ersten, in Warschau erschienen Kritik von derselben Autorin heißt es: "Wir wissen, daß das Judenkind sich vom arischen unterscheidet....wirklich außergewöhnlich (ist) die Charakteristik des kleinen Jack, des geborenen Geschäftsmannes, des Geschäftsmannes in der Kinderzeit, übrigens des Geschäftsmannes im besten Sinn... Das ist kein arischer Junge. Das ist ein kleiner gescheiter Judenknabe, ein gutes und kluges Kind, aber ganz unterschiedlich vom arischen Altersgenossen."[1]
Zur deutschen Übersetzung desselben Buches meldet die Lodzer "Freie Presse": "Bezeichnend für die Unkenntnis, die in Deutschland noch immer in bezug auf die polnische Literatur besteht, ist.. die folgende Tatsache: Im Verlag von Williams erschien in Berlin die deutsche Übersetzung des Romans von Janusz Korczak unter dem Titel `Der kleine Jack wird bankrott'. Dabei ist es allgemein bekannt, daß sich unter dem Pseudonym Janusz Korczak der mindere jüdische Schrifsteller Josek Goldszmit verbirgt.." Will Vesper, der Herausgeber der deutschen Zeitschrift "Die Neue Literatur" nimmt diese Notiz zum Anlaß, die Forderung aufzustellen, "daß alle deutschen Bücher, auch die importierten, einen Vermerk tragen müssen, wenn der Verfasser ein Jude ist.."[2]

Viel schwerer, als solche Äußerungen zu seinen Büchern, die von den positiven Rezensionen übertönt wurden, muß Korczak die folgende Begebenheit gefallen sein:
Die Kinder des Waisenhauses hatten 1921 einen offenen Brief "an die Arbeiterkinder" in der Zeitschrift `Die Sonne' veröffentlicht, in dem sie darum bitten, daß man sie auf der Straße nicht behelligt, wenn sie paarweise spazieren gehen, daß man sie nicht anrempelt und ihre Kleidung nicht kaputt macht. "Deshalb bitten wir die Arbeiterkinder, daß sie uns nicht schlagen, denn das bringt für uns nur Tränen, und für sie Schande." Diese Bitte der Kinder nutzte die `Allgemeine Rundschau' zu einem Boykottaufruf gegen die Zeitschrift: "Wahrhaftig, man kann schwerlich das Prügeln der Judenkinder loben, aber man könnte auch fragen ob `Die Sonne' keine größeren Sorgen hat, oder ob man dort nicht weiß, daß auch Angriffe durch jüdische Kinder an christlichen Kindern vorkommen. Deshalb ruft der Autor zum Boykott des Blattes auf, da es parteiische Propaganda betreibt. Geführt durch die Linkspartei und den Einfluß des jüdischen Fortschritts verbreitet es extrem schwülstigen Pazifismus und propagiert Philosemitismus."[3]

Korczak nimmt, soweit bekannt nur einmal, sehr viel früher, zu antisemitischen Tendenzen schriftlich Stellung. Wie er dies tut, ist nicht nur typisch für ihn, sondern löst wohl auch endgültig die Frage, ob Korczak sich als Jude oder als Pole versteht. Er versteht sich als Jude-Pole, als drittes Gemeinsames, als Bruder: "Wir sind einer Erde Brüder. Jahrhunderte gemeinsamen Loses und Schicksals - der lange gemeinsame Weg - eine Sonne scheint für uns, ein Hagel vernichtet unsere Felder und ein und dieselbe Erde bedeckt die Knochen unserer Vorfahren. - Es gab mehr Tränen als Lachen; daran habt weder ihr, noch haben wir Schuld. So arbeiten wir zusammen... Wir versehen eure, ihr unsere Wunden - und da wir Fehler haben, so erziehen wir uns zusammen... Als Jude-Pole liegt mein Herz am nächsten gerade dieser Stimme.."[4]

---

1 Falkowska 1989;4-6; Warschauer Rundschau 1924, Nr.39, S.404
2 Neue Literatur; Jg. 1936, Heft 2, S.118ff
3 Falkowska 1989; 4-1; Allgemeine Rundschau 1923, Nr.3, S.602
4 ebenda; 1-77; Pisma Wybrane, Bd.IV, S.255

Korczak hat für sich im Umgang mit seinen Wurzeln jenen Weg gewählt, den bereits sein Vater und Großvater versucht hatten zu gehen: Das Verbleiben in beiden Zugehörigkeiten, nicht die Assimilation oder das Exil, sondern die Verortung in beiden Gruppen. Kurt Lewin, der sich im Exil in den USA 1940 mit der Frage beschäftigte, wie sich eine antisemitische Umwelt auf die Identität des jüdischen Kindes auswirkt, kommt am Ende seiner Überlegungen zu eben diesem Ergebnis, das Korczak wählte, wenn er schreibt: "Brandeis' berühmte Feststellung, in der er behauptet, daß Treue nach zwei Seiten nicht zur Zweideutigkeit führe ist soziologisch gültig...Nicht die Zugehörigkeit zu vielen Gruppen ist der Anlaß zur Verwicklung, sondern eine Unsicherheit über die Zugehörigkeit"[1]

Doch viel stärker als die Zugehörigkeit zur unterdrückten jüdischen Bevölkerung oder dem unterjochten polnischen Volk sollte in Korczaks Leben die Verbundenheit mit seiner Arbeit, seiner Aufgabe werden: "Die polnischen Sprache hat kein Wort für `Heimat'. Vaterland - das ist viel zu schwer. Empfindet das nur der Jude oder vielleicht der Pole auch? Vielleicht nicht Vaterland, sondern Häuschen und Garten? Liebt denn ein Bauer sein Vaterland nicht? - Wie gut, daß die Feder zu Ende geht. Ein arbeitsreicher Tag erwartet mich."[2]

Vielleicht waren es die Erfahrungen der doppelten Zugehörigkeit, die Erfahrungen der doppelten Unterdrückung, die ihn dazu führten, sich einer dritten Gruppe, einer unterdrückten Majorität, "dem Proletariat auf kleinen Füßen", den Kindern zuzuwenden. In Korczaks pädagogischer Arbeit entsteht ein Prisma, in der dem sich die Identitätslinien in Korczaks Denken brechen. In einem Brief an seinen Freund Mietek Zylbertal erinnert sich Korczak im Jahr 1937 daran zurück, wie und weshalb er bei seinem Englandaufenthalt 1911 eben jene Entscheidung traf: "Ich erinnere mich an den Moment, als ich mich entschloß, keine eigene Familie zu gründen. Das war in einem Park bei London. Der Sklave hat kein Recht auf Kinder. Der polnische Jude in zaristischer Unterwerfung. Und sofort fühlte ich so, als ob ich mich selbst tötete. Mit Kraft und Stärke führte ich mein Leben, das ungeordnet schien, einsam und fremd. Als Sohn wählte ich die Idee, dem Kinde und seiner Sache zu dienen. Zum Schein verlor ich."[3]

Bei der hier aufgezeigten Art Korczaks, sich immer wieder auf die Familiengeschichte, seine Abstammung und seine Zugehörigkeit zu beziehen, wird deutlich, wie sehr diese Linien seine pädagogische Arbeit, seine Theorie und seine Haltungen beeinflußt haben müssen. Korczak hinterläßt eine Reihe von Spuren in seiner Arbeit, die ohne seine Berührung mit dem mosaischen Glauben und der jüdischen Kultur nicht denkbar gewesen wären.
Für Korczak scheint mir das zu gelten, was N. Altenhofer über Gustav Landauer schreibt: "Sein jüdisches Selbstverständnis", so Altenhofer, "ist nicht Entfaltung eines `von Haus aus' Mitgegebenen und Gewußten, ist vielmehr `gefunden' in der Konsequenz eines ... Denkens, das , von anderen als jüdischen Vorraussetzungen ausgehend, erst zur Reife gelangen mußte, bevor es sich diesen verschütteten Traditionen zuwenden und sie als einen unbewußt begliebenen Teil der eigenen Identität sich aneignen konnte."[4]

---

1 Lewin 1975 S.249ff
2 Korczak 1970; S.274
3 Falkowska 1989; 1-86; zit. n. H. Mortkowicz- Olczakowa

Beispiele in seiner literarischen Arbeit, wie etwa die Gebete, oder seinen auffälligen Schreibstil, der in seiner fragmentarischen Art mehr an chassidische Geschichten als an pädagogische Lehrbücher erinnert, legen dies zusätzlich nahe. Beispiele seiner pädagogischen Praxis, wenn er etwa den Tag des Kindes zum Versöhnungstag, zum Jom-Kippur in der Begegnung zwischen Erwachsenem und Kind erklärt,[1] unterstreichen das. Michael Kirchner hat in seinem Aufsatz über das "Gebot und die Gnade des Augenblicks"[2] auf Parallelen zwischen Korczaks Gedanken und chassidischem Gedankengut bei Buber und Rosenzweig hingewiesen. Vor allem Korczaks Grundrechte, besonders das Recht des Kindes auf den heutigen Tag, und die "Vorrangigkeit des gelebten Lebens" vor der Theorie[3] legen diese Parallelen nahe. Doch so sehr dies auf der Hand zu liegen scheint, so sehr ist es eine Versuchung, die ungeheuer vielfältige Verknüpfung Korczaks mit der politischen und künstlerischen, sprachlichen Kutur Polens beiseite zu schieben. Die zaristische Unterdrückung, die politischen Aktivitäten Korczaks[4], seine enge Verflechtung mit der europäischen Reformbewegung haben sein Denken mit Sicherheit ebenso nachhaltig bestimmt und sind bereits in der aufklärerischen Tradition seiner Familie angelegt. Sie finden ebenso viele Beispiele und Niederschläge in seiner Praxis und Literatur. Zwischen beiden, sich weit überlappenden Sphären wählte Korczak, wie vor ihm die Familie, den Weg der Identitätssuche und - vor allem - den Weg des authentischen aufrechten Ganges. In einem Brief an Estera Budko in Palästina schreibt er 1928:

"Der Mensch verschleiert mir etwas das Problem 'Jude'.. Ihr letzter Brief ist für mich ein wichtiger Beweis, der das bestätigt, was ich über Palästina und die Arbeit dort dachte. Viel einfältige Träume und jugendliche Illusionen, also schmerzhafte Enttäuschungen sind mit Palästina verbunden... Am leichtesten ist es, für eine Idee zu sterben.. Am allerschwersten, sie Tag für Tag, Jahr für Jahr zu leben. Mir blieb zuwenig Leben, als daß ich 10 Jahre der psychischen und geistigen Assimilation an neue Bedingungen des Atmens, des Verdauens, des Schauens widmen könnte. Sogar das Auge muß sich an den Schein gewöhnen, vielleicht auch an den Staub?... Als Arbeitsstoff wählte ich das Kind. Mich täuschen die Phrasen über außergewöhnliche Wunder für Kinder in Palästina nicht. Nein ihm geht es auch dort nicht gut, denn es ist auch dort von erwachsenen, fremden Menschen nicht verstanden."[5]

Noch deutlicher macht Korczak seinen Weg in einem Brief an der Vorstand einer Festveranstaltung des Jüdischen Volksfonds. Korczak hatte, nach langem Zögern einen Aufruf an die "jüdische Berufsintelligenz zur Beisteuerung eines Tagesverdienstes zum Ankauf von palästinensischem Land für das jüdische Volk" unterschrieben. Der Aufruf sollte durch die Veranstaltung propagiert werden. Berühmte Persönlichkeiten der Stadt waren deshalb eingeladen worden. Korczak, der diesen Brief in der Zeitschrift "Unsere Rundschau" veröffentlicht, schreibt:

"Ich danke für die Einladung. Zur Festversammlung werde ich nicht kommen. Seit meiner zufälligen Anwesenheit beim zweiten zionistischen Kongreß in Basel[6] hat die Palästinafrage in mir viele Etappen durchgemacht. Es geschieht

---

4 Altenhofer S.152
1 vergl. Falkowska 1989; 6-13; Warschauer Kurier 1930, Nr.141, S.12
2 Kirchner 1987
3 Brendler 1987
4 vergl. H.Roos: Janusz Korczak - Tradition, Umwelt und Zeitgeist; in Korczak 1970; S.353ff
5 Falkowska 1989; 5-18; Korczak-Archiv Israel
6 vermutlich der 3. zionistischen Kongreß in Basel (15.- 18 August 1899); vergl. Falkowska

etwas sehr Großes, sehr Kühnes und sehr Schweres. Man kann das verstehen, aber es gefühlsmäßig zu begreifen ist schwer.
Ich bin ein Mensch des einsamen Weges, individueller Entschlüsse und Handlungen. Deshalb verletzt mich, - ich bekenne es - die unumgängliche, unerläßliche Propaganda, das Organisieren."[1]

Dieser "einsame Weg" war zwar einer, der sich von Organisationen, Parteien und Ideologien fernhielt. Korczak war weder Nationalist - es war ihm schlichtweg nicht möglich - noch Mitglied einer Partei, noch ungebrochen Anhänger einer Bewegung. Er verwirrt nicht nur die, die ihn heute einorden wollen, auch die Kritiken seiner Kinderbücher weisen schon dieselben Orientierungsschwierigkeiten auf.

Weshalb, so fragt ein Redakteur der "Prawda", kleidet Korczak seine Aussagen über das Erwachsenen-Kind-Verhältnis "in die Gestalt des Antagonimus zwischen dem Proletariat und dem Bürgertum? Und das so weitgehend, daß die einen in dem Autor der Joseks und Moseks nur den Dichter des Kindergeschicks und die anderen in ihm den Illuminator des Marxismus sehen."[2]
Korczaks Leben und Denken kreuzte eine große Anzahl der linksliberalen Bewegungen am Anfang dieses Jahrhunderts. Er war Redakteur in vielen ihrer Zeitschriften und mit den Herausgebern befreundet. Die polnische und französische Literatur - wissenschaftliche, pädagogische und Prosa - beeinflußten sein Denken. Die historischen Ereignisse in der Sowjetunion und Polen prägen seine politische Haltung.

Korczak hatte in den revolutionären Kämpfen gegen das zaristische Rußland und den späteren kommunistischen Versuchen, die er mit einer Vivisektion am Menschen vergleicht, eine deutliche Haltung gegen jeglichen politischen Dogmatismus, gegen Parteigängertum und Idealismus entwickelt. Seine Erfahrungen in Kiew beschreibt er als chaotisch: "Kiew. Chaos. Gestern Bolschewiken - heute Ukrainer - die Deutschen nähern sich - noch das zaristische Rußland.... Revolution kennt keine Barmherzigkeit. `Realisierungsmethoden`. - Es gab soviel von ihnen, wieviele Proben, Doktrinen, unreife Reflexe, raublustige Ansprüche, wieviel Wahnsinn entarteter Phantasie; wieviel Hirngespinster und Träume, ehrlicher Enthusiasmus, heroischer Elan, hartnäckiger Glauben, unzerstörbarer Willen, Gutmütigkeit, Mitleid, Opfer. Wieviel passive Nachgiebigkeit, Vereinbarungen, indirekte Wege - Rebellionen und Resignationen. Wie sind die aktuellen Ergebnisse dieses Experiments.."[3]

Die Revolutionserfahrungen und die Unterdrückungserfahrungen in Polen ließen bei Korczak eine politische Wachsamkeit wider die einfachen Lösungen entstehen.All diese Erfahrungen haben sich in Korczaks Theorie abgebildet. In einer Auffassung, in der die Skepsis gegenüber leicht gangbaren Wegen, gegenüber Organisationen und Hierarchien prägend blieb. Weitere hier entstandene wesentliche Momente der Identitäts- und Gedankenlinien dieser Theorie sind die Wahrung und Achtung der Autonomie des Individuums gegenüber Unterdrückung und der Aspekt, daß Erfahrung nicht automatisch zu verändertem Handeln

---

1989; 4-17
1Falkowska 1989; 4-10; Unsere Rundschau 1925, Nr.140, S.6
2ebenda; 1-96; Prawda 1914, Nr.15, S.8
3Korczak 1933

führt, sondern der Bearbeitung im Ich, der Einordnung und Reflexion bedarf. In seinem ersten Beitrag für die Zeitschrift "Die Sonderschule" faßt er etwas davon unter dem Titel "Theorie und Praxis" zusammen:

"Fremde Anschauungen fremder Menschen müssen sich im eigenen lebendigen Ich brechen. Als Resultat habe ich die eigene, bewußte oder unbewußte Theorie, die meine Tätigkeit leitet."[1]

---

[1] Falkowska; 4-9; Szkola specialna, 1924/25, Nr.2, S.69

Arzt, Pädagoge, Schrifsteller:
Professionelle Linien in Korczaks Denken

Haben die Identitätslinien in Korczaks Biographie die wesentlichen Impulse für ein Streben nach Autonomie, Veranwortung des einzelnen, Vorrangigkeit des gelebten Lebens vor der Theorie und nach der Achtung des Augenblicks deutlich gemacht, so sind dies in biographischer Rekonstruktion gewonnene Grundlinien in Korczaks Denken. Es sind Haltungen, ethische Aspekte des eigenen Handelns oder philosophische Quintessenzen. Aus ihnen allein erschließen sich weder die Wahl der Methoden in Korczaks Praxis vollständig, noch geben sie ausreichende Erklärung für die Form seines professionellen Umgangs mit den Themen seiner Praxis.
Dies läßt sich nur ein wenig aufschlüsseln, wenn man den nächsten Dreisprung Korczaks vor Augen führt. Er ist ein Riesensatz, ein Sprung von besonderer Reichweite, der viele Autoren in die Verlegenheit brachte, Korczaks Namen immer mit drei professionellen Titeln versehen zu müssen. Überall dort, wo Korczak kurz beschrieben werden sollte, auf Buchrücken, in Ankündigungen für Filme, in Kritiken und sonstigen Anzeigen stand nicht nur häufig das Doppel Janusz Korczak (Henryk Goldszmit), sondern der Zusatz: "der bekannte Arzt, Schriftsteller und Pädagoge". In unterschiedlichster Reihenfolge, je nachdem ob es sich um eine Buchkritik, eine Meldung des Waisenhauses oder einen wissenschaftlichen Vortrag handelte, wurden und werden diese drei Professionalitäten aufgereiht. Obwohl Korczak nur einen Beruf aus dieser Kette wirklich erlernt - studiert hat, und darin ein Diplom besaß, und obwohl er eine lange Reihe von anderen Tätigkeiten nebenbei ausgeübt hat, bilden diese drei neben dem Doppel Goldszmit-Korczak den wesentlichen Grundstein zu seiner beruflichen Praxis. Aus jedem einzelnen dieser Berufe heraus entwickeln sich Professionalitätslinien, die sich kreuzend als Korczaks Methodik und Zugang, als seine Theorie und seine Pädagogik herausbilden. Korczak war zwar auch Lehrer, Rundfunkredakteur, Hochschuldozent etc., doch alle diese Nebentätigkeiten sind aus einer der drei Professionen erwachsen, gehörten als Vervollständigung zur Praxis dazu.

Ich werde versuchen, die Entscheidungen dieses Dreisprung nur kurz aufzuzeigen, um dann stärker die einzelnen professionellen Linien in Korczaks Denken zu verfolgen. Auch hier will ich, soweit als möglich auf weniger bekanntes Material zurückgreifen.

Nachdem Korczak bereits seine autobiographischen Romane "Salonkind" und "Kinder der Straße" herausgegeben hatte, erscheint Ende 1914 ein Band mit drei sehr unterschiedliche Erzählungen. "Bobo" - eine Phantasiereise in die Wahrnehmungen eines Säuglings, "eine Unglückswoche" - Erzählungen aus der pädagogischen Praxis und die "Beichte eines Schmetterlings"- ein Tagebuch eines 14jährigen Jungen. Während "Bobo" eine wundervolle poetisch-wissenschaftliche Reflexion ist, zeigt sich die "Beichte eines Schmetterlings" als eine sensible intime Innenschau eines pubertierenden Jungen auf seine sexuelle Entwicklung, seine Pläne, sein Liebe und Verzweiflung. An Hand einzelner Daten des Tagebuches, durch seine Diktion und die Personen und durch Vergleiche mit anderen biographischen Notizen kann man davon ausgehen, daß es sich bei diesem Bericht um jenes Tagebuch handelt, das Korczak in seinen Ghettoaufzeichnungen als ersten Versuch des Tagebuchschreibens erwähnt. Als solches authentisches Biographiematerial geben die Notizen des 14jährigen erste Anhaltspunkte und Überlegungen zur Berufswahl Korczaks und ermöglichen einen kleinen Einblick in die damit verbundenen Hoffnungen. Daß der veröffentlichte Band mit seinen drei Erzählungen eben jene Mixtur enthält, die für Korczaks professionelle Maximen kennzeichnend werden sollte, ist kaum zufällig. Hier steht die autobiografische Reflexion, neben der genauen Aufzeichnung pädagogischer Beobachtungen und wissenschaftlicher Forschung in Poesieform. So heißt es in einer der Kritiken: "... es ist eins von den bei uns noch seltenen Büchern, das in belletristischer Form das Ergebnis psychologischer Studien aufweist."[1] Die "Beichte eines Schmetterlings" wurde als literarische Arbeit, nicht aber als persönliches Tagebuch angenommen.

"Gestern," schreibt der 14jährige Korczak zu Beginn dieser Aufzeichnungen, "war ich bei Frau Wanda! Ich gestand ihr, daß ich verliebt sei. Sie meinte, daß das vorübergeht und riet mir regelmäßig Tagebuchaufzeichnungen zu machen; man würde sie später gern lesen"[2] Während der zwei Jahre, die Korczak das Tagebuch führt, kommen immer wieder Zweifel am Wert der Aufzeichnungen hoch. Einmal hat es ihm zuwenig Inhalt: "Ich bin sehr enttäuscht ... ich dachte ich könnte alle meine Gedanken zu Papier bringen."[3] Das nächste Mal zuviel: "Ich werde dieses blöde Tagebuch verbrennen, es fällt sonst noch in falsche Hände."[4]
Neben den sexuellen Träumen, den Orientierungsversuchen und den manchmal altklugen und genauso intelligenten philosophischen Einschüben finden sich bereits am Anfang eine ganze Reihe Vorstellungen über die zukünftige Tätigkeit: "Ich würde gern Dichter, Schrifsteller, Sänger oder Ähnliches werden."[5] Und, wie die Großmutter an seinen Stern glaubend, schreibt er: "Ich fühle, daß ich von der Vorsehung inspiriert wurde, etwas Großes, etwas Unsterbliches zu vollbringen. Wenn der Tod nicht meine Lebensschnur durchschneidet, werde ich berühmt." "Die Natur erforschen, den Menschen dienen, den eigenen Landsleuten Ehre einlegen,- das ist das höchste Ziel im Leben. So leben oder überhaupt nicht leben." "Jetzt weiß ich schon", schreibt er am selben Tag, "was ich einmal werde: ich werde Naturforscher...Ich bin jetzt vierzehn. Ich bin erwachsen. Ich weiß, ich denke."[6] Kurze Zeit später überkommen ihn Zweifel. "Glück - das ist Hoffnung und Traum, doch nie Wirklichkeit... Ich habe mein Glück, mein Ideal zu hoch angesetzt; vielleicht kann ich deshalb nicht glücklich sein.. Unzählige Male befielen mich Skepsis und Zweifel. Dann wieder erfaßte micht die Lust, Reformen zu entwickeln..Ich ließ die Naturwissenschaften sein und beschloß Französisch zu lernen. Aber ich suchte so lange nach einem Lehrbuch, daß mir am Ende die Lust am Lernen verging. Diese fehlende Ausdauer erschreckt mich. Ich will lernen mein `Ich' zu besiegen. Ich trinke Tee ohne Zucker, habe mir das Knabbern an den Fingernägeln und das Lügen abgewöhnt ... Themen für Gedichte: ..2. Warum weinst du, Kind?."[7]
Korczak beginnt in dieser Zeit über Erziehung nachzudenken und geht dies mit einer Struktur an, die auf ein Lebenswerk hinausläuft. "Ich will eine große Arbeit zum Thema "Kind" schreiben. Dazu werde ich fleißig Material sammeln.

---

[1] Falkowska 1989; 1-97; Das Kind, 1914, Nr.6, S.181
[2] Korczak 1914; S.2
[3] ebenda
[4] ebenda; S.37
[5] ebenda; S.3
[6] ebenda; S.4
[7] ebenda; S.6ff

Ich habe mir ein Schema zurechtgelegt."[1] Im Verlauf des Tagebuches beginnt er diese Sammlung, die sein ganzes Leben über anhalten und sich fast zur Marotte auswachsen sollte, tatsächlich. "Ich denke jetzt oft an die Vergangenheit, sammle Material für eine Studie `Das Kind' - Fräulein Wanda hat mir das Buch `die Reformatoren der Erziehung' versprochen. Spencer. Pestalozzi, Fröbel usw.. Einst wird auch mein Name in dieser Reihe stehen."[2] Eine erste Erzählung für die Sammlung schließt sofort an. Sie ist ein erstes Ergebnis dieses Denkens ans die Vergangenheit und ist für Korczaks späteren Stil inhaltlich typisch: Scheinbar Unwichtiges wird zu Wichtigem erhoben und notiert, um sich Klarheit zu verschaffen.
"1. Ich bin drei oder vier Jahre alt und trage noch ein Kleidchen. - Warum schicken sie mich schlafen? Es ist so angenehm, abends zu spielen. Das Kind will sich ebenso wenig von seinem Spielzeug trennen, wie ein junger Mensch von seinem Leben. Ich habe jedesmal geweint, wenn man mich zum Schlafen auszog. `Ich will nicht. Ich gehe nicht ins Bett', protestierte ich. Dann kam das Vergessen in Morpheus Armen. - Eines Tages, - ich weiß nicht, weshalb sich mir dieser unwichtige Vorfall so tief ins Gedächtnis eingeprägt hat,- eines Tages beschloß ich, ohne Aufforderung schlafen zu gehen. Ich zog das Kleid aus und stand im roten Wollrock da. Dann hängte ich es an den Haken und brach zum Erstaunen der Anwesenden, plötzlich in Tränen aus. Gesegnete Tränen."[3]
Zwar taucht in den Tagebuchnotizen zur selben Zeit die erste Bemerkung Korczaks über den Arztberuf auf -"Was für ein herrlicher Beruf"[4]- aber Korczak bleibt weiter am Thema der Erwachsenen-Kind-Beziehung haften.
" Wessen Schuld ist es", fragt er, "daß die Eltern ihre Kinder nicht kennen, daß - wie es Friedrich Spielhagen treffend in seinen `Problematische Naturen' beschrieben hat - die Kinder `Waisen im Haus der Eltern' sind. Wie wenig sie, die Erwachsenen, von unserer Generation verstehen..."[5]

Zur selben Zeit reicht Korczak kleine Novellen an Verlage ein und probiert sich als Schriftsteller von Dramen. Meist erhält er die eingereichten Geschichten zurück. Nur wenige Jahre später werden seine Feuilletons unbesehen publiziert. Nach einer jener Ablehnungen schreibt er in sein Tagebuch:
"Die Sekretärin (des Redakteurs) hat mir eröffnet, daß sie zuwenig Platz haben und daß sie ohnehin einen großen Vorrat an Novellen haben. Sie sah mich so wohlwollend an, die Gute, und sagte, ich soll mich nicht entmutigen lassen, weil der Redakteur das eigentlich kaum gelesen habe, denn er sei sehr beschäftigt. Ich weiß: Sie wollen einen Namen, keine Literatur; und die Redaktion hat ihre `eigenen' Leute, die auf Bestellung immer das und soviel schreiben, wie benötigt wird. Das Warten hatte mich nervös gemacht, jetzt ist es mir egal. Ich werde sowieso nicht Literat, sondern Arzt werden. Literatur, das ist das Wort, Medizin die Tat."[6]

1Falkowska 1989; S.10
2ebenda; S.25
3ebenda; S.27
4ebenda; S.24
5ebenda; S.25
6ebenda; S.41

Rückblickend schreibt Korczak im Ghetto über diese Jahre der Orientierung:
".. Freundschaft mit Stach. Unter vielen, vielen anderen Träumen der eine, der immer wiederkehrt: er, der Pfarrer, ich, der Arzt in einer kleinen Stadt."[1]

Zur Zeit dieser erinnernden Aufzeichnungen im Warschauer Ghetto hatte Korczak erkämpft, daß die Pakete, deren Adressaten verstorben waren, von der Ghettopost den Waisenhäusern zukommen sollten. Als er an einem Tag zur Verteilerstelle kam, um Pakete abzuholen, begann er ein kurzes Gespräch mit John Orbach, einem Studenten, der als Briefträger arbeitete. Orbach erinnert sich an den folgenden Wortwechsel:
"`Setz dich Doktor, ruh dich aus. Das Verteilen hat noch nicht begonnen, eine Stunde dauert es noch.' - `Wirklich, ich bitte dich, ich bleibe stehen'. Sein Blick war ruhig, aber von großer Stärke. Ich setzte mich sehr bedächtig auf die Bank. `Student?'-fragte er nach einer Weile. Ich zuckte die Achseln. `Natürlich würde ich auf der Uni studieren. Aber jetzt bin ich Briefträger.' Er betrachtete mich weiter, aber die Worte, die folgten, galten nicht nur mir:
`Es gibt drei schöne Berufe: Arzt, Lehrer und Richter. Welchen würdest du wählen?' - `Ich verstehe nicht; beim Medizinstudium und beim Lehrer kann ich dir zustimmen, aber im Richterberuf sehe ich nichts Besonderes.' - `Schau, der Arzt sorgt für den Körper des Menschen, der Lehrer für seine Seele und ist die Vorbestimmung des Richters nicht die Sorge um das Gewissen?'- Ich dachte eine Weile nach, ich war noch nicht überzeugt. Ob wirklich der Richter so nötig ist wie der Arzt und der Lehrer? Er nickte langsam:
`Du bist noch jung, ja, jeder braucht den Richter, aber es gibt Leute, die ihre eigenen Richter sind. Das ist eine schwere, aber schöne Arbeit."[2]

Korczak hat versucht, im Schnittpunkt dreier professioneller Linien, diese Aufgabe gegenüber dem Kind zu bewältigen. Als Arzt - er bezeichnete sich gern als Hygieniker - hat er versucht als vorsorgender Mediziner für den Körper und die Gesundheit zu sorgen und das Kind zu verstehen. Als Erzieher hat er für die Seele Bedingungen der freien Entfaltung gesucht. Durch den Schriftsteller hat er in der schreibenden Reflexion die Rolle des Richters gegen sich selbst übernommen. Schreiben, das ist die fortwährende kontrollierte Aneignung der erlebten Wirklichkeit und die Erziehung des Erziehers.
"In den Aufzeichnungen ziehst du die Bilanz deines Lebens. Sie legen davon Zeugnis ab, daß du dein Leben nicht verplempert hast. Das Leben setzt immer nur einen Teil aller Kräfte frei, läßt uns immer nur einen Bruchteil des Möglichen erreichen. Als ich jung war, war ich unerfahren - mit den ergrauten Schläfen kam die Erfahrung, aber jetzt fehlt die Kraft. Aus den Aufzeichnungen legst du dir die Verteidigung vor deinem Gewissen zurecht, daß du nicht genug getan hast und nicht so, wie es hätte sein sollen."[3]
Zunächst aber sollte sich Korczak für den Arztberuf entscheiden.

---

[1] Korczak 1970; S.304
[2] Merzan 1987; S.90
[3] Korczak 1919; S.4

DER ARZT

1889 schreibt sich Korczak an der Staatlichen Universität Warschau für das Medizinstudium ein. Ein Freund Korczaks, Leon Rygier, mit dem er den Wunsch Schriftsteller zu werden geteilt hatte, wundert sich, warum es plötzlich die Medizin ist, für die sich Korczak entscheidet. In seiner Antwort verknüpft Korczak die drei Berufe eng miteinander. Um Wertvolles zu schreiben, meint er, müsse man den Menschen und seine Krankheiten kennen. Ein Schrifsteller solle nicht nur Ergeiz haben und nach Erkenntnis streben, sondern nach Heilung der menschlichen Seele. "Er soll dannach streben Erzieher zu sein, wie z.b. unser (Lehrer) Prus. Um Erzieher zu sein, muß man Diagnostiker sein. Die Medizin hat hier viel zu sagen."[1]

Korczak bindet hier über den Begriff der Diagnostik, der gezielten Beobachtung seine drei Wunschprofessionen zusammen. Keine taugt allein für sich, die eine ergibt sich aus der anderen. Tatsächlich schreibt Korczak weiter Humoresken, Novellen und Feuilletons. Er nimmt an literarischen Wettbewerben teil und wird ständiger Autor verschiedener Zeitschriften.

Sein Medizinstudium findet unter schwierigen Bedingungen an der Hochschule statt. Es gibt weder einen Lehrstuhl für Bakteriologie noch für Pädiatrie. Die Studenten bilden als Gegenmaßnahme Gruppen, die versuchen, ihre Ausbildung mit Hilfe von "hervorragenden Klinikern und Praktikern zu vervollkommnen."[2] So haben die Engpässe der formalen Ausbildung einen frühzeitigen Praxisbezug der Studenten und eine starke Einbindung der Praktiker in die Ausbildung zur Folge. Korczak organisiert sich noch andere Erkenntnisfelder in den Arbeiterbezirken Warschaus, weitab von der Hochschule. 1899 reist er in die Schweiz, um die Arbeit Pestalozzis näher kennenzulernen. In Zürich besucht er Schulen, Krankenhäuser für Kinder und Leihbibliotheken. In einer Spielbank erweckt er durch sein Notizbuch, in das er Aufzeichnungen macht, einige Aufregung. W. Gadzikiewicz, der ihn damals zum erstenmal traf schreibt in seinen Erinnerungen: "Mich rührte das lebendige Interesse, des Kollegen Henryk an den schweizer Kindern, den Schulen und Krankenhäusern für die Allerjüngsten und für die Pestalozzianstalten. Ich muß bekennen, daß ich erst von ihm... etwas über den vorzüglichen schweizer Pädagogen und Kinderfreund erfuhr. Bei Spaziergängen und Ausflügen sprach er gern davon, wie gut es die Kinder in der Schweiz haben und verglich mit Traurigkeit ihre Verhältnisse mit der Situation der Kinder in Warschau."[3]

Diese Situation, vor allem die der Kinder in den armen Warschauer Vororten, lernt Korczak während des Studiums weiter kennen. Er streift abends durch Wola und Solec, nimmt Kontakt zu den Menschen auf, beobachtet und versucht durch Nachhilfe, medizinische Hilfe oder Geld ein wenig zu unterstützen. Er saugt die Luft, die Enge und das Elend in sich auf und schätzt die Fähigkeiten, die Lebendigkeit, die sich ihm im Leben der Menschen dort, im Gegensatz zu dem der Bürger der Warschauer Oberschicht, zeigen. Die Bilder und Eindrücke, die er aufnimmt, verarbeitet er literarisch zu bissigen Erzählungen und zwei gesellschaftskritischen Romanen.

---

[1] Falkowska 1989; 1-26
[2] ebenda; 1-27; W. Szymanski: Meine Erinnerungen
[3] Falkowska 1989; 1-29;

Einer von ihnen "das Salonkind", ist das Tagebuch eines Oberschichtssohnes, der sich nach einem Auslandsaufenthalt, im Protest gegen das Elternhaus, in Solec und Wola als Nachhilfelehrer gegen Kost und Logis niederläßt. Mit Blick auf das alltägliche Leben derjenigen, die die Industrialisierung als entwurzelte Arbeiter in die Stadt gezogen hat, vergleicht er das Leben zweier Welten: jener Welt des Salonkindes, das "keine Kämpfe ausfechten muß" aber eine "Waise" ist, mit der des Straßenkindes von Solec. "In Solec: Ein steinernes Mietshaus im zweiten Hinterhof. Das Zimmer quadratisch, geräumig. Zwei Fenster. Zwischen den Fenstern eine Kommode, darauf ein gehäkeltes Tischtuch. Auf der Kommode Nippfiguren, Fotos, ein rundes Schokoladenkästchen fürs Garn. An der rechten Wand das Bett der Grosiks. Neben dem Bett eine Wiege. Ein Schemel neben dem Schamottofen. An der linken Wand zwei Betten. In der Ecke ein Wasserhahn mit Ausguß hinter einem Vorhang.... Die Bewohner des Zimmers:

1. Marcin Wilczek, Fabrikschlosser, 40 Jahre alt
2. Katarzyna Wilczek, Marcins Frau, 4o Jahre, wäscht in Gasthäusern
3. Witka ihre Tochter, 17 Jahre, geht zu Leuten nähen
4. Stasiek, 9 Jahre, spült Flaschen beim Limonadenverkäufer
5. Ignac, 5 Jahre, geht in den Kindergarten
6. Michael Grosik, 29 Jahre, Droschkenkutscher, Schwiegersohn der Wilczeks
7. Jozefa Grosik, 20 Jahre, die älteste Tochter der Wiclzeks
8. Kazik, 3 Jahre, Sohn der Grosiks
9. Mania, Säugling, Tochter der Grosiks
10. Der Untermieter, ein Nachtwächter, dessen Stelle ich jetzt einnehme

.. Ich habe vergessen, daß dort oben in der Stadt geschäftiges Leben pulsiert, daß sich dort nichts geändert hat; nur sehe ich jetzt, was ich früher nicht gesehen habe: Dort sind die großen Wohnungen, gibt es französische Kinderfäuleins, Theater, Salons mit Palmen, Hundertrubelscheine, erstklassige Restaurants, Karossen, Teppiche, blitzende Schaufensterscheiben. ... Und hier? Wenn der Preis fürs Petroleum um einen Groschen oder das Brot um einen halben Groschen steigt, heißt es, das Leben wird immer teurer."[1]

Neben seinen Exkursionen und seinem Engagement in diesen Stadtteilen unternimmt Korczak im Laufe seiner Ausbildung und im Anschluss daran Reisen nach Deutschland, Frankreich und England. Bei Studienreisen nach Berlin, London und Paris erschließt sich Korczakden Stand der Fachdiskussion im Bereich des Gesundheitswesens dieser Länder. In Berlin ist es der Bereich der Geburtshilfeund anderer medizinischer Gebiete, die er während eines einjährigen Aufenthaltes kennenlernt. In Paris ist es der Bereich der Neurologie und Psychologie, die er während eines halben Jahres bei Binet studiert. Und in London schließlich lernt Korczak während eines einmonatigen Aufenthaltes die sozialpädagogische Praxis der Settlement- Bewegung als neuen Ansatz kennen.
"Das Krankenhaus in Berlin und die deutsche medizinische Literatur lehrte mich darüber nachzudenken, was wir gesichert wissen, und langsam, systematisch vorzugehen. Paris lehrte mich darüber nachzusinnen, was wir nicht wissen, aber zu wissen verlangen, wissen müssen und werden. Berlin, das war ein Arbeitstag

---

[1] Korczak 1906; S.80

voller kleiner Sorgen und Bemühungen, Paris war der Feiertag des Morgens mit seinen faszinierenden Ahnungen... Die große Synthese des Kindes - das war es, wovon ich träumte, als ich in der Pariser Bibliothek ... las."[1]

Während des Studiums befaßt sich Korczak mit Problemen der genetischen und der klinischen Beobachtung. Sowohl in Paris als auch unter den Neurologen Polens war dies ein "En-Voque-Thema". In einem Zyklus über "Kinder und Erziehung", der 1900 in der Zeitschrift "der Wanderer" erscheint, schreibt er mit Nachdruck über die Beobachtung: "Die erste Bedingung einer guten Erziehung ist die Erforschung der angeborenen Eigenheiten des Kindes"[2]. Vermutlich stützte er sich auf ein Buch von J. W. Dawid - das "Programm der psychologisch - erzieherischen Feststellung über das Kind" - das die psychologisch - pädagogische Beobachtung als wissenschaftliche Systematik in Polen bekannt machte. Mit zweijähriger Verspätung schließt Korczak das Medizinstudium mit dem Diplom ab und nimmt eine Stelle an einem Kinderkrankenhaus der Stadt an, das als einziges Krankenhaus Warschaus seine Patienten kostenlos behandelt.

Das Berson-Baumann Krankenhaus, an dem Korczak zu praktizieren begann, liegt heute im Rücken des Warschauer Kulturzentrums in der Nähe des Bahnhofs. Seine Farbe, passend zum Straßennamen - Siennastraße/Sliskastraße - erhöht nur den trostlosen Eindruck, den das Gebäude hat. Bei meinem Besuch 1989 schauten Kinder in Schlafanzügen, traurig und ohne Farbe durch die Gitter des oberen Stockwerks. Der Eintritt in das Haus war verboten.
Korczak wird in diesem Haus, das zu seiner Zeit ein kleines, gut geführte Kinderkrankenhaus mit Chirurgie und Innerer Abteilung war, Standortarzt. "Frei von materiellen Sorgen", so heißt es in der Arztzeitung von 1894, "kann der Standortarzt sich der Wissenschaft widmen, denn er hat genügend Material und die Führung der älteren Kollegen."[3] Für Korczak waren diese Kollegen "der Ironist und Nihilist Korcal, der joviale Kramstyk, der ernste Gantz, der fabelhafte Diagnostiker Eliasberg.." In seinem Gesuch an den Judenrat gibt er sie "als (seine) Meister im Krankenhaus in der Sliskastraße" an. Korczak beschäftigt sich über diesen Kreis hinaus mit wissenschaftlichen Methoden. Er ist Mitherausgeber der Pädiatrischen Umschau und Mitglied der Warschauer Hygienegesellschaft. Mit seinem Interesse für "das klinische rationale Weiterführen der Studien...und die Anwendung neuer Heil- und Beobachtungsmethoden."[4] findet er Widerhall. Unter den Warschauer Ärzten besteht zu dieser Zeit "ein Klima des breiten Interesses an kasuistischer und klinischer Beobachtung . Zum Beispiel gehört zu diesen der hervorragende Pionier der polnischen Neurologie S. Goldflam und weiter.. W. Sterlin und die Schüler und Mitarbeiter von E. Flatau."[5] - Die neurologische Schule um Flatau war eine Strömung der polnischen Neurologie, die sich in enger Anlehnung an Binet und Claparede um neue Wege der Diagnostik und der Beobachtung bemühte. Ihre Wissenschaftler suchten nach Möglichkeiten maximaler wissenschaftlicher Durchdringung und nach kreativen und innovativen Wegen experimenteller Erkenntnis.[6] - Korczak sollte in seiner weiteren Arbeit, ähnlich wie Piaget später während seiner Arbeit

---

[1] Korczak 1979 S.222
[2] Falkowska 1989; 1-30; Der Wanderer, 1900, Nr.3, S.45
[3] Falkowska 1989; 1-47
[4] ebenda; 1-48; Die Stimme, 1905 Nr. 16, S.232
[5] Borowska- Nowak 1982 S.161
[6] vergl.: ebenda

bei Binet, die wissenschaftlichen Methoden seiner Lehrer zu einer Methodik der differenzierten Beobachtung weiter vorantreiben.

Nach seiner Rückkehr aus dem russisch-japanischen Krieg ist Korczak durch die Publikation des "Salonkindes" (1905) plötzlich derart bekannt geworden, daß sich seine praktische Arbeit verändert. Ausgerechnet der Roman, der seine Ablösung von der Warschauer Oberschicht, sein Distanz zu ihrer selbstverständlichen Morbidität deutlich machen sollte, macht ihn zu einem "enfant terrible" dieser Gesellschaftsschicht. Man rühmt sich Korczak als Arzt der eigenen Kindeer zu haben, erfindet Krankheiten, um mit ihm über seine Bücher im Salon zu parlieren oder sich abends gegenüber den Freunden mit seinem Besuch hervortun zu können. Im Ghettotagebuch schreibt Korczak in Rückerinnerung: "`Herr Doktor, Fräulein Tarnowska bittet zum Apparat. Der Prokurator der Anwaltskammer. Frau Direktor Tygajlo. Rechtsanwalt Makowski, (Herr)Szyszkowski.'- Auf einem kleinen Zettelchen notiere ich die Adresse. `Geht es nicht morgen? Nach dem Krankenhaus um eins. Wie ist die Temperatur? Ein Ei kann man ihr geben.' - Einmal kam sogar ein Anruf: `Frau General Gilzenko'. Was ist dagegen schon ein Hauptmann Hopper, der nach jedem winzigen Stuhlgang seines Kindes anruft, manchmal zweimal. - Das waren die Visiten des Verfassers von `Das Salonkind', während Goldszmit nachts ins Souterrain in der Sliska-Straße 52 oder in die Dachwohnung in der Panska-Straße 17 ging. Einmal riefen mich die Poznanskis in ihr Palais in der Ujazdowka- Allee.- Unbedingt heute. Die Patienten warten schon ganz ungeduldig. `Drei Rubel' sagt Dr. Julek, der ganz Warschau kennt, `die sind geizig'. - Ich gehe hin. - `Einen Augenblick bitte Herr Doktor, ich lasse die Buben holen.'- `Sind sie denn nicht da?' - `Ganz in der Nähe. Sie spielen im Park. Wir trinken inzwischen einen Tee. '-`Ich habe keine Zeit zu warten`- `Herr Doktor Julian hat immer..... Was schreiben sie denn gerade, Herr Doktor?' - `Leider nur Rezepte'. Am nächsten Tag... Empörung, Feinde....
Die Kinder von Sozialisten, Lehrern, Journalisten, jungen Rechtsanwälten, sogar von Ärzten - alles fortschrittliche Menschen - behandelte ich kostenlos...Die Straßen: Sliska, Panska, Marianska, Komitetowa. Erinnerungen, Erinnerungen, Erinnerungen. Jedes Haus, jeder Hof. Das hier waren meine Halbe Rubel Visiten meistens bei nacht. Für Konsultationen bei den reichen Leuten in den reichen Straßen bei Tag ließ ich mir drei und fünf Rubel bezahlen.."[1]

In der Begegnung mit seinen Patienten, den Kindern, praktiziert Korczak eine Methode, zu der er selbst in einem Artikel der Pädiatrischen Umschau anmerkt: "Freundliche Mütter machten mir die Bemerkung, daß ich eigentlich das Kind nicht untersuche sondern mit dem Kind spiele. Die anderen, zahlreicheren, beließen es bei einer einmaligen Aufforderung."[2] Korczak entwickelt eine Untersuchungsmethodik, die man als teilnehmende Beobachtung bezeichnen kann. In seinen letzten Aufzeichnungen schreibt er: "4x7. - Die Notwendigkeit, im begrenzten eigenen Arbeitsbereich mit Geschick tätig zu sein. Ich will es können, wissen, nicht zögern, nicht irren. Ich muß ein guter Arzt sein. Ich entwickle meine eigene Methode."[3] Natalia Wislicka erinnert sich an diese Methode: "Er war der Arzt meiner Kinder. Aber ein anderer als die üblichen Ärzte: Er pochte nicht, er klopfte nicht und schrieb keine Rezepte. Er untersuchte auf seine Art. Er wurde von den Kindern als Arzt und Freund erwartet. Sie vertrauten

---

[1] Korczak 1970; S.294 ff
[2] Falkowska 1989; S.1-85,Pädiatr, Umschau 1911, Nr.4.,S.333
[3] Korczak 1970; S.305

sich ihm mit irgendwelchen Angelegenheiten an... Er ging mit den Kindern unbefangen um.. Er schaute, hörte zu und unterhielt sich - nicht wie ein Älterer, nicht wie ein Arzt, sondern wie mit Gleichgestellten. Im Gedächtnis notierte er Bewegungen, Worte, Ausprüche der Kinder. .. Für die Visiste nahm er kein Geld."[1]

Mehrere Zeitzeugen machen deutlich, wie stark Korczak in seiner medizinischen Praxis mehr und mehr als Erzieher fungiert[2] und die Rolle des Mediziners zugunsten der des Pädagogen verläßt. Die Themen, die er sich für Vorträge wählt, seine schriftstellerischen Themen, sein gesellschaftspolitisches Interesse an den Rechten der Kinder - alles dies deutet bereits auf den nächsten Sprung, die nächste Professionsrolle hin. Stanislaw Hubicki, ein Komilitone Korczaks, hatte dies bemerkt, als er Korczaks Text "Die Schule des Lebens" las[3]. Denselben "Traum Korczaks" nach einer pädagogischen Einrichtung für Kinder, von dem Hubicki auf der 25jährigen Jubiläumsfeier des Waisenhauses sprach, kann man bereits in dem Roman "Die Kinder der Straße" finden:

Die mit vielen autobiographischen Zügen belegte Romanfigur des Grafen Zarukki entführt in diesem Roman zwei Kinder aus ihrem Straßenmilieu Warschaus in seinen Landsitz. Hier hatte er, von seinem verrückten Vater von der Außenwelt abgeschirmt, seine Kindheit verbracht. Die beiden Straßenkinder, Antek und seine Freundin Manka, werden vom ersten Moment an genau bebachtet, und die Bebachtungen werden ständig protokolliert. Antek entzieht sich sehr schnell der fremden Welt, kehrt nach Warschau zurück und treibt sich durch die Lebenswelt der Straßenkinder, nicht ohne immer wieder an die Spuren zu denken, die die Episode mit dem Grafen in ihm hinterlassen hat. Manka bleibt beim Grafen und seiner Schwester und hilft, genau wie später auch der erwachsene Antek, eine differenzierte Einrichtung für Kinder aufzubauen. Antek, inzwischen studierter Jurist, soll der Sachverwalter des Grafen werden: "Es war beschlossen worden, daß Antek - seit langem schon Herr Antek... nach dem Tode des Grafen das Zepter über die Kolonie Zaruckis übernehmen würde, die sich immer besser entwickelte, immer mehr reüssierte und an Bedeutung gewann. Neue Einrichtungen waren hinzugekommen. Neben der Handwerksschule gab es dort jetzt auch eine Gärtnerschule, eine Landwirtschaftsschule, ein Erziehungsheim für Mädchen und ein Waisenhaus. .. Der Graf hätte zu gerne ein Dorf für die Kinder der Armen eingerichtet, aber fürchtete, seine Mittel könnten nicht ausreichen..."[4]

12 Jahre nach Erscheinen dieses Buches übernimmt Korczak als Leiter das jüdische Waisenhaus in der Korchmalna-Straße 92. Korczak erhält durch den Verein "Hilfe für Waisen - Centos" die Möglichkeit, sich an den Planungen des Neubaus zu beteiligen. Später - wenige Jahre nachdem sich Korczak der Medizin ein wenig ab und der Pädagogik ein wenig mehr zuwandte, - ist der Plan des Grafen Zarucki (Korczaks) zu einem großen Teil im Waisenhaus realisiert:
Das Waisenhaus ist verbunden mit einer Ausbildungsstätte für Erzieherinnen

---

[1] Falkowska 1989; 1-85; Wspomenia S.263
[2] ebenda; 1-80; Erinnerungen von H. Lukrec,
[3] vergl.: Hubickis Rede auf der 25- jährigen Jubiläumsveranstaltung des Waisenhauses "Dom Sdierot" 1933
[4] Korczak 1901; S.236

und Erzieher - der Burse -, mit einer zweiten Einrichtung "Nasz Dom", deren Leitung Maryna Falska[1] übernahm und mit der Sommerkolonie "Rozyczka" in Goclawek, die über eine Landwirtschaft und Gärtnerei verfügt.

Zu seiner Entscheidung, den Beruf zu wechseln und damit die pädagogische Leitung des jüdischen Waisenhauses zu übernehmen, schreibt Korczak in seinem Tagebuch im Warschauer Ghetto: "Ich habe das Krankenhaus um des "Hauses der Waisen" willen verlassen. Ich fühle mich schuldig"[2].

---

[1] Korczak lernte Maryna Falska während des Krieges in Kiew kennen, wo sie mit Warschauer Studentinnen ein Übergangsheim für polnische Jungen gegründet hatte. Sie übernahm 1919 gemeinsam mit Korczak eine Einrichtung für Arbeiterkinder, "Nasz Dom" in Prusko. vergl. ausführlich I. Newerly in : Korczak 1970 S.243
[2] Korczak 1970; S.298

DER PÄDAGOGE

Während seiner Studienzeit hatte Korczak die ersten pädagogischen Versuche gemacht. Mit Nachhilfeunterricht und medizinischer Versorgung betreute er eine kleine Anzahl von Kindern in einem Armenviertel Warschaus. Als praktizierender Arzt nutzt er zweimal seinen Urlaub um als Erzieher in Ferienkolonien mitzuarbeiten. Über diese Erfahrung schreibt er: "Den Sommerkolonien habe ich viel zu verdanken. Hier begegnete ich zum ersten Male einer Kinderschar und lernte in selbstständiger Arbeit das ABC der pädagogischen Praxis."[1] Die freizeitpädagogische Erfahrung mit den Kindern aus "Souterrain und Dachkammer" ernüchterte Korczak und brachte ihn zugleich dazu, Distanz zu einer vorweg entwerfenden Pädagogik einzunehmen. Am Ende seines Rückblick auf diese frühe pädagogische Erfahrung schreibt er:
" Der geniale französische Insektenforscher Fabre rühmte sich, er habe seine epochemachenden Beobachtungen an Insekten gemacht, ohne ein einziges zu Töten. Er erforschte ihren Flug, ihre Gewohnheiten, Sorgen und Freuden. Er sah ihnen aufmerksam zu... Es war ihm nie zuviel, mit klugem Blick verfolgte er die mächtigen Naturgesetze in ihren kaum wahrnehmbaren Vibrationen. Er war Volksschullehrer. Er forschte mit dem bloßen Auge."[2]
Diese Forschungshaltung, diese Form des Wahrnehmens sieht Korczak nach der Erfahrung in den Sommerlagern als Vorbild für die Profession der Pädagogen.

1911 bewirbt sich Korczak um die Leitung des neu zu errichtenden jüdischen Waisenhauses in Warschau. Am 27. Februar 1913 wird der Neubau des "Dom Sierot", des Waisenhauses, in der Krochmalna-Straße 92, der nach Korczaks Plänenrealisiert worden war, feierlich eingeweiht. Der für das Stadtgebiet und die Zeit überaus stattliche Bau soll nicht nur Kindern ein Zuhause bieten. Er soll auch für Korczak das Labor und die Praxis des Arztes ersetzen und Möglichkeiten zur Beobachtung des Kindes bieten. "Das Internat und die Schule" schreibt er, "das ist die Erziehungsklinik, wo die Untersuchungen gemacht werden müssen."[3]
Auf der Eröffnungsfeier des Waisenhauses spricht Korczak seine Erwartungen noch deutlicher aus. Seine Rede, die später als Credo bezeichnet wurde, macht deutlich, daß hier der Arzt spricht, der sich in die Pädagogik begibt.
"Wir kennen das Kind in der Krankheit, im Zustand des gestörten Gleichgewichtes, wir müssen es in seiner rhythmischen Entwicklung kennenlernen." - Interessant erscheint mir, daß Korczak hier eine Vorstellung von der Entwicklung des Kindes entwirft, wie sie später Piaget mit dem Begriff der Äquilibration fast wortgleich für die Entwicklungspsychologie[4] verwenden wird. - Korczak fährt fort: "Wir kennen erhebliche Störungen; die kleinen Abweichungen kennen wir nicht. Wir kennen eine Bruchteil des Kindes, Segmente seines Lebens, wir müssen es in vielen Typen und seinen individuellen Modifikationen kennenlernen. Von der ersten, zweiten Kindheit an und in der Zeit der Reife, in vielen Profilen der physischen und psychischen Zunahme. Jedes der Natur entrissene Geheimnis ist eine wertvolle Errungenschaft, nicht nur für eine Handvoll Kinder sondern für alle, nicht nur für den Moment, sondern für Jahrhunderte.."[5]

---

1 Korczak 1979 S.234
2 ebd. S.278
3 Korczak 1919; S.1
4 vergl. Piaget 1987

Kurz nach dieser Rede, erscheint die Erzählung "Bobo" in Buchform. Korczak brilliert in ihr mit tiefer entwicklungspsychologischer Kenntnis. Er beschreibt das langsame Anwachsen der Erkenntnis im Leben des kleinen Säuglings. Imaginationen und Schilderungen, die später etwa von René Spitz und Jean Piaget in klinischen Beobachtungen belegt wurden, zeigen Korczaks Nähe zur psychologischen Forschung:
"Um Bobo herum bewegen sich Wolken. Aus ihrer Fülle sondert Bobo durch sein Gedächtnis die eine aus: der Schatten, der am häufigsten erscheint. Ein Schatten von unveränderlicher Gestalt, der nicht so hoch hinaufwächst, daß er mit den Blicken nicht mehr umfangen werden kann. Ein Schatten, den man verfolgen kann, ohne daß er plötzlich verschwindet, wie alle anderen: Ein naher brüderlicher Schatten, der Bobo nie verläßt, in dessen Gesellschaft er sich nicht so einsam fühlt - sein erster Lehrer, die eigenen Hände. Wie ein Jäger auf eine an der Schnur aufgehängte Flasche zu zielen lernt..., so zielt Bobo und lernt, seine eigenen Hände in ihrer Bewegung einzufangen. In der Stille absolviert Bobo lange und mühselige Studien: er lernt sehen, sich erinnern, erkennen."[1]

Korczaks Erzählung über seine Beobachtungen kommt zu demselben Schluß wie Piaget in seinen Beobachtungen an Laurent[2]: Das Kind lernt stufenweise in mühsamer Arbeit, und es lernt selbsttätig. Es bewegt sich dabei von Gleichgewicht zu Gleichgewicht in einer stetigen Zunahme der Qualität dieses Gleichgewichtes. Es benötigt eine Umwelt, die ihm Anregung und Schutz in dieser Entwicklung bietet.
"Beim Baden machte Bobo wieder eine Entdeckung: Außer seinen Händen besitzt er Füße, zwei entlegene Landstriche. Aber vielleicht sind auch die Bettdecke, das Kopfkissen, das ganze Bett ein Teil von Bobo. Wieder mühseliges Nachforschen, eine gründliche Revision der bisher gewonnenen Wahrheiten, ein Zusammenbruch leichtfertig aufgestellter Theorien. Ignorabimus. Ignorabimus. Bobo steht da, aus eigener Kraft. Er triumphiert..."[3]

An der Erzählung "Bobo" wird deutlich, daß Korczak sich - vermutlich in Paris - mit entwicklungspsychologischen Theorien intensiv auseinandergesetzt hat. Seine oft verblüffende Nähe zur Theorie Jean Piagets verdient eine eigene Untersuchung. Dreh- und Angelpunkt dieser Nähe ist die angewandte Methode der wissenschaftlichen Erkenntnis. Die Form klinischer Beobachtung wird hier von Korczak, vergleichbar mit Piagets Studien an Laurent oder seinen Studien des Murmelspiels, vertieft. Sie wird losgelöst von einem Untersuchungsziel und dient der systematischen Erschließung einer Logik, Kausalität, Moral, Räumlichkeit und Zeitlichkeit des Gegenübers, des Kindes. Die Dimensionen der kindlichen Wahrnehmung und deren Entwicklung werden untersucht. Dabei wird dem Kind eine selbsttätige Performanz und eine selbsttätige Aneignung seiner Umwelt unterstellt und die Gesetze dieser autonomen Entwicklung werden untersucht. Das "Geheimnis des Kindes" seine spezifische Andersheit rückt in den Mittelpunkt des Interesses.

5Falkowska 1989; 1-93
1Korczak 1984; S.29
2vergl.: Ginsburgh/ Opper 1989
3Korczak 1984; S.39

In der Folge seiner Tätigkeit gibt Korczak eine Reihe solcher Beobachtungen und Studien, wie die Erzählung von Bobo, heraus. Häufig sind es Fragmente, kurze Skizzen und Gedanken, die er aneinanderreiht. 1914 wird Korczak zum Militär einberufen. Stefa Wilczynska übernimmt für die nächsten Jahre die alleinige Verantwortung für das Waisenhaus.[1]

Während des Krieges schreibt Korczak seine Tetralogie "Wie man ein Kind lieben soll". Damit entsetht das Projekt über das Kind, für das er schon als 14jähriger Material gesammelt hatte; eine Sammlung kurzer und längerer Notizen zur Erziehung und Entwicklung von Kindern, über das Internat, das Waisenhaus und die Sommerkolonien. Durch einen Jungen angeregt, den er während des Krieges für 14 Tage bei sich aufnahm, schreibt er außerdem ein Lehrbuch für Lehrer, in dem er detaillierte Studien in Tagebuchform unter dem Titel "Erziehungsmomente" wiedergibt.

Am 16 Juni 1918 kehrt Korczak nach Warschau zurück. Die "Morgenrundschau" notiert dazu: "Dr. H. Goldszmit kam zurück nach Warschau.. Während des Krieges im Jahr 1917 übernahm er die Leitung von ukrainischen Zufluchtsstätten für Waisen. Er brachte reiches Material und zahlreiche Arbeiten über das Kind in verschiedenen Lebensphasen mit sich..."[2]
Die neuen mitgebrachten Bücher erhalten gute Kritiken, und Korczak hat sich mit ihnen als Pädagoge in der Öffentlichkeit akkreditiert: "Dieses Buch", so heißt es in einer Kritik über "Erziehungsmomente", "schrieb ein Pädagoge aus Gottes Gnade, ein Pädagoge und Schöpfer, der hier einen Weg der Erziehungsdiagnostik bahnt. Er lehrt zu beobachten, eigene Wahrnehmungen zu notieren und aus ihnen Folgerungen zu ziehen. In diesem Buch entblößt sich die nackte Seele des Kindes, deren Inneres der visionär-aufspürende Pädagoge-Diagnostiker zum Vorschein bringt."[3]
Korczak gelingt es mit diesen Veröffentlichungen, eine professionelle Leitlinie der damaligen neuro-psychologischen Forschung in die Pädagogik mit hinüberzunehmen und sie mehr und mehr zum Kennzeichen seines erzieherischen Zugangs und seines erzieherischen Umgangs mit dem Kind zu machen. Beobachtung, Notieren und die ständige Korrektur der eigenen Beobachtung durch neu hinzugewonnene Eindrücke sollte das Grundmuster seiner Pädagogik werden. "Das wichtigste in der Medizin" - so schreibt er im Vorwort der "Erziehungsmomente" - "ist die Diagnose. Der Medizinstudent untersucht ganze Reihen von Menschen, lernt erkennen, Symptome wahrzunehmen und sie zu erklären, sie zusammenzufassen und aus ihnen Schlüsse zu ziehen. Wenn die Pädagogik den von der Medizin geebneten Weg gehen will, muß sie eine Erziehungsdiagnostik ausarbeiten, die sich am Erfassen von Symptomen orientiert. Was Fieber, Husten, Erbrechen für den Arzt, das sind Lachen, Tränen, Erröten für den Erzieher. Es gibt kein Symptom ohne Bedeutung. - Man muß alles aufschreiben und sich darüber Gedanken machen, Zufälliges beiseite lassen und nach Gesetzmäßigkeiten suchen. Es geht nicht darum, sich Gedanken zu machen, wie man etwas vom Kind verlangt, was man ihm befiehlt oder verbietet, sondern darum, was ihm fehlt und wovon es zuviel hat, was es von sich aus geben kann."[4]

---

[1] Stefa Wilczynska führte von Beginn an das Waisenhaus mit Korczak gemeinsam. Ihre ungewöhnlich Leistung und Zusammenarbeit beschreibt S. Sachs in seinem Buch "Stefa- Die Frau hinter Korczak" dt. S. Sachs 1989
[2] Falkowska 1989; 1-104; W sioncu 1918, Nr.11, S.182
[3] ebenda; 1-109; Szkola Powszechna 1920, Nr.1, S.121

An vielen Beispielen weist Korczak nach, daß er sich mit seinem Verständnis von Erziehungsdiagnostik außerhalb der stigmatisierenden Praxis pädagogischer oder psychiatrischer Diagnostik[1] bewegt. Seine beobachtende Praxis ist eine dialogische, da sie, im Gegensatz zur psychiatrischen Diagnostik, nicht unabhängig von der "inneren Beteiligung der Betroffenen, ihrem Begreifen und ihrer Zustimmung,"[2] entsteht. Das Kind, seit mehr als einem Jahrhundert Objekt des humanistischen Romantizismus ist für ihn ein "Fremder", ein "Geheimnis". Seine Handlungen, seine Logik und seine Sinnzusammenhänge sind für Korczak nur durch einen emphatischen Verstehensprozess verstehbar. Er wendet sich gegen die verstehende Kolonialisierung und entwickelt eine Art respektierender Erkenntnis, deren ethische Grundlage die Einsicht ist, daß das "Geheimnis" des Kindes letzlich unergründbar bleiben wird, daß es aber Ziel des Verstehensprozesses sein kann, die beständige Schieflage im Erwachsenen-Kind-Verhältnis zu entzerren. Ziel der beobachtenden Bemühungen Korczaks ist es, die vorweg gewußten Interpretationen kindlichen Verhaltens und die dahinter liegenden Machtgefälle zu entzaubern. Ein Beispiel dieser Entzauberung ist Korczaks Studie zur Onanie. Über einen Monat studiert er Nacht für Nacht das Schlafverhalten eines Jungen, notiert jede Handbewegung, jedes verrutschen der Decke, um letzlich das Thema entmoralisiert, sachlich öffentlich zur Sprache bringen zu können und die mit diesem Thema verbundenen Sanktionen als Machtverhalten der Erwachsenen ohne genaue Kenntnis benennen zu können. Wie an dem folgenden, längeren Ausschnitt sichtbar, überführt Korczak die Erwachsenenmoral der leichtfertgen schnellen Schlußfolgerung. Die Beobachtungen "eines Falles von Jungenonanie" wurden 1936/37 in der Zeitschrift für Sonderpädagogik "Szkola Specjalna", die von Maria Grzegorzewska herausgegeben wurde, veröffentlicht:

"Im Gegensatz zur Medizin, in der jedes kleinste Detail zum Thema langjähriger Untersuchungen in zahlreichen Kliniken und Laboratorien wird - und sich dabei zu einer ganzen Reihe von Problemen auswächst, - fällt die Leichtigkeit und Schnelligkeit der ausgesprochenen Meinungen in der Pädagogik ärgerlich auf. Als ob das psychische Leben weniger komplex und unzugänglich wäre als die Prozesse des somatischen Lebens. Kindestraum und die Nacht im Internat schienen mir ein wichtiges Beobachtungsfeld zu sein.... Ja zwei belästigende Angelegenheiten: um den Rat, wie man mit einnässenden Kindern umgehen soll, baten viele hartnäckig; aber die Onanie bei Jungen erwähnte man diskret und wie nebenbei. Die Antwort auf die erste Frage: sogar ein physisch, intelleküutell und neurologisch vollkommen gesundes Kind in der Familie hat ein Recht, einmal, einige Male im Jahr einzunässen, sowie es auch das Recht hat einen Milchbecher umzukippen oder seine Kleidung zu beschmutzen. Es ist keine Krankheit... Auf die zweite Frage - eine Antwort: Ich sah keinen feststellbaren Fall von Onanie: das Kind schläft schnell ein, schläft stark, wird auf ein Zeichen hin wach, oder früher; es ist aber schon voller kindlicher Interessen und gesunder Initiative. Nach dieser Einleitung schreibe ich nur noch meine Notizen zum Thema `Nacht- Traum' ab:
Sie betreffen einen sechsjährigen Jungen, der heftig, undiszipliniert, zappelig und grob ist. Sein Vater, Alkoholiker und Hysteriker. Er schlug ihn nicht nur, sondern mißhandelte ihn in der frühen Kindheit...

4Korczak 1919; S.1
1vergl. Dörner 1981
2Hekele 1988 S.23

Die erste Aufzeichnung. Morgen 5.05. Schon beinahe Hitze. Obere Fenster des Schlafzimmers sind offen. Ich beschränke mich auf Notizen über drei benachbarte Betten... Der dritte (Junge) liegt auf dem Rücken. Die Decke hängt runter, sein Hemd ist nach oben gezogen, die Beine auseinander, die Hand auf dem Glied, Bewegen der Zehen. Er streckt sich. Einatmen- die Hand bewegt sich. Plötzlich einmaliges Reißen am Glied. Halberektion. Der Junge streckt sich nocheinmal aus. Ganze Erektion. Er gähnt. Versuch der Positionsveränderung. Mehrmaliges Kneten des Gliedes. Brummen. Unruhige Körperbewegung. Rötung. Volle Erektion mit Pulsation. Zorniger (schmerzlicher?) Gesichtsausdruck. Lauern. Neue Serie von Biegen, Brechen und Kneten. Lippenbewegung. Seufzen. Plötzlicher Wurf mit dem Körper - er erstarrte im Knien. Pause. Machtlos fällt er auf die Körperseite. Das ist keine Onanie, aber eine Gewalttat, Selbstvergewaltigung. Solche gesehene Szene macht scheu.. Man muß Auge und Gedanken angewöhnen, ein Wörterbuch von Bezeichnungen finden, den Mut zur Beschreibung haben...
Die dritte Aufzeichnung: Er liegt seitlich. Die Decke schräg, den Rücken nur mit einem ihrer Ränder bedeckt... Drehung auf den Rücken, eine Hand auf dem Glied, Fingerbewegungen ('Klavierspiel'); das Glied zwischen dem Mittel- und Zeigefinger. Halberektion. Pause. Aufzucken. Das Glied ist aus der Hand geglitten, es hängt runter. Wurf auf die Knie... Er streckt sich aus spannt sich an, die Beine zittern. (?) Brummen. Plötzlich starke Erektion. Er kratzt hartnäckig den Unterleib... Er zieht die Beine hoch, läßt Wind. Er fällt in die Ohnmacht des Schlafes. Zusammengefaltete Hände unter dem Nacken...
Ein Film wäre notwendig - Ich würde mich selbst vergewissern und die anderen überzeugen, daß dieses ganze Bewegungsdrama eine Folge des Schutzes vor Vergewaltigung ist. `Ersatz'- Ausstrecken des Körpers. Ich konnte nicht genau aufschreiben - wie immer. Pädagogikvorlesungen ohne Film - Schund.
5.25. Uhr. Er schläft. Bemerkung: vielleicht bedeckt sorgfältig die Mutter ihren Sohn nicht nur darum , daß er nicht friert; übrigens, dient auch der Pyjama dazu, um nicht zu sehen? Ich behaupte weiterhin, daß das Bedecken, Zurechtlegen der Decke während des Kinderschlafes seinem Schlaf der Eigenständigkeit beraubt..."[1]
Korczak führt diese detaillierten Beobachtungen noch über weitere drei Seiten aus und beleuchtet dabei alle Theorien zur Onanie, gleichgültig ob liberal oder konservativ, kritisch. Sie alle erscheinen als abgekürzte, unsorgfältig erarbeitete Erkenntnis oder als vorschnelle Schlußfolgerung. Korczaks Interesse ist nicht die Verhinderung der Onanie, sondern die Frage nach den Hintergründen und deren Folgen.

Sein Interesse an einer Diagnostik hat nicht das "Warum nicht?" als Kernfrage sondern das "Wer ist das Kind?". "Diagnostische Erkenntnisprozesses fragen im Grunde immer nach dem "Warum?" schreibt Kurt Hekele über das Zauberwort Diagnostik.[2] Die Fage "Warum" stellt sich jedoch immer an einem Punkt auffallender Verständnislosigkeit, also dann, wenn das Kind nicht im Muster der unterstellten Normalität handelt. Und sie stellt sich immer mit dem Ziel einer möglichst gezielten Intervention, die die Anpassung an das Normalitätsmuster bezwecken soll. Die "Warum"-Frage hat eine teleologische und pragmatische Ausrichtung. Die Frage nach dem "Wer" - nach dem "Geheimnis des Kindes" - ist dagegen auf das jetzt bezogen und ist, dort wo sie handlungsbezogen ist, auf die derzeitige Begegnung mit dem Kind ausgerichtet. Ihr unterliegt nicht das

---

[1] Korczak 1936
[2] Hekele 1988 S.21

Normalitätsmuster sondern das Gegenteil, nämlich die Unterstellung der Eigenstruktur und der Eigendignität.

Mit zwei knappen Worten verändert Korczak so das Grundparadigma der neuzeitlichen Erziehungstheorie und schafft die Grundlage seiner pädagogischen Praxis und Theorie: Er ersetzt das "wie" durch das "wer". Die Grundfrage in der Geschichte der Erziehungswissenschaft war das "Wie" der Erziehung. Wie kann ein Kind erzogen werden, wie können seine Fähigkeiten entwickelt, es in seinem Tun unterstützt, es für sein Tun sanktioniert werden. Die Reformpädagogik hatte durch das Einläuten des "Jahrhunderts des Kindes" dieses "Wie" nicht ersatzlos gestrichen, sondern an dessen Stelle die Diskussion um das "Was" hinzugefügt. Erziehungsziele wurden diskutiert, reformiert und alt-neu entworfen. Das "Wie" folgte auf dem Fuß. Es war und blieb die Kardinalfrage der Pädagogik.

Bis in die 70er Jahre unseres Jahrhunderts blieb die Frage nach dem "Wie" der Vermittlung, dem "Wie" man ein Ziel erreicht, Dreh- und Angelpunkt in der Diskussion der Pädagogen aller Couleur. Ob es die antiautoritäre Bewegung war oder die sozialistische Erziehung, sie alle kreisten mehr oder minder um diese Frage herum.

Mit der Frage nach dem "Wie" und dem "Was" in der Pädagogik blieb eines dieser Wissenschaft immanent, es haftete ihr um so subtiler an, je mehr sie versuchte es abzuschütteln: Das Kind blieb weiterhin Objekt der Bemühungen der Erwachsenen, Objekt einer Wissenschaft und Erfüllungsgehilfe der erwachsenen Zielvorstellungen.

Korczak stellt an die Stelle des "Wie" die simple Frage nach dem "Wer". Wer ist das Kind, wer ist das Gegenüber in der pädagogischen Begegnung. Er behauptet, daß die Psychologie und die Pädagogik diese Frage keineswegs gelöst haben, sondern nur Fragmente zusammengetragen haben. Unsystematische Bruchstücke, die keineswegs dazu ausreichen, die Frage nach dem "Wer" zu beantworten. Ähnlich wie Buber in seinem Vortrag in Heidelberg interessiert Korczak nicht die Frage nach dem "Wie" der Vermittlung, dem "Wie" der pädagogischen Ausbeute, sondern das Individuum, dem er als Pädagoge gegenübersteht. Das Kind wird Subjekt der Begegnung, nicht Objekt der Prägung. Pädagogik wird von der Wissenschaft der Erziehung zur Wissenschaft über das Subjekt Kind. Der wesentliche Kern der diesem Wechsel in Korczaks Pädagogik aber erst seine Sprengkraft verleiht, ist das, was Korczak als das Geheimnis des Kindes bezeichnet. Korczak geht keineswegs davon aus, das Kind durch eine genaue Diagnostik erfassen, objektiv abbilden zu können. Das Kind bleibt für ihn unergründbares Geheimnis des Lebens, dem sich Wissenschaft zwar annähern kann, das sie aber nie erfassen wird.

Die Umkehr des wissenschaftlichen Gegenstands der Pädagogik, die Korczak mit dem Wechsel vom "Wie" zum "Wer" vornimmt, bringt in Korczaks Denken weitere wesentliche Paradigmenwechsel mit sich. Einer der am häufigsten zitierten Korczaksätze drückt diesen Wechsel deutlich aus. An vielen Stellen schreibt Korczak über das Kind als Individuum, "das nicht erst wird, sonder bereits ist." In seiner Erzählung über "Bobo" zeigt Korczak auf, daß dieses veränderte Verständnis von Kindheit Vorraussetzung für den Wechsel der Vorzeichen, den Wechsel zu einer neuen Grundrechenart der Pädagogik ist. Er sieht Kindheit nicht als einen vorbereitenden Entwicklungszeitraum für das Erwachsenenleben, sondern als einen, durch die Pädagogik minder geschätzten, unterdrückten Lebensabschnitt, der beständig der Verwertbarkeit im späteren Leben untergeordnet wird. Bruno Bettelheim, bekannt für seine Bemühungen um eine emphatische Diagnostik, schreibt in seinem Vorwort für die französische Erstausgabe von "Wie man ein Kind lieben soll": "Jede Zeile, die er (Korczak) über seine Arbeit mit dem Kind und sein Verständnis dessen geschrieben hat, überzeugt uns davon, die Kindheit nicht als eine Entwicklungsspanne zu sehen, die darauf zielt, erst im Erwachsenenalter zu erblühen, sondern als eine Zeit im Leben, die ihren eigenen Wert in sich hat, genauso wertvoll in jeder Hinsicht ist, wie die Zeit der Reife. Viel zu häufig wird die Kindheit immer noch als eine Vorbereitungszeit auf irgendein zukünftiges Leben angesehen, obwohl jeder Moment der Kindheit wichtig in sich selbst ist und nicht aufgrund dessen, wozu er irgendeinmal führen kann."[1]

In der Korczak-Rezeption wurde diese Grundlage im Denken Korczaks allzuhäufig als ethische Grundhaltung des Humanisten Korczak aufgenommen. Mir scheint darin eine Verkürzung der Pädagogik Korczaks auf Fragen der Haltung zu liegen, mit der die Grundlinien, die Korczak zu diesem Paradigmenwechsel geführt haben, nicht genügend Aufmerksamkeit erfahren. Die Frage, inwieweit das Kind in jedem seiner Entwicklungsschritte als komplexes, jeweils in sich vollkommenes Gegenüber des Erwachsenen, des Erziehers erfaßt wird, entspringt bei Korczak weniger einer allgemeinen, relativ unspezifischen humanistischen Grundhaltung sondern zwei Ansätzen, die ich versucht habe in seiner Biographie und seiner professionellen Entwicklung nachzuweisen:

Im ersten ist die Aussage, daß das Kind nicht erst wird, sondern bereits ist, eine erkenntnistheoretische Aussage, die der methodisch geschlossenen Beobachtung Korczaks entspringt. Im Rahmen seiner Studien kommt Korczak zu demselben Schluß, den Piaget später durch eine lange Reihe von Untersuchungen und theoretischen Arbeiten der Erkenntnispsychologie in viel breiterer Form entwickeln sollte. "Wenn man das Kind mit dem Erwachsenen vergleicht"- so schreibt Piaget- "ist man einerseits betroffen über die Gleichartigkeit der Reaktionen,- man spricht dann von einer "kleinen Persönlichkeit", um auszudrücken, daß das Kind genau wisse, was es will, und so, wie wir, aufgrund scharf umrissener Interessen handle -, andererseits entdeckt man eine Überfülle von Unterschieden - zum Beispiel im Spiel oder in der Art des Schlußfolgerns, und dann betont man, daß das Kind kein `Kleiner Erwachsener' sein. Nun, beide Eindrücke sind richtig, je nachdem. In funktioneller Hinsicht, das heißt bei Betrachtung der allgemeinen Motive des Verhaltens und des Denkens, gibt es konstante Mechanismen, die allen Altersstufen gemein sind: Auf allen Niveaus erfordert das Handeln stets ein Interesse, durch das es ausgelöst wird;.. auf allen Niveaus versucht die Vernunft zu verstehen oder zu erklären usw. Allerdings, auch wenn die Funktionen des Interesses, der Erklärung usw. solcherart allen Stadien gemeinsam, d.h. als Funktionen invariant sind, so ist es gleichzeitig doch auch richtig, daß die `Interessen'.. sich von einer geistigen Stufe zur anderen beträchtlich ändern und daß sie speziellen Erklärungen ... sehr verschiedene Gestalten haben."[2] In ausgedehnten Beobachtungen zur Entwicklung des moralischen Bewußtseins beim Kind, zum Weltbild des Kindes, zum Zeitbegriff des Kindes oder zum Kausalitätsverständnis beim Kind belegt Piaget die These, daß das Kind nicht qualitativ weniger oder gar falsches Verständnis entwickelt, sondern daß sich gemäß seiner Erfahrung jeweils kompetente Erklärungs- und Verhaltensentwürfe entwickeln, die in jedem Gleichgewichtszustand qulitativ ebenso stringent und homogen sind, wie die Entwürfe der Erwachsenen in unterschied-

---

[1] Bettelheim 1978; S.7
[2] Piaget 1987; S.154

lichen Lebenssituationen.[1] Das Kind verfügt nicht über falsche oder weniger kompetente Wahrnehmungen, Verhaltensweisen oder Erklärungsmodelle, sondern schlicht über andere, vor seinem Hintergrund schlüssige, kompetente und richtige Denk- und Gefühlsweisen.
Korczak schreibt dazu: "Ein Kind vermag nicht `wie ein Erwachsener' zu denken, aber es kann auf kindliche Weise über ernste Probleme der Erwachsenen nachdenken; mangelndes Wissen und ein geringerer Erfahrungsschatz zwingen es, anders zu denken." Korczak weist auf die kognitive Differenz hin, leitet aber daraus keineswegs eine Überlegenheitsannahme ab. Er erklärt Kinder zu Fachleuten, die Erwachsene in vielfacher Hinsicht lehren können und kehrt die Relation Erwachsener - Zögling in eine beidseitige Relation um, "je nachdem, welche Kompetenzen vorhanden sind und welche Aufgaben bewältigt werden müssen."[2]
Korczaks Aussagen, die er vor dem Hintergrund der eigenen klinischen Forschung getroffen hat, finden in Piagets Psychologie ihre Bestätigung. Angesichts dieser Analogie scheint es mir erwähnenswert, daß zwei Studentinnen Korczaks an der Forschungsarbeit in Piagets Genfer Institut beteiligt waren.[3]

Der epistemologische Zugang zum Kind als kompetentem Gegenüber bringt Korczak zu einer Kernaussage seiner Pädagogik. In dem Buch "Wie man ein Kind lieben soll" schreibt er: "Ich fordere die Magna Charta Libertatis als ein Grundgesetz des Kindes. Vielleicht gibt es noch andere, aber diese drei Grundrechte des Kindes habe ich herausgefunden."[4] Und als drittes dieser Rechte folgt das "Recht des Kindes so zu sein, wie es ist." Zehn Jahre später, 1928 erscheint ein Buch Korczaks, in dem er diese Forderung noch weiter präzisiert. Es hat den Titel "Das Recht des Kindes auf Achtung" und bringt Korczaks Pädagogik das Attribut "Pädagogik der Achtung" ein. In diesem Buch schreibt Korczak mit unverhohlenem Sarkasmus:
"Der Marktwert des Jungen ist gering. Nur vor dem Gesetz und vor Gott gilt die Apfelblüte soviel wie der reife Apfel, die grüne Saat soviel wie das reife Feld"[5]. "Aufpassen, keine selbstständigen Unternehmungen und das volle Recht der Kontrolle und Kritik für uns. Das Kind weiß noch nicht, was und wieviel es essen, wieviel und wann es trinken soll, es kennt die Grenzen seiner Kraft noch nicht. Also gilt es, über Essen, Schlafen und Ausruhen zu wachen."[6] "Mangelnde Achtung und mangelndes Vertrauen, Verdächtigungen und Anklagen. Ein schmerzlicher Schluß: also gleicht er (der Junge) dem Abenteurer, dem Trinker, dem Aufsässigen, dem Wirrkopf. Wie kann man mit ihm unter einem Dache leben?"[7]
Unter der Überschrift "Das Recht des Kindes zu sein, was es ist" fügt Korczak an: "Der Erzieher eignet sich bereitwillig das Privileg der Erwachsenen an: nicht sich selbst, sondern die Kinder zu überwachen, nicht seine eigenen Verfehlungen, sondern die der Kinder zu registrieren."[8]
Korczak ist keinesweg aus einer grundlegend humanistischen Haltung allein zu der Frage nach dem "Wer", der Erkenntnis des Gegenübers und dem darauf lo-

---

[1] vergl.: Piaget 1979
[2] vergl.: Oelkers 1982; S.50
[3] Edda Fleschner und Alina Szeminska
[4] Korczak 1967; S.40
[5] Korczak 1970; S.10
[6] ebenda; S.13
[7] ebenda; S.15
[8] ebenda; S.29

gisch zu folgernden Recht auf Achtung gekommen. Vielmehr ist er aus der Epistemologie heraus zu einer erkenntnistheoretisch begründeten Theorie der Pädagogik der Achtung gelangt.

Der zweite Ansatz, der ihn dazu brachte, das Kind als ein im jeweiligen Moment seiner Entwicklung vollkommenes Gegenüber zu betrachten, hat einen philosophischen Ursprung. In der Akzeptanz des jeweils zu einem bestimmten Zeitpunkt Existierenden, als eines zu diesem Zeitpunkt vollkommenen, liegt ein Moment, in dem die Dimension der linearen Zeitlichkeit, die die Pädagogik ebenso wie die sonstigen Arbeitsbereiche industrialisierter Gesellschaften prägt, aushebelt. Das Kind, das Gegenüber, wird nicht über das definiert, was es zukünftig einmal sein wird, sondern darüber, was es ist. Nicht der Vorgriff bestimmt die Begegnung, sondern das jetzt. Nicht die zukünftige Verwertbarkeit wird zur Legitimation herangezogen, sondern die jetzt stattfindende Qualität der Begegnung zwischen Erwachsenem und Kind. Für das Kind gilt eben dieselbe zyklische Zeitlichkeit der Entwicklung wie für den Erwachsenen. Korczak schreibt: "Der Erwachsene wird zum Greis. Er kennt noch nicht die grauen Weisheiten dessen, der am Grabe steht. Er spürt das noch nicht, also versteht er es nicht. Man gibt ihm jedoch das Recht auf eine Gestaltung seines Lebens nach seinen Prinzipien, eigenen Mustern und Bedürfnissen für den heutigen Tag. Er ist und wird nicht erst. Das Kind ist bereits ein Erdenbewohner, ein Bürger und schon ein Mensch. Es ist schon da und wird nicht erst. Das Kind hat schon eine Vergangenheit und Erinnerungen. Kinderjahre sind bereits das wirkliche Leben und nicht erst dessen Ankündigung. Freude und Schmerz sind wahr und nicht eingebildet. Jeder Moment des Lebens ist nicht zum Spaß oder zur Probe da, sondern er ist ein Wert an sich und kehrt nie mehr zurück."[1]
Das Jetzt, der heutige Tag ist für Korczak die relevante Dimension der Pädagogik, nicht das Morgen eine zukünftige Zweckbestimmung. Pädagogik, die sich stets mit dem Verweis auf die Zukunft die Legitimation für ihre Handlungsvollzüge im Jetzt holt, wird hier von Korczak auf den Moment verwiesen, der nicht mehr zurückkehrt. "Der Erzieher ist nicht verpflichtet, die Verantwortung für die entfernte Zukunft zu übernehmen, - aber er ist voll verantwortlich für den heutigen Tag... Es ist bequem, den heutigen Tag des Kindes gering zu schätzen im Namen erhabener Losungen für morgen."[2]
Die Wertschätzung des Augenblicks, das Akzeptieren des Heute als des wesentlichen Moments führt Korczak zu zwei weiteren Grundrechten des Kindes, die er in der Magna Charta des Kindes, vor das Recht des Kindes, so zu sein, wie es ist, stellt. Korczaks drei Grundrechte, sein konstitutioneller Dreisprung, der bis heute zu hochbrisanten Diskussionen unter Erziehern führt, ist dann:

1. Das Recht des Kindes auf den eigenen Tod.
2. Das Recht des Kindes auf den heutigen Tag
3. Das Recht des Kindes so zu sein, wie es ist [3]

In den Anmerkungen dazu schreibt Korczak : "Diese monströse Maschine (der pädagogischen Verbote) ist Jahr für Jahr in Tätigkeit, um den Willen zu zerstören, die Energie zu zermahlen und die Willenskraft des Kindes in Rauch aufgehen zu lassen. Um der Zukunft willen wird gering geachtet, was es heute er

---

1 Korczak 1928 ; S.3
2 Korczak 1981; S.17
3 Korczak 1967; S.40

freut, traurig macht, in Erstaunen versetzt, ärgert und interessiert. Für dieses Morgen, das es weder versteht, noch zu verstehen braucht, betrügt man es um viele Lebensjahre."[1]

In seinem philosophisch interessanten Beitrag verweist Michael Kircher auf das chassidische Erbe in dieser Philosophie Korczaks[2]: Die Heiligung des Augenblicks, die im Chassidismus an die Stelle der messianischen Hoffnung tritt, nennt Kirchner als einen Nachweis chassidischen Denkens bei Korczak.
Im Chassidismus, so beschreibt Buber eines der Charakteristika jener Bewegung des Judentums, bekam die "talmudische... Lehre von der Schehina, der 'einwohnenden Gegenwart' Gottes in der Welt einen neuen, intim-praktischen Gehalt: Wenn du die unverkürzte Kraft deiner Leidenschaft auf Gottes Weltschicksal richtest, wenn du das, was du in diesem Augenblick zu tun hast, was es auch sei, zugleich mit deiner ganzen Kraft und mit solcher heiligen Intention, Kawwana, tust, einst du Gott und Schehina, Ewigkeit und Zeit."[3]
Die Erlösung sollte in der chassidischen Tradition - sehr ähnlich dem Zen - davon ausgehen, daß durch diese heilige Intention, die Kawwana oder die Versenkung, das Leben des Alltags verklärt werden sollte. Durch die Heiligung des Moments, durch das Sich-Einlassen auf den heutigen Tag, sollte der Alltag erhöht werden und die "einwohnende Gegenwart" Gottes auf der Erde für den einzelnen erlebbar werden. Das "Geheimnis", wie es Korczak nennt, lag in der Chassidischen Tradition der Schehina, nicht in dem Moment der messianischen Erlösung, sondern konnte in der Versenkung in die alltägliche Handlung, in den Moment, erkannt werden. Franz Rosenzweig, ein enger Freund Bubers, der pädagogisch tätig war, schreibt in Anlehnung an den Chassidismus: ".. aus der Gleichung zwischen dem Heute, das nur Brücke zum Morgen sein will, und dem anderen Heute, das das Sprungbrett zur Ewigkeit ist, daraus erklärt sich alles scheinbar Widersprechende bei uns. Es steht keinem Tag an der Stirn geschrieben, ob er dieses oder jenes Heute ist."[4]

Für die Erziehung führt Rosenzweig diese chassidische Erkenntnis einer Formulierung zu, die Korczaks Überlegungen sehr ähnlich ist: "Ich habe längst gelernt, daß man bei allem Geforderten weniger leistet, als bei Ungefordertem. Fordern möchte das Ende vor dem Anfang haben. Und die Kunst des Lebens steckt wohl darin, in dem Augenblick immer das Nächste, immer nur den Anfang zu wollen und das Ende - Gott befohlen sein zu lassen.. Das rächt sich immer, wenn man das Nächste, was vor einem steht, zum bloßen Mittel für das, was nachher kommen soll, erniedrigt."[5]
Schreibt man Rosenzweigs letzte Formulierung für das Verhältnis Erwachsener - Kind um, dann wird es zur Mahnung, Korczaks Recht auf den heutigen Tag zu berücksichtigen. Es hieße dann: "Es rächt sich immer, wenn man den Nächsten, der vor einem steht, zum bloßen Mittel für das, was nachher kommen soll, erniedrigt."

Aus der Diagnostik des Mediziners ist Korczak zu fundamentalen Paradigmenwechseln in der Pädagogik vorgedrungen:

1ebenda; S.45
2Kirchner 1987
3Buber 1990; S.19
4Kirchner 1987; S.220
5ebenda; S.222

Die Erkenntnis von der zwar funktionalen aber nicht grundsätzlichen Asymetrie[1] zwischen Erwachsenem und Kind führt ihn zu dem pädagogischen Grundparadigma, daß in der Beziehung zwischen Erwachsenem und Kind prinzipiell von einer Gleichwertigkeit auszugehen ist. Das Kind ist in seiner Gestalt und Erkenntnis zu achten, und es benötigt diese Achtung elementar zu seiner Entwicklung. Integraler Bestandteil einer Pädagogik der Achtung ist das Recht des Kindes so zu sein, wie es ist. Pädagogik muß sich von der Zielorientierung, der Instrumentalisierung des Kindes lösen und dem Kind seine eigene Erfahrung, auch die Gefahr seines Todes, zugestehen. Dies kann nur gelingen, wenn der heutige Tag nicht seine Legitimation durch das Morgen erfährt, sondern als Wert für sich stehen kann und Gültigkeit hat. Das Recht des Kindes auf den heutigen Tag, ist die logische Konsequenz.

Korczak legt mit dieser Vorstellung von Erziehung keineswegs eine Antipädagogik vor[2], sondern eine schwierig zu gewährleistende Pädagogik der gleichwertigen Begegnung, des Dialogs und der wechselseitigen Lehre, des Diskurses. Pädagogik, so Korczak, hat sich frei zu machen von dem instrumentalisierenden Vorgriff auf die Zukunft, sondern eine alltäglich kommunikative Erfahrung des gelebten Lebens zu erstellen.

Korczak proklamiert diese schwierige Gangart seiner neuen Profession nicht nur - übrigens von Beginn seiner pädagogischen Arbeit an -, sondern führt mehrere methodische Hilfen ein, die diesen Wechsel in der pädagogischen Orientierung ermöglichen. In der praktischen Umsetzung des pädagogischen Konzepts zeigt sich ein nächster Dreisprung Korczaks, eine Art methodisches Dreieck, das ohne die professionelle Erfahrung Korczaks als Schriftsteller nicht entstanden wäre.

---

[1] vergl.: Oelkers 1982; S.51
[2] vergl.: ebenda

DER SCHRIFTSTELLER

Korczak war in Polen vor allem durch seine literarischen Arbeiten bekannt. Die Verbreitung seiner pädagogische Arbeit, vor allem die seiner spezifischen Praxis der Pädagogik nahm sich gegenüber seinem Bekanntheitsgrad als Schrifsteller eher bescheiden aus. Korczak, das war der Kinderschriftsteller, der ironisch-bissige Feuilletonist und das abtrünnige Salonkind. Man wußte zwar von seiner Liebe zum Kind, seinem "Idealismus", der in allen Buchkritiken Erwähnung fand, aber selbst dieses Wissen machte spätestens an der Grenze der Länder halt, in denen Korczaks Werke in Übersetzung erschienen waren. In Deutschland kannte kaum jemand den Pädagogen Korczak. Seine Kinderbücher, vor allem aber "König Hänschen" und der "Bankrott des kleinen Jack" fanden dagegen guten Absatz.

Korczaks Literatur war entweder, wie es Ida Merzan beschreibt, "Krümelchen um Krümelchen" zusammengetragen und ergab jene fetzenartigen, manchmal fast traumwandlerischen Bücher, die mehr lautgedachten Reflexionen ähneln, als geschlossenen Büchern. Oder sie war, entlang der eigenen Erfahrung, in fortwährender Kontrolle durch die Kinder des Waisenhauses zu einem Faden gesponnen worden. Waren die Bücher für die erwachsenen Leser eher skizzenhafte Denkanstöße voller Mahnungen und Zeigefinger, so gaben die Romane für Kinder spannende, einfühlsame Erzählungen wieder, die weder moralisierten noch eine einzige Botschaft anboten.

Viele der ehemaligen Mitarbeiter berichten von den Lesungen der Kinderromane, die für Korczak ein Prüfstein für die Qualität seiner Arbeiten war. Ida Merzan, der es während ihrer Zeit im Waisenhaus nur einmal gelungen war, an einer solchen Lesung dabeizusein, erinnert sich:
"Im dämmrigen Schlafsaal ging der Doktor zwischen den Betten und erzählte. Ich erinnere mich nicht mehr an den Inhalt, aber ich wußte, daß es ein Fragment einer Arbeit war, die gedruckt werden sollte. Korczak sprach langsam und monoton. Die Kinder unterbrachen von Zeit zu Zeit, um etwas zu fragen. Er antwortete und spann die Geschichte weiter aus. Ab und zu bückte er sich über die Betten der kleinen Jungen, die eingeschlafen waren, um ihre Steppdecke zu ordnen, manchmal strich er jemandem über den Kopf. Das Ende der Geschichte war bekannt, denn Korczak wiederholte häufig die gleiche Erzählung, wenn auch in abgeänderter Version...Korczak war bemüht von den Kindern Gutachten zu verschiedenen Arbeiten einzuholen."[1]

Aleksander Lewin, Schüler Korczaks und Mitarbeiter im Waisenhaus, erinnert sich an die Art, wie Korczak die Kinder zu seinen ersten Rezensenten machte: "Die Kinder sitzen still und aufmerksam. Es ist eine Phantasiegeschichte mit allen Wünschen und Träumen eines Kindes - die Geschichte der Abenteuer von Kaitus dem Zauberer oder besser - dem Wundermacher. Korczak liest seine Geschichte mit ruhiger, etwas monotoner Stimme vor. Von Zeit zu Zeit unterbricht er und prüft die Reaktionen der Kinder...Er prüft den Ausdruck ihrer Augen, was sie zum Lachen bringt und was sie traurig macht, hört ihre Bemerkungen und ihre Zwischenrufe. So lernt Korczak, was dem jungen Leser wichtig und was für ihn nebensächlich ist. Dies ist für ihn die entscheidende Kritik, aus der

---

[1] Merzan 1987; S.26ff

er die endgültige Fassung der Geschichte schreiben wird. Er liest ein Kapitel und klappt das Heft zu. Die Kinder protestieren, sie wollen mehr über die Erlebnisse des tapferen Kaitus hören. Aber Korczak bleibt fest: morgen wird weitergelesen, für heute ist die Geschichte zu Ende. Die Kinder laufen auseinander. Korczak selbst bleibt sitzen und notiert seine Beobachtungen."[1]

An diesen Probelesungen wird die Verknüpfung deutlich, die in der literarischen Arbeit Korczaks beständig auftaucht. Schreiben, die schriftstellerische Arbeit mit der Korczak seine Biographie gleichzeitig durchpflügt und durchwebt, hat für sein Leben wichtige Funktionen:
Was er den Kindern vorliest, sind meist literarisch verarbeitete Teile autobiographischer Rückbesinnung. Nichts von diesen Erzählungen ist nur erfunden. Immer sind sie gespickt mit Bildern aus der eigenen Kindheit, Träumen, real erlebten Situationen und Personen. Während Korczak diese Erzählungen vorträgt, prüft er, wie weit sich sein Erleben einer Situation, seine Sicht eines Erlebnisses mit der Kinder deckt, bzw. für diese stimmig ist. Dabei tritt er mit seiner Geschichte, seinem Erleben in einen Dialog mit den Kindern.
Daneben dienen ihm die Bemerkungen der Kinder nicht nur zur Korrektur des Textes, sondern zum Nachdenken über die eigenen Bilder, die eigene Wahrnehmung. Er hat die Chance zu merken, wo er etwas überbetont, nivelliert und vernachlässigt, oder durch Kausalsprünge verzerrt.
Und letztendlich dienen ihm die Situationen zu wieder neuen Beobachtungen über die einzelnen Kinder, ihre Wahrnehmung, ihre Logik und ihre Affekte.
Deshalb meine ich, sind diese Schilderungen so typisch für Korczaks literarische Arbeit und für seine Form narrativer Pädagogik. Die Narration dient hier der sprachlichen Begegnung, der Reflexion in dieser und der Erkenntnis. Sie symbolisieren die dreifache Funktion, die Schreiben und Literatur in Korczaks Arbeit und Theorie spielt:

- Seine schriftstellerische Tätigkeit ist zum ersten eine Form des Nachdenkens über die eigene Gewordenheit. "Seine ganze Schriftstellerei," schreibt Lewin, ist "eine spezifische Autobiographie. Man könnte fast sagen, daß in dieser Schriftstellerei nichts existiert, was nicht in seinem Leben existierte. Von den ersten Artikeln Korczaks 1896 bis zu den letzten Seiten seines Tagebuches haben wir es unaufhörlich mit den Aufzeichnungen von Fakten, Begebenheiten, Reflexionen und Zukunftsvorschlägen für sich und andere zu tun."[2] Besonders deutlich wird das in den Romanen "Salonkind" und "Kinder der Straße", in der "Beichte eines Schmetterlings" und den pädagogischen Werken.

- Zum zweiten entsteht durch die Arbeit als Schriftsteller für Korczak fast eine Nötigung zur aufmerksamen Beobachtung. Es ermöglicht ihm, Kinder, Zusammenhänge, Vorfälle und die Gesellschaft um ihn herum, aus einer anderen professionellen Rolle, einer anderen Warte zu betrachten. Nach dem Erscheinen der "Erziehungsmomente beschreibt ein Kritiker dies treffend: "Der Autor tritt nicht als Pädagoge auf, sondern als Beobachter im strengen Sinne dieses Wortes. Er horcht den Kindergesprächen zu, schaut ihren Spielen, den durch die Erwachsenen nicht gestörten Beschäftigungen zu und notiert. Der Autor schaut in die Tiefe der Verhältnisse zwischen den Kindern und sieht das, was Erwachsene gewöhnlich nicht wahrnehmen..."[3]

1A. Lewin in Falkowska 1989; 1-3
2ebenda;

Mit der Distanz des Betrachters, des Journalisten macht er sich Notizen - gleichgültig ob im Spielcasino, im Waisenhaus oder nach Vorlesungen-, alles ist interessant. Der Zugang zum Stoff des eigenen Lebens wird ein distanzierter.

- Und darin besteht bereits die dritte Chance, die für Korczak in der schriftstellerischen Arbeit liegt. Die Distanz läßt die Reflexion nicht nur der eigenen Arbeiten- der literarischen, sondern auch der eigenen Arbeit, der pädagogischen zu.

Über seine schriftstellerische Arbeit tritt Korczak in einen dreifachen Dialog ein. Er führt einen Dialog mit der eigenen Vergangenheit, einen mit seiner Umwelt, seinen Beobachtungen und einen dritten mit seinem Gewissen, seinen Handlungen und Gedanken.
In einer seiner Erzählungen gelingt es ihm in faszinierender Weise, diesen dreifachen Dialog zum Gegenstand des Romans selbst zu machen. In seinem Roman "Wenn ich wieder klein bin" verwandelt sich ein Lehrer in einen 10jährigen Schüler, behält aber die Reflexionsfähigkeit des Erwachsenen. Korczak führt hier den Dialog mit der eigenen Vergangenheit als Schüler im russischen Gymnasium, den Dialog mit den inneren Empfindungen und Wahrnehmungen des Kindes und den Dialog mit der Pädagogik.

"Wir sind sehr, sehr komplizierte Geschöpfe", läßt er seinen Protagonisten sagen, "dazu mißtrauisch und in uns gekehrt; nichts werden euch das Glas und das Auge des Weisen sagen, wenn ihr den Glauben an uns und die Fähigkeit, mit uns zu fühlen nicht habt." Komplementär zum Glas,- der Beobachtung - und dem Auge des Weisen - der Forschung - bedient sich Korczak über die literarische Arbeit in eines Trialogs der Emphase. Poesie gibt ihm die Möglichkeit der "Co-Präsenz" oder, wie es ein Literaturkritiker sagt, des Verschmelzens: "Die pädagogische und künstlerische Arbeit (Janusz Korczaks) erlaubte seiner Leidenschaft nicht nur die Psyche des Kindes zu durchdringen, deren unabhängige Selbständigkeit er erkennt, sondern sie wurde zur Idee, sich mit der Seele des Kindes zu verschmelzen.." - sich, mit Bubers Worten, in die Seele einzuschwingen.

Eines der schönsten Zeugnisse davon, daß es ihm gelang, mit Hilfe der eigenen Literatur die Poesie des Lebens zu erfassen, ist aus meiner Sicht die Erzählung von "Wiktor". In einer Reihe von kurzen Geschichten, die er als Einleitung den "Regeln des Lebens" voranstellt, schreibt Korczak: "Kindern ist es schwer zu sagen, was sie fühlen und denken.. aber die Kinder sind Poeten und Philosophen.
Das ist die Erzählung des 5jährigen Wiktors. Ich habe sie schon zweimal drukken lassen, aber immer in Büchern für Erwachsene.[1] Die Erzählung ist schwer zu verstehen, weil Wiktor es eilig hatte und weinte, als er erzählte, wie ein Soldat einen Hund namens Fox getötet hat:"...

"`Äpfel - ich habe Äpfel gesehen - so kleine - die Bäume waren so groß - man kann dort liegen und schaukeln - da war so ein Hund - und wenn ein Apfel run-

---

3Falkowska 1989; 1-108;
1vergl.: Korczak 1919; Korczak erzählt hier, daß er die Geschichte im Garten des Waisenhauses gehört hat

terfällt - da liegt er und schläft - die Mama kommt - ich will alleine gehen - und da ist ein Stuhl - da ist der Hund - so ein Hund - da hat er gebissen - der hatte so scharrrrfe Zähne - also als er schlief, schnappte er ihn - da muß man den hauen, weil er gebissen hat - da ist das Fräulein - solche Zähne hat er - ich habe vergessen wie er heißt - Fox heißt er - er hat gebissen und dann war Bluuuut - der kaute einen Knochen - Fox hau ab, hau ab - aber er glotzte nur so und hat gebissen - immerzu hat er den Knochen weggeschubst und dann gebissen - ich hab dem Hund einen Apfel hingeworfen - aber als er vom Baum einen Apfel runterholte und weit wegwarf - so einen harten Apfel - unheimlich süß - er roch nur dran - und dann kam ein Soldat - bumm in den Hund - bumm - so hüsch - hübsch - hübsch.
So ist die Poesie der Jugend "[1]

Korczak als Schriftsteller war, wie hier bei Wiktor, vor allem Protokollant des Lebens: seines eigenen und dessen der Kinder. Und er war Protokollant der alltäglichen Nuancen, der Feinheiten, der Ungereimtheiten, der Pausen - der alltäglichen Prosa eben.
Die Notizen, sein Material dienten der Vergewisserung, der Forschung, der Reflexion. Aber schon der Akt der Aufzeichnung an sich war ein Akt der Reflexion.

In einem Vortrag "über die Geschichten des Janusz Korczak"[2] weißt M. Kirchner auf die Funktion dieser narrativen Form der Alltagsrezeption und des notierenden Zuhörens für die Pädagogik hin. Kirchner macht dabei auf drei Elemente der Narration aufmerksam: Geschichten stellen für ihn einen "wesentlichen Erkenntnisort" dar. Der Erzählvorgang selbst gestaltet sich als "wichtiger Begegnungsort" und die Geschichten sind für den Erzähler, wie für den zuhörer "Ausgangspunkt für das pädagogische Verstehen und Handeln".[3]

Korczak ist über seine Geschichten in einen narrativen Dialog mit den Kinder eingetreten. Ihre Beiträge dazu und ihre Erzählungen waren von enormer Bedeutung für ihn als Schriftsteller und Forscher. Sie waren direkte Poesie, Erkenntnisgegenstand und Material zugleich. Seine eigenen Geschichten waren biographische Mitteilungen und dokumentierte Ernsthaftigkeit. Sie stellten damit die Fläche dar, auf der Begegnung zwischen ihm und den Kindern entstehen konnte. Das wechselseitige Zuhören, die aufmerksame Ausrichtung auf die Mitteilungen des Gegenübers waren das charakteristische der Situation.

In Korczaks Pädagogik des Zuhörens und Erzählens von Lebensgeschichten ist jenes heilende Moment enthalten, nach dem Walter Benjamin fragt. "Auch weiß man ja", so schreibt Benjamin, "wie die Erzählungen, die der Kranke am Beginn der Behandlung dem Arzte macht, zum Anfang eines Heilprozesses werden kann. Und so entsteht die Frage, ob nicht die Erzählung das rechte Klima und die günstigste Bedingung manch einer Heilung bilden mag. Ja ob nicht jede Krankheit heilbar wäre, wenn sie nur weit genug - bis an die Mündung - sich auf dem Strome des Erzählens verflößen ließe?"[4]

---

[1] Korczak 1978 ; S.434
[2] Kirchner 1992a
[3] ebenda S.2
[4] Benjamin 1977 S.309 zit.n. Kirchner 1992

Das Zuhören, den Geschichten nachhören, das Verflößen von Erinnerungen und Schicksalsbegebenheiten, wie es Bejamin benennt, setzt ein hohes Maß an Ernsthaftigkeit vorraus, das dem Gegenüber entgegengebracht wird. Einer Erzählung wirklich zu folgen, heißt dem Erzähler zu folgen. Wenn Korczak die Erwachsenen-Kind-Beziehung als narrative Begegnung strukturiert, die Erziehung zur narrativen Pädagogik gestaltet, so ist er zu dieser Form der Achtung durch seine literarische Arbeit gelangt.

Reflexion, Forschung, Konstitution:
Korczaks methodisches Dreieck

Janusz Korczak war fast 30 Jahre lang als Leiter des Waisenhauses gemeinsam mit Stefa Wilczynska tätig. Eine zu lange Zeit also, um mit ethischen Haltungen, frommen Wünschen für das Kind und proklamierten Forderungen an die Erwachsenen zu überdauern, ohne an den eigenen Ansprüchen selbst zu scheitern. Viele, als charismatisch bekannte, Leiter bekannter pädagogischer Einrichtungen sind im eigenen Verhalten, im Alltag mit den Kindern oder den Mitarbeitern ihren eigenen Proklamationen untreu geworden. Es ist fast ein typisches Merkmal dieser pädagogischen Figuren, daß die praktizierte Realität mit zunehmender Dauer der Tätigkeit in Dissens zu den geäußerten Vorstellungen trat. Briefe, wie sie erst nach dem Tod von Bruno Bettelheim publiziert wurden, bestätigen dies. Bettelheim, der sich in vielen Forderungen für seine Orthogenic School in Chicago scheinbar in konzeptioneller Deckung mit Korczaks Vorstellung vom Verstehen und Beobachten des Kindes befindet, hatte diesen Berichten zufolge, selbstherrlich und mit aggressiver Ungerechtigkeit gegenüber Mitarbeitern und Kindern die Institution geleitet.[1] Er war damit sicher kein Einzelphänomen, sondern reiht sich in die lange Liste der großen Pädagogen von Wichern an ein.

Korczak mißtraut sich und der geschriebenen Pädagogik zu sehr, als daß er sich auf eine Pädagogik der Haltung verlassen hätte. Eine Begegnung mit Kindern, die auf ethischen Proklamationen beruht, scheint ihm verlogen.
Am 27. Februar 1933 schreibt er an Josef Arnon: "Ich bin dabei, viele maßgebliche Bücher über neuzeitliche Erziehung zu lesen - alle voller leerer Phrasen und Heuchelei."[2]
Bereits in seinem Buch "Wie man ein Kind lieben soll" legt er in dem Abschnitt "das Internat" deutlich Zeugnis von seiner Skepsis ab. Erzieher sein bedeutet für Korczak zuallererst, die eigenen Unzulänglichkeiten und professionellen Fehler zu erkennen und in Angriff zu nehmen. "Erziehung des Erziehers" nennt er eine seiner kurzen Notizen und, ständig wiederkehrend, ist dies die Forderung an die Pädagogen, die immer nur verstrickt in die eigenen Konventionen und die eigene Erfahrung arbeiten können. Korczak benennt diese eingeschliffenen Muster, wenn er schreibt: "Keinem bleiben die Fehler erspart, die ihren Ursprung in dem gewohnten Zwang herkömmlicher Begriffe haben, in der Annahme allgemein gültiger Verhaltensweisen, in dem üblichen Verhältnis zu Kindern als niederen Wesen, die unzurechnungsfähig sind und uns in ihrer naiven Unerfahrenheit belustigen. Geringschätzig, spöttisch oder gönnerhaft wirst du dich ihren Sorgen, Wünschen und Fragen gegenüber verhalten und damit immer irgendein Kind empfindlich verletzen... Du wirst all diese Fehler begehen; denn nur der allein begeht keine Fehler, der überhaupt nichts tut."[3]

---

1 vergl. die Berichte in der Washington Post vom 26.8.90, Newsweek, Sept.10/90 und und Spiegel, August 4/1990
2 Korczak,;Briefe an J. Arnon 27.2.1933
3 Korczak 1967; S.180

Korczak ist weder Sozialromantiker, noch Utopist in diesem Sinne. Er wußte um die Zusammenhänge von eigenem Verhalten, biographischer Erfahrung und gesellschaftlichen Sozialisationsbedingungen. Nichts davon gibt ihm das Vertrauen, es werde sich mit einer humanistischen Fassung der Pädagogik schon die Form der Begegnung zwischen Erwachsenem und Kind ändern. Er weiß, wie die Anmerkungen in "Wie man ein Kind lieben soll" beweisen: das Gegenteil ist wahrscheinlicher.

Bereits zu Anfang seiner Arbeit etabliert Korczak eine dreifache methodische Sicherung in seiner Praxis. Eine Sicherung, die zum einen den Blickwinkel des Erziehers auf das Kind betrifft, zum zweiten die Stellung des Kindes gegenüber dem Erzieher verändert und drittens den Erzieher zur Veränderung seiner selbst nötigt. Die Kernstücke dieser Methodik sind , Reflexion, Forschung und Konstitution. Mit der Institutionalisierung von Reflexion etabliert Korczak die Erziehung des Erziehers als immanentes System seiner Praxis. Mit dem Ansatz wissenschaftlicher Forschung organisiert er einen Verstehensakt aus dem Handlungsentwürfe abgleitet werden und mit dessen Hilfe die Handlungen selbst in objektiverem Kontext geprüft werden können. Und mit der Schaffung einer Institutionskonstitution schafft er eine demokratische Jurisdiktion als Distanz zwischen Erzieher und Kind, die beide zur Achtung nötigen.

Das System der Reflexion

Studenten, die sich zum erstenmal mit Korczak beschäftigen, versuchen ihn häufig über seine Schilderung "das Waisenhaus" kennenzulernen. In diesem letzten Teil des Buches "Wie man ein Kind lieben soll" beschreibt Korczak die Grundlagen seiner Institution und listet die Gremien, Instanzen und institutionalisierten Kommunikationswege auf. Vielen der Studenten stößt dabei auf, daß alles, was im Alltag des Waisenhauses geschah, schriftlich fixiert wurde. Jede kleinste Nichtigkeit sollte nach Korczaks Vorstellung entweder ihren Niederschlag als Notiz am Brett, als Eintrag im Tagebuch, in der Zeitung des Waisenhauses oder sonstwo finden. Es macht den Anschein, daß spontane Kommunikation dem geschriebenen Wort gewichen ist und nur dieses wirklich Gültigkeit hat.
Tatsächlich ist das Waisenhaus mit einem System der geschriebenen Reflexion durchwoben. Persönliche Notizen, öffentliche Bemerkungen und kollektive Aufzeichnungen ergeben in der Konzeption des Waisenhauses ein dichtes Netz der schriftlichen Beobachtung und Selbstreflexion und des schriftlichen Dialogs. Tagebücher, Aushänge und Wochenzeitungen sind die Kernstücke dieser Kommunikation.

DAS TAGEBUCH

Tagebücher sind für Korczak nicht jene "Aufzeichnungen, die man als Pennäler gemacht hat und die man vor dem Papa unter der Matratze versteckte." Es sind Chroniken, "die man mit Kollegen austauscht und auf Versammlungen oder anderen Zusammenkünften bespricht."[1]
Korczak, der seine `Pennälertagebücher' mit der Schmetterlingsbeichte selbst veröffentlichen ließ, hatte ein spezifisches Verhältnis zu dieser Aufzeichnungsform. In einem Artikel über "das Tagebuch" schreibt er:
"Ich schreibe seit meinem 10. Lebensjahr Tagebuch, und bis heute ging es in so eine Angewohnheit über, daß ich nicht einschlafen könnte, wenn ich nicht wenigstens ein paar Zeilen über den vergangenen Tag schreiben würde."[2] Josef Arnon erinnert sich an diese privaten Tagebücher, aus denen Korczak Material für seine Veröffentlichungen bezog und die in seinem Schreibtisch lagen.

Im Waisenhaus wurde das Tagebuch zu einem halböffentlichen Reflexionsinstrument erklärt. Die Kinder und später, nach dem Entstehen der Bursa, die Bursisten[3] führten Tagebücher.
Jedes Kind führte ein Notizbuch mit seinen Überlegungen, das es in seiner Schublade verwahrte, wie "ein im Archiv verwahrtes Geheimdokument."[4]
Dieses Tagebuch war aber keineswegs privates Geheimdokument, sondern Mitteilungs- und Reflexionsorgan zwischen dem jeweiligen Kind und seinem

---

[1] Korczak 1919; S.3
[2] Falkowska 1989; 1-6; Leseraum für alle 1901,Nr.3, S.1
[3] die Bursa war ein, dem "Dom Sierot angeschlossenes, Ausbildungsinternat für Erzieher/innen
[4] Korczak 1967; S.293

Beschützer, einem älteren Kind der Einrichtung. Jedes neu hinzugekommene Kind wurde nicht etwa von einem Erzieher in die Regeln und den Alltag des Waisenhauses aufgenommen, sondern von einem wesentlich kompetenteren Begleiter, einem Kind, bei seinen ersten Schritten beschützt. Diese "Beschützer", wie sie Ida Merzan nennt, hielten in den ersten Wochen mit ihrem Schützling ständigen Kontakt über das Tagebuch. Sie schrieben zu den Überlegungen der Neuen ihre Anmerkungen in das Tagbuch, gaben Erklärungen, spiegelten und verglichen mit ihren Ideen und Erfahrungen. In "Wie man ein Kind lieben soll" zitiert Korczak ausführlich aus einem solchen Tagebuchdialog zweier Kinder. Ein kleiner Ausschnitt daraus: Das neue Kind schreibt über seine Pläne: "Das soll nun so sein: wenn ich von meiner Reise zurückkomme, dann heirate ich. Bitte rate mir, ob ich Dora, Helia oder Mania heiraten soll. Ich weiß nämlich nicht, wen ich zur Frau nehmen soll.
Anmerkung der Beschützerin: Dora hält dich für eine Rotznase, Helia ist sich nicht sicher und Dora hat gelacht."[1]
Über das Tagebuch wurden die älteren Kind zu Beratern und Erziehern, die viel dichter an der Situation des neuen Kindes waren, als es die Bursisten Korczak oder Stefa Wilcynska hätten sein können. Sie verfügten über detaillierte Kenntnisse des Heimwehs, des Staunens und der Verunsicherung, die ein Kind nach seiner Ankunft im Waisenhaus überfiel.
In fast derselben Art führten die Mitglieder der Bursa ihre Tagebücher. Die Bursa, als eine Art Wohn-Praxis- und Reflexionsstelle zukünftiger Erzieher geplant, war im Waisenhaus untergebracht und zur überwiegenden Zahl wohnten dort ehemalige Zöglinge des Waisenhauses. Jochewed Czuk, selbst Bursistin, beschreibt die Bursa als eine erste säkulare Ausbildungsstätte für Erzieher in Polen[2]. Korczak hielt die Bursisten zu Notizen über ihre Praxis im Waisenhaus an und versuchte darin auszubilden. Hier sollten sie "sich im Inneren klären, das Zufällige aus dem Gedanken auspucken, in der stillsten Stille nocheinmal das Gesehene und Gelesene erleben"[3], wie er es für sich selbst formuliert.
Stefa Wilczynska, die die "eigentliche Leiterin der Bursa war, ..las die Tagebücher (der Bursisten), analysierte sie, und schrieb Bemerkungen an der Rand."[4]

In ihren Erinnerungen an den ersten Dienst im Waisenhaus schreibt die Bursistin Lucja Gold: "Wir schrieben täglich am Abend einen Bericht aus unserem Arbeitstag in unser Heft. Am nächsten Tag fand ich in meinem Heft fast eine ganze Seite, die Frau Stefa geschrieben hatte."[5] Einige dieser Korrekturen Stefa Wilczynskas sind in Abschriften erhalten geblieben. Ein Beispiel, das mehr als nur die Art ihrer Notizen deutlich werden läßt, ist das Notizheft von Miriam Gerblichowa. Ihre Fragen und Notizen sind aus ihren ersten Tagen als Bursistin. Die neuen Mitglieder der Bursa wurden nicht in die Regeln des Waisenhauses eingeführt und waren vollständig auf die Information und Hilfe der Kinder angewiesen. Diese Technik war bewußt gewählt, um ihnen zu verdeutlichen, daß sie Mitglied eines Kollektivs und nicht hierarchisch übergeordnete Erzieher sind.[6]

1zit.:Merzan 1987; S.22
2Czuk 1977; S.2
3Korczak: Briefe an J. Arnon vom 30.12.1937
4Merzan 1987; S.43
5Lucia Gold 1977; S.??
6vergl.: Czuk 1977; S.3

Die folgenden Aufzeichnungen geben die Idee des Tagebuches und der Pädagogik des Waisenhauses in ihrer systematischen Institutionalisierung treffend wieder. Sie machen die Art der Leitung durch Stefa Wilczynska ebenso deutlich wie die Respektierung des Kollektivs:

3.1.1934
Gusia möchte an den Tisch, an dem nur Mädchen sind. Ich denke, wenn Gusia so stark davon überzeugt ist, soll die Leitung ihr die Erlaubnis geben. Sie aß heute auf dem Podium zu Mittag, und ich wußte nicht, welche Stelle in der Leitung dafür zuständig ist.

Anmerkung S.W.:
Ich erledige das nicht, weil es die Angelegenheit von Gusia und denjenigen ist, die am Tisch sitzen.

9.1.1934
...die Kinder sind vergeßlicher
... die hiesigen Kinder können nicht lügen

Anmerkung S.W.:
Alle?
Man darf nicht verallgemeinern

19.1.1934
..Was ist das KPR?[1]..

Anmerkung S.W.:
Sie werden von Sarah und Salcia informiert, und um das Protokoll können Sie Renia bitten, wenn Sara es erlaubt.

28.1.1934
...Die Kinder möchten jiddisch lernen..

Anmerkung S.W.:
Ich glaube man soll ihre Meinung berücksichtigen, weil es vielleicht ihr letztes Schuljahr ist. Und jiddisch können sie im Leben mehr gebrauchen als alle bisherigen Schulweisheiten

1.2.1934
Könnte ich von 7.00- 8.30 in der Garderobe Dienst haben... Ich frage sie, Frau Stefa, was sie dazu meinen und ob sie damit einverstanden wären..

Anmerkung S.W.:
Zu diesen Zeiten hat Mina dort Dienst sie sollten das mit ihr vereinbaren.[2]

Ida Merzan schreibt im Rückblick auf ihre Aufzeichnungen als Bursistin: "In

---

[1] KPR (Kreis der an Vergnügungen Interessierten): ein Teil der Selbsorganisation des Waisenhauses; 1917 gegründetes und für Aufführungen, Spiele und Spielsachen zuständiges Komitee des Parlaments.
[2] Abschrift des Heftes von Miriam Gerblichowa, Original Kibbuz Lochamei haGhettaot Israel

der Bursa, in den erzieherischen Sitzungen erklärte uns Herr Doktor, daß, solange wir keine Tonbandgeräte für die Aufnahme von Aussagen der Kinder hätten, wir eigene Techniken des Notierens der eigenen Arbeit und der Beobachtungen der Kinder entwickeln müssten. ..Alle Bursisten wählten sich lebendige, fröhliche, redselige Kinder. Sie hatten viel zu schreiben. Mein Heft war leer. Der Termin zur Abgabe des Heftes kam näher, und ich hatte keine Notizen. Also bat ich Janek um seine Zeichnungen. Ich notierte auch Beobachtungen, die ich gemacht hatte, als er Tischtennis spielte: er zog oft den Nasenschleim hoch, hob immer die Bälle für die anderen auf und dergleichen mehr. Ich wartete mit unangenehmem Gefühl auf die kritischen Anmerkungen des Doktors... Aber (er) lobte mich gerade für die Haarspaltereien bei der Beobachtung... Diese Lektion, das Aufsammeln von Einzelheiten, das Nichtbanalisieren scheinbar unwichtiger Begebenheiten behielt ich für mein ganzes Leben."[1]

Korczak zeigt sich zum Teil verärgert darüber, daß die Bursisten seinem Drängen, ständig zu notieren, so wenig nachkamen. 1932 schreibt er einen Artikel für die Zeitschrift "Das Leben des Kindes" mit dem Titel "Sie schreiben nicht":

"Der Erzieher - der Praktiker - er schreibt nicht. Selten - ungern - wenig - kurz. Es ist schwer, ihn zu einem Artikel anzuregen, noch schwieriger zu einem Buch.
Was weißt du?- Kennst du Rezepte? Teile deine Erfahrung mit.
Er wird antworten, daß er keine Zeit hat. Nein das ist es nicht.
Er wird sagen, es sei nichts Beachtenswertes. Das ist nicht wahr.
Er weiß es nicht, was seine Abneigung zum Schreiben verursacht.
Ich sage Erzieher?
Was für einer?
Der, der der Routine verfallen ist? Der, der sich professionell eingearbeitet hat? Routine hat ihre eignen Wegweiser, ihre eigenen Tricks. Sie eignen sich nicht zur Aufdeckung. Man soll sie lieber im Verborgenen halten, weil sie nicht würdig, nicht sauber sind; sie laufen nicht selten der Phrase von der Berufung zuwider. ..
Er, selber angelernt, drillt die Anderen. Er ermahnt, weist mit Blick, Geste und Wort die anderen zurecht. Er findet Gehör. Es ist sicherer für ihn nichts darüber zu schreiben, wie er dazu kam, welche Früchte das trägt."[2]

In einem Aufsatz zu "Theorie und Praxis" schreibt Korczak gegen die professionelle Routine im Erzieherberuf an:
" Routine", so Korczak, "erwirbt ein gleichgültiger Wille, der auf der Suche nach Methoden und Methödchen ist, um sich die Arbeit zu erleichtern, zu vereinfachen, zu mechanisieren... Routine erlaubt es, sich gefühlsmäßig von der Arbeit zu entfernen."[3] Als probates Hemmnis gegen die Routine setzt Korczak die "wachsame Aufsicht des Gewissens. Nicht um der Bequemlichkeit willen sondern um sich selber zu bereichern; Mißtrauisch sein gegenüber fremder, wie der eigenen Meinung. Ich weiß nicht, ich suche, ich stelle Fragen.... Durch Vertiefung kompliziere ich."[4]
Hierzu bedarf es ausgebildeter Techniken der Reflexion, der Vergewisserung und des Fragens. Korczak meint, daß diese, vor allem die Technik des Notie-

---

[1] Merzan 1984; S.3
[2] Korczak 1932; S.187
[3] Korczak 1987 S.14
[4] Korczak 1987 S.15

rens in der Ausbildung gelernt werden müssen. "Die gewissenhaften unter den Erziehern versuchen Tagebuch zu führen, geben es aber bald wieder auf, weil sie die Technik des Notierens nicht beherrschen, weil man es ihnen im Lehrer-Seminar nicht eingeimpft hat, stets alles, was mit ihrer Tätigkeit zusammenhängt, regelmäßig aufzuschreiben. Weil sie zuviel von sich verlangen, verlieren sie das Vertrauen in die eigenen Kräfte; wenn man zuviel von den Notizen verlangt, verliert man den Glauben an ihren Wert. Ich freue mich über etwas, oder etwas macht mich traurig, wundert mich, beunruhigt, ärgert, entmutigt mich. Was soll ich da aufschreiben? Wie soll ich es notieren?...Mit welchen Schwierigkeiten wurdest du konfrontiert, was für unerwartete Vorfälle gab es, was für Fehler hast du gemacht, wie hast du sie korrigiert, was für Niederlagen hast du erlitten und was für Erfolge konntest du feiern? Jeden Mißerfolg solltest du bewußt als eine Lehre betrachten, und für andere sollte er hilfreich sein."[1]

Korczak konnte sich in späteren Jahren nur noch begrenzt mit diesem Anspruch auf schriftlichen Reflexion in der Burse durchsetzen. Vor allem in seinen bissigen Artikeln für die Zeitschrift der Burse, dem nächsten schriftlichen Reflexionsinstrument des Waisenhauses, wird dies deutlich. Es gab aber auch Musterschüler unter den Bursisten, die die Technik des Notierens beim großen Meisterliteraten abkupferten und deren Abschriften heute kleine Einblicke in den Alltag des Waisenhauses ermöglichen.
Beenden will ich die Ausführungen über die Tage- und Notizbücher als Reflexionsinstrument, indem ich noch einen der Lieblingsschüler Korczaks, seinen Freund Josef Arnon (Halpern) aus seinem Bursistenheft zitiere. Arnon hat diese Aufzeichnungen 1930 mit 19 Jahren gemacht:

"Spiele. - Lolek, durch den Wettlauf und die Spiele aufgebraust, tritt mir versehentlich auf den Fuß. Ich bin nach einer schlechten Nacht müde und nervös und spaziere im Saal mit dem schmerzenden Bein, will mir aber nichts anmerken lassen. "Du Tölpel", sage ich damit, "warum bist du so unvorsichtig; schau du bist mir auf den Fuß getreten."
Lolek blieb verlegen stehen. Ist es seine Schuld daß er mir versehentlich auf den Fuß getreten ist? Hat er sich das verdient, was ich ihm mitteile? Wollte er mich auf diese Weise provozieren, wie es die Kinder oft zu tun lieben. Wäre es unter anderen Umständen, wenn ich ausgeruht gewesen wäre, auch dazu gekommen? Ich schaue ihn an. Er steht abseits mit gesenktem Kopf und wortlos. Ich besinne mich. Ich ziehe ihn an mich und entschuldige mich mit einem Kuß bei ihm. Erst jetzt wird er rot, bis an die Ohrenspitzen. Er stellt sich an die Seite und sieht mich an. Erst jetzt schämt er sich. Warum?
Ich reflektiere darüber: nachdem ich ihn angemuffelt hatte, entstand bei ihm nicht das Gefühl der Reue, sondern des Zorns, der Verbissenheit: "Was, ich habe das doch unabsichtlich getan und der muffelt mich so an?" Zorn und zugleich die blöde Situation: was soll man jetzt machen. Aber in dem Augenblick als ich ihn küßte und sagte "Sei künftig vorsichtiger " verschwanden alle in ihm aufgebrochenen Gefühle. Als Reaktion kam Scham, Röte, Verlegenheit; er möchte um Verzeihung bitten, aber dessen schämt er sich schon. Es ist also meine Schuld: du sollst dich nicht ärgern." [2]

Das Tagebuch wurde im Alltag des Waisenhauses in der Krochmalna- Straße wichtiges Reflexionsinstrument. In ihm wurden die Chronik der Ereignisse aus

---

[1] Korczak 1919; S.3
[2] Bursistenheft von Jozef Arnon, Original Lochamei haGhetaot, dt. unveröff. Ubers.: H.Lühr

persönlicher Sicht, die eigenen Schwierigkeiten und die Überlegungen über Veränderungen festgehalten. Pläne zur Umgestaltung der Arbeit oder des Alltages, Entwürfe über Neuerungen und die Unzufriedenheit mit den Ergebnissen der derzeitigen Situation wurden hier aufgeschrieben und nicht unter der "Matratze versteckt", sondern öffentlich als Möglichkeit zur Kommunikation mit einem Gegenüber genutzt. Es gab, neben den Tagebüchern der Bursisten und der Kinder, noch das Tagebuch des Alltages im Waisenhaus. Es war eine Art Dienstbuch, wie es in vielen Einrichtungen geführt wird. Im Waisenhaus war dieses Dienstbuch aber nicht Mitteilungsorgan der Mitarbeiter untereinander, sondern eine Art öffentlicher Rechenschaftsbericht, der öffentlich zugänglich auf einem Regal stand.

"Ein Regal kann die Tafel ergänzen", schreibt Korczak, "hier können die Berichte und Aufzeichnungen der Tagesdiensthabenden niedergelegt werden. Hier kann auch das Tagebuch des Erziehers liegen. Nicht jede Chronik muß unbedingt unter Verschluß gehalten werden. Mir will scheinen, daß ein Tagebuch, in dem der Erzieher seine Enttäuschungen, die Schwierigkeiten, auf die er gestossen ist, seine Fehler, seine angenehmen und fröhlichen, wie auch schmerzlichen Erlebnisse anvertraut, eine große Rolle spielen kann.."[1]

Korczak meinte, daß das Tagebuch durch die schlichte Notwendigkeit zur Notiz das Verhalten des einzelnen Erziehers verändern kann. Wenn ein Erzieher ein Kind schlägt und dies danach in einem öffentlichen Tagebuch notieren und begründen muß, wird er wahrscheinlich von dieser Sanktion sehr schnell Abstand nehmen. Das Tagebuch übt dabei eine Form der Selbstkontrolle aus, die es erst durch die öffentliche Auslegung oder den Dialog in den Aufzeichnungen bekommt.

DIE ZEITUNGEN

Neben den Tagebüchern und den Vermerken und Zetteln an der Tafel des Waisenhauses haben die hausinternen Zeitungen eine wichtige Rolle für die Verständigung, Reflexion und Zieldefinition der Arbeit im Waisenhaus eingenommen. Diese Mitteilungen waren nicht etwa gedruckte Blätter, wie es sie in Schulen oder großen Einrichtungen gibt, sondern große Hefte, in denen die Chronik des Waisenhauses bzw. der Bursa festgehalten wurde. Dies geschah mit Hilfe aller. Jedes Mitglied des Waisenhauses war aufgefordert, Eintragungen vorzunehmen, Artikel zu schreiben, seine Meinung kundzutun.

In ihren Erinnerungen schreibt Ida Merzan: "Große Bedeutsamkeit hatte im Waisenhaus die 'Arbeit an sich selbst'. Das Bedürfnis, die eigenen Fehler zu besiegen hob Korczak nicht nur in Vorträgen hervor, sondern auch in Artikeln u.a. in der Wochenschrift der Burse... Diesem Ziel diente auch die Wochenschrift im Waisenhaus."[2] Korczak selbst hat die Funktion der Zeitschrift in diesem Sinne so formuliert: "Die Zeitung ist für einen Erzieher, der das Kind und sich selbst verstehen soll, ein ausgezeichnetes Regulativ für seine Worte und Taten. Sie ist eine lebendige Chronik seiner Arbeit."[3]

---

[1] Korczak 1967; S.290ff
[2] Merzan 1989; S.19

Die Wochenschrift des Waisenhauses wurde am Ende der Woche, am Samstagvormittag im Schulraum von Korczak vorgelesen. Vor dem Mittagessen versammelten sich dort alle, die Interesse hatten, auch Gäste aus der Stadt und Mitglieder des Vereins "Centos". Durch die Lesung wurden sie mit den Ereignissen der vergangenen Woche in vielen Details vertraut oder hatten die Möglichkeit einiges davon noch einmal Revue passieren zu lassen.

Dank eines Heftes von Stanislaw Papucinski, das erst 1991 im Korczak-Archiv in Warschau abgegeben wurde, kann man den Aufbau und Inhalt der Wochenschrift rekonstruieren. In diesem Heft hat Papucinski einen Kommentar zur Wochenzeitschrift des Waisenhauses abgeschrieben, dessen Autor nicht bekannt ist (eventuell Korczak). Nach diesen Aufzeichnungen hatte die Wochenschrift einen festen Aufbau, der sich Woche für Woche wiederholte. Am Anfang der Zeitung standen Danksagungen, die von den Kindern eingetragen waren. Die Danksagungen waren Mitteilungen von Kindern oder Erziehern an jemandem im Waisenhaus, wie etwa der Dank "Leonard an G. weil sie mir ein Buch vorlas und das Buch war interessant"[1] Am Ende des Jahres wurden die Danksagungen gesammelt vorgelesen und eine 5-köpfige Kommission der Kinder entschied, welche der 50 - 60 Danksagungen des Jahres besonders hervorgehoben wurden. Im nächsten Abschnitt der Wochenschrift wurden die Vergehen von Kindern und Erziehern festgehalten, die vom Kindergericht des Waisenhauses mit den 5 stärksten Urteilen, die das Gericht sprechen kann, belegt wurden (§ 500-§1000). Da dies nur selten vorkam, folgte den Danksagungen meist der Einführungsartikel. Hier wurden "entweder irgendwelche aktuellen Probleme des Internates berührt oder irgendwelche Zusammenstellungen aus statistischem Material" [2] ausgeführt. Diese Artikel waren meist von Korczak geschrieben. Ihnen folgte die Liste der kleinen Verfehlungen. Kleine Verstöße gegen das Reglement des Waisenhauses wurden hier aufgelistet. "Während der Lesung der Schrift wurde gefragt:`Wer hat das getan'- Aufregung, Hochheben der Hände `Ich, Ich, Ich'."[3]
Die nächste Rubrik der Zeitung war durch Artikel der Kinder gestaltet. "Früher", so schreibt Papucinski in seinem Heft "bekam man ihre Artikel oft durch Überreden und durch Verpflichtung. Oft waren sie erzwungen und unangenehm. Man ließ also den Kindern die Freiheit. Jetzt erscheinen ihre Artikel zwar selten, sind aber interessant."[4] Weiter folgten Rubriken wie Berichte über verloren gegangene Gegenstände, Berichte aus den Sitzungen der Selbstverwaltung der Kinder, Mitteilungen der Erzieher, Berichte über Prügeleien, Berichte von Verfehlungen des Personals, Auszüge aus dem Notariatsbuch über Tauschgeschäfte der Kinder. Die letzte Rubrik waren die Kalendernachrichten: "Sie wurden aus folgendem Bedürfnis geboren: Kinder kommen mit verschiedenen Erzählungen. Jemand sah einen Betrunkenen auf der Straße oder ein Pferd, das gefallen war. Etwas passiert in der Schule. Er möchte es allen mitteilen...Er soll also wissen, wenn er selbst zu einer gewissen Stunde kommt und selbst seine Geschichte der Allgemeinheit erzählt, wird sie gelesen."[5]

3Korczak 1967; S.304
1Korczak 1927; S.98
2Papucinski: Heft Korczak- Archiv Lochamei HaGhettaot unveröff. dt. Übers. H. Lühr
3ebenda
4ebenda
5Papuzinski: Heft, Korczak-Archiv Lochamei Hagetaot

Die Wochenschrift des Waisenhauses sollte zum einen der Reflexion des eigenen Ablaufes dienen. Sie sollte aber auch so etwas wie eine Chronik, eine Geschichte des Waisenhauses darstellen.

Korczak sollte im Laufe seiner vielfältigen Tätigkeiten, diese Grundidee der Zeitung als Reflexionsinstrument durch eine Kinderzeitung über ganz Polen verbreiten. In ihr wurden von einer Kinderredaktion redigierte Beiträge von Kindern abgedruckt und als Beilage einer landesweiten Wochenzeitschrift verteilt.

Ähnlich wie die Wochenschrift des Waisenhauses, aber viel stärker auf den Diskurs über Artikel ausgerichtet, war die Zeitung der Burse strukturiert. Durch Abschriften, die Bursisten von Artikeln Korczaks angefertigt hatten, sind einige Fragmente der Wochenschrift erhalten geblieben. Die Wochenschriften selbst, weder die des Waisenhauses, noch die der Burse, sind nicht erhalten geblieben. Aber aus den wenigen Überbleibseln, die in Form von Abschriften geblieben sind, wird ersichtlich, daß die Wochenschrift der Burse lange von einer starken Auseinandersetzung Korczaks mit den Bursisten geprägt wurde. Die Bursisten wehrten sich vehement dagegen, daß das Reglement des Waisenhauses auf die Burse übertragen wurde. Sie verweigerten sich auch zum Teil der Auseinandersetzung mit Korczak. In einem der Beiträge Korczaks zur Wochenschrift der Burse kommt dies deutlich zum Tragen. Korczak schreibt:
"Ich komme noch einmal auf die Angelegenheit des Frühaufstehens in der Burse zurück... Ich schlug einen Wettbewerb vor. Als einziger war Herr Wassercug damit einverstanden, aber auch das nicht für lange. Die Absage der Burse läßt sich nicht mit einem (allerdings falsch verstandenen) Anspruch erklären, nicht die naiven Kindererziehungsmethoden zum Muster für Erwachsene nehmen zu wollen, sondern mit einer tief verachtenden Einstellung zu den winzigen Siegeskörnern - oder tropfen. Der Selbstbeherrschung, der Willenshärtung, der Beständigkeit der Entschlüsse und der Hartnäckigkeit bei der Analyse von Plänen und Absichten stellen die Bursisten den wertlosen, peinlichen und lästigen Kampf um den Sieg über die Lustlosigkeit beim Aufstehen in einem bestimmten Augenblick gegenüber. Warum?"[1]
Korczak fordert die Bursisten ständig zum Schreiben auf und scheitert auch hier, wie bei seinen Interventionen, weil er wohl, wie er selbst an verschiedenen Stellen äußert, Schwierigkeiten im Umgang mit Jugendlichen hat. In seinen Aufforderungen wird aber deutlich, welche Rolle er der Wochenschrift der Burse zugedacht hatte. So schreibt er im Laufe dieser Auseinandersetzung:
"Ich bin mit Fräulein Sonja darin einig, daß die Burse in sich nur wenig durch gemeinsame Interessen verbunden ist. Und das heißt, daß in jeder ihrer Wochenschriften jeder nur von sich aus schreiben könnte. Wenn das so wäre, wieviel interessantes Material hätten wir von der Schule am Stawki, von der Gesangsschule von Basia, von der Arbeit beim Techniker Beniek, vom Gymnasium von Szymek, von der Arbeit in Gzesiaws Druckerei, von der Erzieherkursen Tarbuts und Frau Lurie, usw. Wieviele interessante Bemerkungen über das Waisenhaus, wieviele einfache kurze Kritiken über das Waisenhaus und seine Bewohner. Könnte man nicht mit dieser neuen Existenzform der Bursa- Wochenschrift anfangen? Mit kurzen Tagebuchnotizen zum Beispiel, so wie sie während der Erziehungssitzungen aufgeschrieben werden."[2]

---

[1] Korczak 1983; S.230
[2] Korczak 1983a; S.238ff

Das Wochenblatt der Burse wurde nicht, wie das des Waisenhauses, öffentlich vorgelesen. "Es lag im Fach der Kanzlei und war jederzeit zugänglich. Wenn Korczak etwas schrieb, was die Mehrheit erregte, und man wollte darüber sprechen, las man das Blatt gemeinsam in kleineren und größeren Gruppen vor... Im Wochenblatt führte man eine Chronik der Ereignisse, veröffentlichte man Verfehlungen und Übertritte.. In ihren Spalten schrieben die Bursisten auch ohne den Doktor, diskutierten mit ihm."[1]
Korczak versucht diesen Diskurs mit den Bursisten über die Wochenschrift in Anlehnung an die Technik der Leserbriefe großer Zeitschriften zu führen. "Vielleicht," so schreibt er in einem seiner Artikel, "liegt diese Form (der Leserbriefe) für die Bursa - Wochenschrift nahe. Ich erinnere daran, daß die englische Presse als Vorbild dafür dienen könnte."[2]
Daß der Diskurs mit den Studenten der Bursa trotz der fortwährenden Auseinandersetzungen gelang, belegt ein Artikel, den Korczak unter dem Titel "Der Hering soll leben" für die Bursisten-Wochenschrift schrieb. Er beklagt sich darin über die fortwährende Diskussion: "Von Woche zu Woche verschiebe ich das Verfassen eines Artikels für die Wochenschrift. Schon der erste Artikel bedeutet eine Verpflichtung bis zum Ende des Jahres. Also nicht nur ein Artikel, sondern beinahe dreißig."[3]

Damit hatte die Wochenschrift der Burse ähnlich der Wochenschrift des Waisenhauses die Funktion, die innere Chronik des Geschehens und den Diskurs festzuhalten, der die Einrichtung prägte. Beide Zeitschriften waren zugleich Festhalten des Geschehens und Reflexion dessen und sollten so der Weiterführung und Veränderung dienen, indem sie als kontrollierender Spiegel in den Alltag der Institution eingeschoben waren. Auch wenn beide Wochenschriften nicht un eingeschränkt voll diesen Zweck erfüllten, waren sie neben den persönlichen Aufzeichnungen, den öffentlichen Tagebüchern eine wesentliche Stütze in der schriftlichen Reflexion über den Alltag des Waisenhauses. Sie sollten den Erziehern helfen, die alltäglichen Nichtigkeiten entgegen der Dominanz von Routine als wichtig zu erachten. Auch Unwesentliches sollte in den Vordergrund gerückt werden und Gegenstand von Beobachtung werden. Es sollte - wie Korczak in einem Vergleich an die Erzieher der Burse schreibt - als lebensrettend gegen die Berufsroutine aufgesammelt werden:
"Ihr seid Pilger. Ist es nicht so, daß ein scheinbar winziger Gegenstand - ein Wasserbehälter, eine Brotrinde, ein Kleidungsdetail dem Pilger in einem entscheidenden Augenblick bei Erreichen seines Zieles helfen kann und ihn unterwegs nicht sterben läßt?"[4]
Ida Merzan, die als Bursistin die Auseinandersetzungen Korczaks mit den Bursisten erlebt hat, schreibt in der Rückschau, daß eben dieses Beharren auf dem Schreiben als einem Sammeln von Daten, Geschehnissen sie das Schreiben lehrte:
"Er (Korczak) brachte mir das geduldige Zusammenstellen von Materialien bei - Krümelchen um Krümelchen - Sichten Verallgemeinern, Analysieren."[5]

---

1 Merzan 1989; S.46
2 Korczak 1983a; S.238
3 Korczak 1983b; S.233
4 Korczak 1983a; S.239
5 Merzan 1977; S.2

Forschung und Erziehungspraxis

1933 wurde Korczak als Schriftsteller von der Zeitschrift "Literarische Nachrichten" nach seiner Einschätzung zur polnisch-russischen Annäherung befragt. Man wollte seine Meinung zum Verlauf des "kommunistischen Experiments" in der Sowjetunion hören. Seine Antwortauf die Anfrage der Zeitschrift macht deutlich, wie zentral der Forschungsgedanke für Korczaks pädagogische Arbeit war und wie er ihn verstand.
In seiner Replik erinnert er sich an seine Arbeit in einem Kinderheim in Kiew, als die russische Revolution die Situation des gesamten Landes grundlegend veränderte. "Zu dieser Zeit," erinnert sich Korczak, "war ich Arzt in drei Waisenhäusern bei Kiew...Man schickte hungrigen, schutzlosen Kindern, deren Körper mit Beulen bedeckt waren, deren Augen infiziert waren, eine örtliche Stickerei-Instrukteurin... Mit demselben Revolver, mit dem man eine Stunde zuvor das räudige Pferd erschossen hatte, gab man mir zu verstehen, daß es hier keinen Platz und keine Zeit mehr für mich gab."[1] Korczak vergleicht die Vorgehensweise der Erziehungsreform im revolutionären Umbruch zur Sowjetunion mit der Vivisektion, die man an Kindern vollzieht und fragt nach den Ergebnissen des Experiments: Wie sind die aktuellen Ergebnisse dieses Experiments, das andauert? -Ich frage-
1. Ob und in welchem Maß wachte der kühle Forschergedanke über das Experiment? Wer, grausam, nüchtern und ausgebildet, sammelte die Dokumente bewußt und parteilos, ordnete klinische Fragmente und Episoden, - sowohl die der Kinder, als auch die der Erzieher, untersuchte Atem, Blutdruck, Reflexe, Zuckungen und Agonien, Tränen, Stöhnen und Vivate.
2. Wo wird dieses Material aufbewahrt?
3. Wer versuchte den Dingen auf den Grund zu kommen, wer versuchte die Synthese? Wer hegte Vermutungen, wer zog die Schlußfolgerungen? Irgendwelche Pressereferenten bei den Botschaften, Deligierte der Büros, jemand von den Vereinten Nationen,? Fanden Tagungen statt? Wurden Vereinigungen von Pädagogen, Psychologen, Pädiatern und Psychiatern geschaffen?..."[2]

Hier wird deutlich, wie sehr Korczak nach einer wissenschaftlichen Durchdringung der Pädagogik suchte. Er konnte es nicht der Ethik, der Ideologie oder der Moral überlassen, daß dieses oder jenes Konzept der Erziehung in diesem oder jenem System für richtig oder für falsch gehalten wurde. Als Mediziner an die wissenschaftliche Arbeit und die medizinische Diagnostik gewöhnt, machte er den Versuch, diese auf die Pädagogik als Wissenschaft zu übertragen, um der stetig andauernden Vivisektion am Kind ein Ende zu bereiten.

Das Internat, das Waisenhaus bezeichnet er an vielen Stellen als sein Labor, seine Werkstatt, in der eben jenes Material erhoben, ausgewertet und einer Synthese zugeführt werden sollte. "Das Internat und die Schule" schreibt Korczak", das ist die Erziehungsklinik, wo die Untersuchungen gemacht werden müssen"[3]. Auf der Tagung des Kongresses der polnischen Pädiater, 1922, hält er

---

1Korczak 1933; S.3
2ebenda

einen Vortrag unter dem Titel "Der Arzt im Internat", in dem er diese Forschungsarbeit zum Programm erhebt: "Die Wissenschaft der Zukunft - sie macht ohne Internat keinen Schritt vorwärts. ...Es ist richtig, daß der Arzt die Kinderkrippen in Besitz nahm, es kommt die Zeit für die Vierjährigen, das Schulalter und die Jugend. Das Internat bekommt keine Luft vor lauter Pflege der Kinderwärterinnen, barmherzigen Schwestern, Philanthropinnen aus dem Verein; vor verkommenen Menschen und Philanthropen. Es stinkt nach Moral, sündigt dadurch, daß das Kind nicht verstanden wird..Die Pädagogik hat nichts aus der Diagnostik, der Pathologie und der Therapie gelernt. Es herrscht in ihr die Phrase, die sinnlose, die schädliche, die lasterhafte."[1]

Anstelle der Phrase sollte in der Pädagogik die Erkenntnis treten. Wenn auch die medizinische Okkupation der Pädagogik angesichts der weiteren Entwicklung der Medizin einen merkwürdigen Geschmack für den Leser hinterläßt, so sind die Vergleiche Korczaks zumindest eine interessante Anregung über die Erziehungswissenschaft als Erkenntniswissenschaft nachzudenken. Untersuchungen, wie Korczak sie einfordert, sind bis heute kaum durchgeführt. Sie sind als Theoriebildung betrieben worden, detaillierte Untersuchungen, wie Korczak sie in den "Erziehungsmomenten für die Schule vorschlägt, sind in den meisten Fällen ausgeblieben. Erkenntnisfragen, wie die folgenden, sind in der Pädagogik zu selten:
"Warum schaut der eine Schüler, wenn er in die Klasse kommt, in alle Ecken, spricht jeden an, und findet, wenn die Pause zu Ende ist, nur schwer auf seine Bank zurück, während ein anderer sich gleich auf seinen Platz setzt und ihn selbst in der Pause nur ungern verläßt... Wer und warum setzt sich auf diesen Platz in der ersten oder in der letzten Bank, neben jenen Klassenkameraden und nicht neben einen anderen in einer anderen Bank? Wer von den Schülern geht allein nach Hause, wer zu zweit oder in der Gruppe?..."[2]

Korczak geht es bei diesen Beobachtungen nicht so sehr um allgemeingültige Muster des Verhaltens, sondern vielmehr um eine Methodik des Beobachtens, des Verstehens der individuellen Muster. Es geht ihm um die Einbeziehung des Beobachters, des Erziehers und Lehrers in diese Methodik, um die Einbeziehung des eigenen Kommentars, der eigenen Erlebnisse und Gedanken bei der Durchführung der Beobachtung[3]. Die Beobachtungen sollen nicht zu schnellen Synthesen, allgemeinen Formulierungen oder Erkenntnissen zusammengefaßt werden. "Für höchst ungünstig hielt Korczak das schnelle Überschreiten der klinischen Periode und den vorschnellen Übergang zu wenig belegten und oberflächlichen Synthesen in der Pädagogik... Die Distanz zu jeglichem Schematismus ist zugleich ein Ansporn zu selbstständiger und kreativer Forschungshaltung"[4]

Korczak machte diese kreative Forschungshaltung nicht nur zur Verpflichtung für sich selbst, sondern versuchte, sie als Methodik in Erzieherseminaren und auf Vorträgen weiterzuvermitteln. Dabei entwickelte er die klinisch-medizinische Methode zu einer Methodik der pädagogischen Beobachtung und Forschung weiter. Seine Weiterentwicklung dieser Methodik läßt sich fast ana-

---

3Korczak 1919; S.1
1Falkowska 1989; 3-11
2ebenda; S.2
3vergl. Borbowska-Nowak 1982; S.166
4ebenda

log zu Piagets Entdeckungen nachvollziehen. Piaget, der in Binets Labor die Nichtbeachtung der Falschaussagen der Kinder bei Intelligenztests zu seinem eigentlichen Forschungsgegenstand erhob, schrieb dazu:
"Die Kunst des Klinikers beruht nicht auf dem Ausfragen, sondern darauf, daß er zur freien Aussage des Patienten beiträgt und zu selbstschöpferischen Bestrebungen beiträgt anstelle sie in bestimmte Richtungen zu lenken. Die Kunst beruht darauf die Erscheinungen im Kontext zu erkennen und sie nicht davon zu abstrahieren"[1]. In seinem Vorwort zu "das Weltbild des Kindes" erläutert Piaget, daß die Form der reinen Beobachtung das eigentliche Material für seine Forschungen darstellt, er aber ohne die modifizierte klinische Methode keinerlei Systematik und Erkenntnis herauszuarbeiten imstande wäre.[2] Auf die selben Wissenschaftler wie Piaget Bezug nehmend, entwickelte Korczak, unabhängig von Piaget, eine ähnliche Forschungspraxis, in der die reine Bobachtung dominieren sollte und der die klinische Methode zur Bearbeitung der Daten und Fakten hilfreich sein sollte. Janet, Bernhard u.a. hatten festgestellt, daß die Nichtbeachtung mancher Symptome, die Überbetonung eines Symptoms und das Feststellen von Tatsachen, die in der Realität nicht existent sind, die drei grundlegenden Probleme der Forschung und Diagnostik seien. Grundlegende Voraussetzung diese Fehler zu umgehen, sei für die Foschung eine kritische Haltung gegenüber den eigenen Ergebnissen.

Korczak schloß aus diesen Aussagen auf die Notwendigkeit der Reflexion als begleitenden Aspekt von Forschung, bei der bereits die Form der Datenerhebung durch den Foscher einer Reflexion unterworfen werden musste. Und er setzte auf die Erweiterung der klinischen Methode um die reine Beobachtung und die provozierende Haltung des Forschers (ebenfalls analog zu Piaget). Korczak entwickelte in seiner Praxis eine Methode der systematischen und der unsystematischen notierten Beobachtung, aus der er eine Unzahl von Dokumenten, Kurven, Diagrammen und Beschreibungen erstellte.

Die unsystematische Beobachtung war durch das freie Notieren und Schlußfolgern aus Verhalten bestimmt. "Korczak schätzte die Notizen, die man im Verlauf der Situation machte, die mit keinen Rubriken begrenzt waren, sondern den Lauf der Ereignisse gut wiedergaben."[3] Beispiele dafür finden sich in Korczaks Novellen und Erzählungen. Eine kurze Notiz, die die unsystematische Beobachtung mit der klinischen Diagnostik unpädagogisch verbindet, ist die Schilderung eines Mädchens, das häufig die Brotrinde trotzig wegwarf, in den Schlafsaal ging und sich ins Bett legte. Nach gemeinsamer Überlegung kam man zu dem Schluß, daß das Mädchen einen heftigen Wachstumsschub hatte.[4]

Die systematischen Beobachtungen, die von Korczak am bekanntesten sind, sind seine langjährigen Aufzeichnungen über Gewicht und Wachstum. In seinem Arbeitszimmer füllten die Diagramme der wöchentlichen Messungen einen Aktenschrank und Korczak hoffte auf die Möglichkeit, diese Faktensammlung auswerten zu können. Das Wiegen und Messen hatte nicht nur die Funktion, die Kinder im Wachstum ärztlich zu begleiten oder in den Symptomen des Gewichts und der Größe Wohlergehen oder Mangel bei Kinder festzustellen. Es war eine

---

1 Bobrowska-Nowak 1982; S.161
2 Vergl.: Piaget 1978; S.20ff
3 Bobrowaska-Nowak 1982; S.165
4 vergl.: ebenda

gigantische Loseblatt-Sammlung eines nicht bestimmten Forschungsvorhabens, das nie ausgewertet werden sollte und in den Flammen des Ghettos verbrannte. In einer Diskussion mit ehemaligen Bewohnern des Waisenhauses mußte sich Korczak für diese Forschung rechtfertigen. Die Ehemaligen warfen ihm vor, daß das Wiegen und Messen, wie das ganze Waisenhaus sie als Versuchspersonen mißbraucht habe, sie aber nicht auf Arbeitslosigkeit und Hunger vorbereitet habe. Korczaks antwortete darauf u.a. konkret:.. "Das Waisenhaus ist nicht nur Erziehungseinrichtung für 100- 200 Waisenkinder. Es ist eine Werkstatt der Wissenschaft, ein Laboratorium, ein Prüfstein für andere Institutionen. Wenn im Waisenhaus bei normaler Diät bei 100 Kindern z.b. in einem Jahr 140 Pfund zugenommen wurden und in einer anderen Institution mit derselben Kinderzahl und im selben Alter 75 Pfund zugenommen sind, bestiehlt jemand die Kinder, sei es der Koch, die Intendantin oder der Zusteller. Wenn das Schlafpensum, d.h. die durchschnittliche Zahl des Schlafes 8 Stunden und 30 Minuten beträgt und in einer anderen Anstalt, wo ich die Untersuchung durchführte, 7-8 Stunden, dann sind die Bedingungen nicht in Ordnung: überheizte oder zu kalte Schlafräume, ungute Luft, gereizte Kinder... Dasselbe zu Wachstum der Kinder, Fortschritte im Lernen usw."[1]

In seinem Schreiben an das Personalbüro des Judenrates im Warschauer Ghetto schreibt Korczak über seine Datensammlung:
"Statistik gibt Disziplin in logischem Denken und im objektiven Beurteilen von Tatsachen. Indem ich die Kinder während eines Vierteljahrhunderts jede Woche gewogen und gemessen habe, besitze ich eine unbezahlbare Sammlung von Diagrammen - Profilen des Wachstums der Kinder im Schulalter und der Pubertät."[2]

Systematische Beobachtungen machte Korczak aber nicht nur durch Wiegen und Messen, sondern wie bereits geschildert, auch im Schlafsaal, wo er über 20 Nächte kontinuierlich das Schlafverhalten der Kinder studierte. Eine andere Methodik war, daß er über Jahre den Kindern die Schuhe putzte, sich zu bestimmter Zeit an einem bestimmten Ort des Waisenhauses als Schuhputzer anbot. Er konnte hier den Umgang der Kinder mit dem Schuhwerk beobachten, ihren Gang, ihre Haltung, ihre Betätigung und Mobilität kennenlernen und im Gespräch während des Putzens weiter befragen. In seinem Ghettotagebuch schildert Korczak eine weitere systematische Beobachtung. Unter der Überschrift "Warum ich das Essgeschirr wegräume" schreibt er wenige Tage vor seinem Tod:
"Was ist das also für eine Grille, was für ein Eigensinn, vielleicht sogar eine häßliche Angeberei, ich sei fleißig und solch ein guter Demokrat...Wenn ich das Eßgeschirr selbst einsammle, sehe ich die Teller, die einen Sprung haben, die verbogenen Löffel, die zerkratzten Schüsseln. .. Ich sehe wie gedankenlose Tischgesellschaften - ein wenig in aristokratischer Manier, ein bißchen ungezogen - ihre Löffel, Messer, Salznäpfe und Becher unordentlich liegen lassen, anstatt sie aufzuräumen. Manchmal beobachte ich verstohlen, wie die Zusatzportionen ausgegeben werden oder wer neben wem sitzt. und ich denke mir dies und das dabei. Denn ich tue niemals etwas gedankenlos. Diese Kellnerarbeit ist für mich sowohl nützlich als auch angenehm und interessant.[3]

---

1 Merzan 1987; S.41
2 Bobrowska- Nowak 1982; S.166
3 Korczak 1970; S.338

Häufig nahm Korczak Beobachtungen bei einer dieser Tätigkeiten zum Anlaß für einen Artikel. Seine systematischen Beobachtungen an Stefan, jenem Jungen, den er während des Krieges nur zwei Wochen betreute, ergaben ein ganzes Buch, das mit Aufzeichnungen über Stefans Fortschritte beim Lesen, Stefans Fragen und Vermutungen und Kommentaren des Autors gefüllt ist.
Korczak wollte mit diesem Buch "Erziehungsmomente" nicht eine Methodik der Forschung verdeutlichen, sondern eine fragende, forschende Haltung in die Pädagogik einbringen. Er will verdeutlichen, "wie schwer es ist, mit Worten das wiederzugeben, was man visuell erfaßt und wie folgenschwer - selbst eine falsche - Kommentierung dessen sein kann, was man, wie im Vogelflug, als Momentaufnahme, als individuelles Symptom eines Schülers... registriert hat."[1]
Korczaks Forschung ist ein Versuch, durch wissenschaftliche Kriterien sowohl eine objektive Frage nach den Ursachen und dem Befinden in die Pädagogik einzubringen als auch die permanente Reflexion zu verankern. Es ging ihm um "die planmäßige Bildung der objektiven Forscherhaltung und die Fähigkeit zur Selbstreflexion, ohne die kein Fortschritt in der Wissenschaft entsteht und ohne die keine Erfahrung wächst."[2]

In dem Vorwort zu Maria Falskas Buch über "Nasz Dom" dokumentiert Korczak diese forschende Haltung nachhaltig:
"Wer Fakten und Dokumente sammelt", schreibt er dort, "der erwirbt den Stoff zur objektiven Diskussion, die keinen emotionalen Regungen unterliegt. Man soll die kleinen Erscheinungen untersuchen und nicht geringschätzen.
`Nasz Dom ' besitzt: 195 Hefte - Zeitungen und Mitteilungen; 41 Hefte - Protokolle aus 227 Sitzungen des Selbstverwaltungsrates; 27500 Gerichtsberichte; 14100 Danksagungen; über 100 Hefte - Beschreibungen, Erzählungen und Erinnerungen der Kinder; einige Hundert Schaubilder und Diagramme.
Jene Zahlen, Berichte und Stenogramme geben ein Bild nicht von Ansichten, sondern von Tatsachen, die während der sieben Jahre.. geschahen.. Es wäre zu voreilig, die Schlußfolgerungen zu ziehen, sogar die Beiträge zu beleuchten. Diese Sammlung wollen wir vergrößern, unabhängig davon, wann das Forscherauge - mit Methoden wissenschaftlicher Untersuchung ausgerüstet - reinschaut." Und als Zweck der Forschungs- und Reflexionsarbeit in Form der Dokumente gibt Korczak an: "Wer Geige spielen will, muß seine Handmuskeln und -gelenke geduldig trainieren. Die Kenntnis der Noten reicht nicht aus. Wie oft greift die harte Pfote des Erziehers naiv nach dem Spielheft im beschwingten Kindergeist."[3]

Mit Sicherheit ist Korczak in seinen Einschätzungen der objektiven Wissenschaft mit dem Glauben der reinen Kliniker konform gegangen, daß sich objektive Schlüsse aus dem angesammelten Dokumentenmaterial herausfinden lassen würden, die dann zur Grundlage neuer objektiver Interpretationen und Erkenntnisse würden. Gleichzeitig hat Korczak aber in beeindruckender Weise eine Praxis der Beobachtung und Reflexion über die aktive Haltung des Forschens entwickelt, die erst 20 Jahre später durch Kurt Lewin zur Handlungsforschung verdichtet werden sollte.

---

1 Korczak 1919; S. 2
2 Bobrowoska- Nowak 1982; S.163
3 Korczak 1928; S.4

Das System der Konstitution

Im Waisenhaus in der Korchmalna-Straße galt von Beginn an ein kompliziertes System der Selbstverwaltung zu funktionieren. Seine Grundlage war die Verwaltung von Rechtsprechung, Anklage und Besitztausch durch konstitutionelle Organe der Kinder. Dieses System, das neben dem Kinderparlament, dem Kindergericht, dem Notariat auch über ein Plebiszit verfügte, war so fein ineinander gewoben, daß es mit Sicherheit einer eigenen Arbeit bedarf, das Für und Wider, die Schwierigkeiten und Möglichkeiten dieser Übergabe der Jurisdiktion an die Kinder zu beschreiben. Hier können und sollen nur einige neue Quellen den reflexiven Charakter dieser konstitutionellen Elemente für die Pädagogik verdeutlichen.

Zwischen den Jahren 1930 und 1935 besuchte Jean Piaget das Waisenhaus. Durch eine ehemalige Schülerin Korczaks war er auf die Einrichtung aufmerksam geworden. Piaget, der sich zu dieser Zeit intensiv mit der Bildung des moralischen Urteils beim Kind befaßte, schreibt über diesen Besuch:
"Der Leiter dieses Hauses, ein großartiger Mensch, hatte den Mut, den Kindern und Jugendlichen, mit denen er sich beschäftigte, so weit zu vertrauen, daß er ihnen verantwortungsvolle Aufgaben übertrug. Zwei Aspekte dieser Praxis fielen uns besonders auf: Die Re-Edukation der Neuankömmlinge durch die `soziale Jugendgruppe' und die Organisation des `inneren Gerechtigkeitstribunals', dessen Funktionieren volkommen durch die Gemeinschaft der Zöglinge gewährleistet wurde. Wenn es um den ersten Punkt geht, kann man sich den Eindruck vorstellen, den das selbstverwaltete Gerechtigkeitstribunal auf Neuankömmlinge machte. Die in diesem Haus geltenden Regeln wurden von den Kindern und Jugendlichen selbst bestimmt und vollzogen, nicht von den Erwachsenen. Ein junger Mensch, der in eine Erziehungsanstalt kommt, erwartet ein besonders strenges Regime und ständige Sanktionen; statt dessen wurde er hier mit der Selbstverwaltung seiner Mitschüler konfrontiert, die ihn sogleich integrierten und ihm verantwortungsvolle Aufgaben anvertrauten."[1]

Piaget übersieht in seinem Bericht, daß das Waisenhaus von Beginn so konstruiert war, daß Stefa Wilczynska und Korczak alleine die pädagogische Arbeit mit den Kindern bewältigen konnten. Dies war nur durch Selbstverwaltung und Übergabe möglichst hoher Autonomie an die Kinder und Jugendlichen möglich. Auch in der Zeit, in der die Bursisten als Helfer im Waisenhaus eingesetzt waren, blieb das System so gestaltet, daß Korczak und Stefa Wilczyinska die Arbeit mit den Angestellten der Küche alleine fortführen konnten. Mit dem Konzept hatten die beiden Pädagogen also bereits eine Notwendigkeit zur konstitutionellen Pädagogik geschaffen. Es war weniger Mut, der zu diesem "Anvertrauen" führte, als Planung. Die Berechnung, daß nur so eine veränderte Kommunikation zwischen Erwachsenen und Kindern entstehen kann, wenn von Anfang an die Basis der Begegnung eine notwendig bilaterale ist.

In einem Gutachten über das Waisenhaus 1919 heißt es:
"Dr. Goldszmit ist der Meinung, daß das Kind der einzige Experte, Gesetzgeber und Richter der Erzieher ist. Im Sinne dieses Grundsatzes ist das `Dom Sierot'

---

[1] Piaget 1977; S.100ff

geleitet. Man muß feststellen, daß zwei erwachsene Personen genügen, um Ordnung in der kleinen Kinderwelt zu halten, damit man begreift, wieviel tiefe Triftigkeit die Anschauung des verdienstvollen Pädagogen enthält."[1]

Nicht nur Piaget und die Neuankömmlinge waren überrascht, wenn nicht gar verstört, sondern vor allem die Erzieher/innen der Bursa waren verunsichert durch die Existenz der konstitutionellen Organe. Sara Bibermann beschreibt in ihren Erinnerungen einen Vorfall, der ihr an ihrem ersten Arbeitstag die Funktion des Gerichts nahebrachte:

"Das war so. Um ein Uhr nachmittags hatte ich im Saal Aussichtsdienst. Damals war ein bewölkter Tag. Die Kinder spielten im Saal, und die älteren Jungen spielten Ball auf dem Hof. Plötzlich hörte ich einen Knall. Ich wußte nicht, was gesehen war, aber später merkte ich, daß eine Scheibe zerbrochen war. Ich war erschüttert, daß es dazu während meines Aufsichtsdienstes gekommen war. Ich lief schnell auf den Hof, und sofort nahm ich den Jungen den Ball weg. Die reagierten so, daß sie ohne mit mir darüber zu reden, was passiert war, in den Saal liefen, wo sich die Liste der "Angelegenheiten[2]" und Beschwerden befand und schrieben ihre Beschwerde über mich auf, weil ich ihnen den Ball weggenommen hatte. Eines der älteren Mädchen merkte, daß ich wegen des Verhaltens der Jungen sehr bewegt war und kam auf mich zu. Sie war mit dem im Haus existierenden Rechtskodex vertraut und erklärte mir, daß ich nach diesem Kodex kein Recht hatte, den Ball wegzunehmen, sondern selbst die Beschwerde über die Jungen für das Zerbrechen der Scheibe aufschreiben sollte."[3]

Sara Bibermann schrieb diesen Vorfall in ihr Bursistenheft und wartet auf den Kommentar von Stefa Wilczyinska oder Korczak. Korczak hat am Rand ihres Heftes angemerkt:"Sie sollen nicht der Richter des Kindes sein"[4]

Das Gericht zeichnete sich durch die Selbstverständlichkeit aus, mit der nicht nur Kinder, sondern eben auch Erzieher und die Leiter des Waisenhauses ermahnt werden. Denn Ermahnung war die Hauptfunktion des Gerichtes.
"Die Strafen unseres Kollegialgerichts, die Paragraphen unseres Kodexes schlagen nicht, sie sperren niemanden in finstere Kammern ein, entziehen niemandem das Essen und nicht einmal das Spiel. Die Paragraphen unseres Kodexes sind nur Warnungen und Ermahnungen. Sie lauten: Du hast unrecht gehandelt, schlecht, sehr schlecht. Bemühe dich, gib Obacht."[5]

Die Paragraphen des Gerichtes, die im einzelnen in "Wie man ein Kind lieben soll" nachzulesen sind, geben diesen von Korczak beschriebenen Charakter wieder. Es sind 99 verzeihende und 10 strafende Paragraphen. Das Gericht, dessen Richter von den Kindern immer wieder neu gewählt wurde, tagte öffentlich, nach schriftlicher Eingabe und einem Aushang, der häufig schon dazu führte, daß die Eingaben zurückgezogen wurden, weil eine außergerichtliche Schlichtung möglich war. Die Gerichtsverläufe wurden exact protokolliert.

---

1 Falkowska 1989; 2-6ff; Tygochnik Nowy 1919, Nr.1 S.6
2 Die poln. Wortwahl für die Gerichtspraxis ist nur schwer zu übersetzen: es gab keine Anklage sondern eine Angelegenheit oder Sache- man hatte ein Ding laufen; man zeigte niemanden an, sondern "gab etwas an".
3 Bibermann 1984; S.
4 ebenda
5 Falkowska 1989; 3-1; Korczak in "W Sioncu" 1921 Nr.1/2

Piaget schreibt dazu: "Die Berichte aus den Sitzungen und die Beschlüsse dieses merkwürdigen Gerichtes wurden in einer Hauszeitung veröffentlicht, die wir durch die Vermittlung einer unserer Assistentinnen kennenlernten. Es gibt nichts faszinierenderes für einen Psychologen als dieses Dokument, das ohne Zweifel während des Krieges in Warschau zerstört wurde: Humanismus, Nachsicht und Feinfühligkeit des Urteils dieses jugendlichen Gerichts hatten etwas Rührendes und Ermutigendes."
Und er fügt etwas hinzu, was exakt einen Kern der konstitutionellen Pädagogik Korczaks trifft, - den Diskurs der wechselseitigen Verantwortung:
"An dieser Stelle " schreibt Piaget "möchten wir betonen, daß das Problem von Sanktionen einer der subtilsten Aspekte der Moralerziehung ist und zur größten Trennung zwischen den Methoden, die einerseits auf Autonomie und Gegenseitigkeit beruhen und andererseits der autoritären Methode angehören, führen muß. Es gibt Strafen, die erniedrigen und vom Kind als ungerecht empfunden werden; umgekehrt gibt es solche, die nicht auf dem Prinzip der Bestrafung beruhen, sondern auf Vertrauen und gegenseitiger Veranwortung gründen."[1]

In seinen weitreichenden Möglichkeiten, stellte das Gericht, stärker als alle weiteren konstitutionellen Elemente des Waisenhauses sicher, daß die Grundlagen zu einem Diskurs zwischen Kind und Erwachsenem nicht von Fragen der humanistischen Haltung des Erwachsenen abhingen, sondern einklagbares Recht mit der Sicherheit es zu erlangen, waren. Und es stellte für den Erzieher eine unübersehbare Kontrolle seines Handelns dar. Am Beispiel der Erzählung Sara Bibermanns läßt sich nachweisen, von wievielen sachfremden Überlegungen und Ängsten ihr Eingreifen in das Spiel gesteuert war und wie leicht es ihr auf der normalen pädagogischen Argumentationsebene gefallen wäre, ihren Eingriff zu legitimieren. Dennoch wäre es ein absolutistischer Eingriff geblieben, der weit über die Situation hinaus das Gespräch und Verhalten zwischen ihr und den Kindern nachhaltig zerstört hätte.
Das Gericht hatte also eine wesentliche erzieherische Funktion für die Pädagogen. Es zwang sie Abschied von dem "ich weiß es besser"-Handeln zu nehmen und sich am Kodex zu orientieren.

Korczak war als Leiter der Einrichtung mehrfach angeklagt und auch mit strafenden Paragraphen belegt worden. Zu diesen Anklagen schreibt er:
"Ich behaupte mit aller Entschiedenheit, daß diese wenigen Fälle Grundstein meiner eigenen Erziehung zu einem neuen `konstitutionellen' Pädagogen waren, der den Kindern kein Unrecht tut, nicht weil er sie gern hat oder liebt, sondern weil eine Institution vorhanden ist, die sie gegen Rechtlosigkeit, Willkür und Despotismus des Erziehers schützt"[2].

Einen Nachweis ganz eigener Art darüber, wie das Gericht zum gleichberechtigten Diskurs zwischen der Erwachsenen und den Kindern beitrug, fand ich im Korczak Archiv in Warschau. Es ist die Angelegenheit von Balcia, einem etwa 11jährigen Mädchen, das von Korczak beim Gericht "angegeben" wurde. Korczak und Balcia bestritten vor dem Gerichtstermin einen öffentlichen Briefwechsel, der zu den Gerichtsunterlagen kam. Der Spruch des Gerichts ist nicht bekannt. Ich werde den Briefwechsel fast ungekürzt wiedergeben.

---

[1] Piaget 1977; S.101
[2] Korczak 1967; S.353

Balcia und Korczak

> "Es fällt mir ein, daß ich pfeifen kann, wie eine Lokomotive, Dampf ausstoßen und laufen, anstatt zu gehen. Irgendwie schäme ich mich aber. Hmm - warum eigentlich? Gerade deshalb wollte ich doch wieder Kind sein, damit mir fröhlich ums Herz ist."[1]

Die Angelegenheit von Balcia S.

Nachdem mir Balcia beim Mittagessen Klötzchen gegeben hat, machte ich mir eine Eisenbahn daraus und spielte damit. Und sie störte mich ständig und es wäre fast zu einer Katastrophe gekommen weil ein Klötzchen, das war ein Waggon, umstürzte. Ich sagte zu ihr "Hör auf" aber sie störte mich noch mehr. Ich war fürchterlich böse und gab ihr die Klötzchen zurück. Ich mochte nicht mehr spielen, damit sie sich nicht mehr einmischen kann. Dann gab mir Rywcia ihre Klötzchen und ich fing wieder an zu spielen. Aber Balcia störte mich wieder. Also brachte ich sie ein für alle mal zum Gericht. - Jetzt dreht Balcia die Sache um und behauptet, sie hätte mich geärgert, weil ich pfiff, - und bei Tisch darf man nicht pfeifen. Das ist eine Lüge. Nachdem ich aus Streichhölzern eine Bahnstation gebaut hatte, mußte der Zug, nachdem er sich in Bewegung gesetzt hatte ein wenig pfeifen. Sie konnte mich auch beim Gericht angeben aber mich nicht stören. Alle, die am Tisch saßen können das bezeugen. Außer Zosia, die mich auch störte, aber nicht so sehr. Ich bitte die Richter um ein gerechtes Urteil in dieser Sache, weil Balcia meine Besserung verhindert...

Hochachtungsvoll H. Goldszmit

Rechtfertigung von Balcia

Herr Doktor brachte mich vors Gericht, weil ich ihm beim Spiel hinderlich wäre. Herr Doktor fing an zu pfeifen und so zu dröhnen (huhu..) als wäre er eine Eisenbahn. Ich verdeckte also mit der Hand den Weg so, daß die Eisenbahn nicht fahren konnte. Überhaupt treibt der Doktor Unfug, wir haben schon den zweiten Verstoß. Als wir Herrn Doktor darauf aufmerksam machten streckte er die Zunge raus und sagte : "Bring es zum Gericht". Vor allem aber darf man bei Tisch nicht spielen. Herr Doktor soll uns doch ein Beispiel geben....

Hochachtungsvoll Balcia (Szuchiesza?)

---

1 Korczak 1973; S.16

Rechtfertigung von Herrn Doktor

Balcia lügt, sie hätte nur mit einer Hand verdeckt. Sie stellt sich unschuldig, sie verdeckte mehrmals und wollte nicht damit aufhören, sogar dann nicht, als ich den Bleistift herausnahm, um sie schriftlich bei Gericht anzugeben. Sie dachte ich würde es nicht wagen das zu tun. Aber ich hatte ein gutes Gewissen, weil man ruhig spielen darf. Balcia weiß genau, daß man jemanden bei Gericht angeben kann, ihn aber nicht ärgern darf.- Die nächste Lüge ist die Behauptung der Tisch wäre durch mich an zwei Verstößen beteiligt- das war nur einer. Und ich dröhnte auch nicht (huhu..) sondern machte nur "ffff", so wie es eine Eisenbahn tut. - Gucia sagte auch, daß ich mich verbessert habe. Und ich weiß nicht warum Balcia verschiedene Sachen einschiebt, die ich angeblich gesagt habe. Es ist gleich zu erkennen, daß Balcia nicht recht hat.

Rechtfertigung von Balcia

Ich stelle mich gar nicht unschuldig. Ich dachte gar nicht, daß Herr Doktor mich nicht beim Gericht angeben würde. Herr Doktor spielet überhaupt nicht ruhig. Ich ärgerte Herrn Doktor nicht. Der Tisch hatte mehr als zwei Verstöße, die wurden nur von Herrn Doktor nicht aufgeschrieben. Ich weiß daß ich recht habe, weil man weder spielen noch pfeifen darf.

Hochachtungsvoll Balcia [1]

Daß Korczak hier weder "mitspielt" noch mimt, wird an vielen Aspekten seiner Arbeit deutlich, die ich nur kurz anführen möchte. An mehrere Stellen wird berichtet, daß Korczak das gemeinsame Essen zu einer Vielzahl von Späßen, Neckereien und humorvollen Aktionen nutzte.[2] Humor, ein wichtiger Aspekt in Korczaks Arbeit, auf den ich hier nicht weiter eingehen werde,[3] ist in dem Streit mit Balcia aber nicht der Hauptaspekt. Korczak entwickelte eine Möglichkeit für den Pädagogen, wie er sie in seinem Buch "Wenn ich wieder klein bin" beschreibt: Er entwickelte die Fähigkeit als Erwachsener auch Kind zu sein.

Daß er die Gerichtsurteile viel zu persönlich nahm, um sie bewußt zu provozieren, ist aus anderen Quellen bekannt[4]. Über die Fähigkeit aber, mit dem Kind in dieser spezifischen Art authentisch zu kommunizieren, entwickelten sich in Korczaks Arbeit drei Wesenselemente, die seine Pädagogik ausmachen: die diskursive Grundlage in der Begegnung mit dem Kind, die reflexiv forschende Handlung in der Begegnung und die Kontemplation als Innewerden des Gegenübers.

---

1 Korczak: Briefe von und an Balcia
2 vergl. z.B.:Merzan 1987; S.24
3 vergl.:Kirchhoff 1988; S.222ff
4 vergl.: Merzan 1987; S.28

Teil 3

Erziehung als Akt des Diskurses, der Handlungsforschung und der Kontemplation

Einführung

Mit der dreifachen professionellen Linienführung und der daraus entstandenen methodischen Triade von Reflexion, Forschung und Konstitution hat Korczak in seiner praktischen und literarisch festgehaltenen Pädagogik für die Erziehungsdebatte ein Novum geschaffen, das bisher, sowohl in der pädagogischen Praxis wie auch theoretisch, aus meiner Sicht nur unzureichend rezipiert wurde. Zum einen mag dies an dem relativ geringen Bekanntheitsgrad Korczaks in den 70er Jahren liegen, - einem Zeitraum, in dem die theoretische Diskussion um die Begriffe der emanzipatorischen und kritischen Erziehung und um die Rezeption der Theorien der Frankfurter Schule für die Pädagogik geführt wurde. Zum zweiten verschwinden die essentiellen Paradigmen in Korczaks gelebter Theorie allzuschnell hinter der Fülle und dem Reichtum seiner literarischen und praktischen Arbeit und hinter seiner praxisnahen und zugleich literarischen Sprache. Zudem verschlingt die persönliche Lebensgeschichte Korczaks den Diskur mit seiner pädagogischen Theorie und Praxis. Durch die Ermordung der Kinder und der Mitarbeiter des jüdischen Waisenhauses "Dom Sierot" ist - gleichsam als letzte Tat der Täter - die Brisanz, die die Pädagogik dieser Einrichtung für die Erziehungswissenschaft barg, oft dem Drama des Todes dieser Menschen untergeordnet worden. Damit wurde zwar der Heros vergrößert, das Bergen der Erkenntnis, die sperrig und so wenig theoretisch eingebunden scheint, war aber lange Zeit sekundär.

Dabei, so scheint es mir, gibt es kaum einen krasseren Paradigmenwechsel für die Pädagogik und kaum ein reichhaltigeres methodisches Angebot zur Absicherung dieses Wechsels, als wir es in Korczaks Arbeit finden können. Korczak hat keineswegs eine Pädagogik der integren Haltung geschrieben, sondern einen fundamentalen theoretischen Wechsel vollzogen, der durch die aufgezeigte Methodentriade aus der bloßen Haltung zum Handlungs- und Reflexionsentwurf wird. Er fordert die Erziehungswissenschaft in seiner Konzeption, seiner Methodik und der alltäglichen Handlungspraxis des Waisenhauses nicht nur auf, die kulturell selbstverständlichen, strukturell hierarchisierten Haltungen und Handlungen gegenüber dem Kind zu verändern. Er fordert die kaschierenden humanistischen Eitelkeiten zu beseitigen oder die Romantizismen, denen er manchmal sprachlich selbst verfällt, zu entlarven.
Er entwirft eine Pädagogik und die entsprechende Praxis, in der all dies durch methodische Innovation institutionell von der intellektuellen Einsicht oder der ethischen Haltung zum pädagogischen Paradigma transformiert wurde:

Die erste Innovation besteht darin, daß Korczak den Diskurs zur notwendigen Grundlage des Funktionierens sowohl seiner Institution wie auch seiner gesamten Pädagogik und der Begegnung zwischen Erwachsenem und Kind machte. Ich werde versuchen, dies in dem folgenden Kapitel ein wenig auszuführen.

Die zweite Innovation liegt in dem, was Korczak mit dem Forschergeist in der praktischen pädagogischen Arbeit meinte. Korczak hat, so meine ich, lange vor Kurt Lewin Ansätze einer verstehenden Sozialwissenschaft in der Form einer "Auto"-Aktionsforschung entwickelt, in dem er die alltägliche Handlungspraxis einer vielgestaltigen Reflexion und Kontrolle durch die Beteiligten unterwarf. Seine Pädagogik, so behaupte ich, erhob die Aktionsforschung zur pädagogischen Methode.

Und die dritte pädagogische Innovation war eine, die den erstgenannten zu widersprechen scheint, aber, bei genauer Draufsicht, ihre logische Verlängerung ist: die Einführung der Kontemplation als eines aktiven pädagogischen Akts der, von vornherein bewußt infinitiven, Annäherung an das `Du' - das Kind - oder noch mehr, - das "Geheimnis" des Kindes.

Ich werde versuchen in den folgenden Abschnitten diese Behauptungen nachzuweisen, soweit sie sich nicht bereits aus dem Gesagten ergeben. Ich tue das in der Hoffnung, Korczak damit nicht unter neuere Theorien zu subsumieren oder ihn im Vergleich einzuordnen. Es geschieht eher in der Absicht, die Gegenläufigkeit seiner Pädagogik zur Epoche der gesamten neuzeitlichen Pädagogik mit Hilfe einiger, nicht nur in meinem Kopf entstandener[1], Blickwinkel zu verstärken.

1Oelkers 1982 wie auch Beiner 1987 weisen kurz auf interessante Aspekte zwischen der Theorie des kommunikativen Handelns und der Handlungsforschung und der Pädagogik Korczaks hin.

"Humanität beruht auf dem Gegenspiel von
`solitaire' und `solidaire'

Albert Camus

Diskursansatz bei Korczak

In seiner Antrittvorlesung am College de France sprach Michel Foucault über die Ordnung des Diskurses. Dabei beschäftigten ihn u.a. jene Strategien und Prinzipien, die angewandt werden, um den freien, offenen Diskurs einer Ordnung zuzuführen - ihn dabei zu verkürzen und, im Sinne der Ordnung sicherer zu gestalten. Eine noch zu untergliedernde Technik ist es dabei, Gruppen oder Personen als Teilnehmer von diesem Diskurs auszuschließen. Im Rahmen seiner Vorlesung bringt Foucault ein Beispiel für eines dieser ordnenden Prinzipien - die Grenzziehung und Verwerfung. Diese spezifische Technik der Ordnung des Diskurses und Foucaults Beispiel sind für die Pädagogik deshalb interessant, weil hier eine auffällige Parallele zum Status des Kindes im gesellschaftlichen Diskurs erscheint: "Seit dem Mittelalter," so schreibt Foucault, "ist der Wahnsinnige derjenige, dessen Diskurs nicht ebenso zirkulieren kann wie der der anderen: sein Wort gilt für null und nichtig, es hat weder Wahrheit noch Bedeutung, kann vor Gericht nichts bezeugen, kein Rechtsgeschäft und keinen Vertrag beglaubigen,..;andererseits kann es aber auch geschehen, daß man dem Wort des Wahnsinnigen im Gegensatz zu jedem anderen eigenartige Kräfte zutraut: die Macht, eine verborgene Wahrheit zu sagen oder die Zukunft vorauszukündigen oder in aller Naivität das zu sehen, was die Weisheit der anderen nicht wahrzunehmen vermag"[1]

Wie nah liegt bei diesem Beispiel die Analogie zu "Kindermund tut Wahrheit kund" oder die Analogie zwischen dem Status des `Wahnsinnigen' und des Kindes. Doch diese Analogie geht tiefer - über den Effekt des Wiedererkennens hinaus. Ebenso wie am Beispiel des `Wahnsinnigen' bei Foucault wurde das Kind Schritt für Schritt durch Grenzziehung und Verwerfung vom Diskurs ausgeschlossen. Sein Diskurs wurde nicht durch Kriminalisierung, Stigmatisierung oder Hospitalisierung eingegrenzt oder in der Zirkulation behindert. Man bediente sich, vor dem Hintergrund der veränderten gesellschaftlichen Produktionsbedingungen, subtilerer Instrumente wie der Romantisierung[2] und der Entwicklung der Kindheit als eigenständigem Abschnitt des Lebens. Die Pädagogik lieferte dazu die erziehende Entmündigung, den pädagogischen Entzug der Autonomie mit dem Verweis auf die zukunft, den sie durch die `Schutzbedürftigkeit' des Kindes legitimierte. Kindheit wurde zur schützenswerten Größenordnung erhoben, und diese Entdeckung ist ein enormer Fortschritt und ein Rückschritt zugleich. Denn gleichzeitig mit dieser Ordination erfolgte - gleichsam im Doppelschritt - die nochmalige Subordination. Das Ergebnis dieses Prozesses war die Grenzziehung und Verwerfung, die in ihrer Doppelbödigkeit das Kind zugleich zum Taugenichts wie zum weisen Narren machte: Im neuen Schutzraum Kindheit gewann das Kind das Recht auf Schutz, verlor aber die Teilhabe am Diskurs durch Isolation und Verweis auf zukünftige Zweckbestim-

---

[1] Foucault 1992; S.12
[2] vergl.: Weber-Kellermann 1975 und Unger 1979

mung. Korczak bringt das Endresultat dieses Prozesses auf den schlichten Nenner: "Kinder und Fische haben keine Stimme."[1] Und auf neudeutsch benennt es Gisela Ulmann mit dem Slogan "Hau ab und spiel"[2].

An dem Fakt des Ausschlusses vom Diskurs änderte sich auch durch das `Jahrhundert des Kindes' im Zuge der Reformpädagogik nichts. Er wurde im Gegenteil pädagogisch zementiert. Der Diskurs wurde über das Kind geführt, aber nicht mit dem Kind. Der Diskurs über das Kind nahm sogar einen besonderen Stellenwert ein. Aber im Rahmen der reformpädagogischen Diskussion wurden - mit der Ausnahme Berthold Ottos - keine Vorkehrungen getroffen, die sicherstellten, daß das Kind Einfluß auf seine Erziehung hatte - in den Diskurs einbezogen wurde.

Erziehung,so das Novum der Reformpädagogik, wurde nicht mehr ausschließlich eng als Vermittlung von Moralethik mit Hilfe der Pädagogik betrachtet. Die Sozialisierung und Entfaltung des Individuums nach neuen, spezifischen Maximen war die neue Prämisse. Doch dieses Novum machte mit seinen Maximen schnell einer neuen Verpflichtung Platz: der nationalen Pflicht. So kam es, daß in der Reformpädagogik - weit ab vom Diskurs - über eine kurze Zwischenstation, die Erziehung von der Moralethik zur Pflichtethik mutierte.

Genau an dieser Stelle liegt meines Erachtens die erste Innovation und mit ihr der erste Paradigmenwechsel in der Pädagogik Korczaks. Korczak führte in seiner Praxis anstelle der Polarität zwischen Moralethik und Pflichtethik die Diskursethik in die Erziehung ein.

Geht man nun, wie Habermas, davon aus, daß die Identität ein fragiles Produkt der individuellen aber intersubjektiv vollzogenen Sozialisation ist, so erhält das intersubjektive kommunikative Handeln einen doppelten Zweck: Zum einen entsteht in ihm die individuelle Identität vor dem Hintergrund gemeinsam geteilter Lebenswelt. Und zugleich muß durch das kommunikative Handeln selbst das Subjekt vor Verletzungen geschützt werden. "Die Mitleidsethiken", schreibt Habermas, "haben erkannt, daß diese tiefe Verletzbarkeit (des Individuums) eine Garantie gegenseitiger Schonung erforderlich macht."[3]
Mit der Ausgrenzung des Kindes vom Diskurs ist notwendigerweise die Mitleidsethik ein zentraler Mittelpunkt neuzeitlicher Pädagogik geworden. Ihre Aufgabe war es u.a. gleichsam monologisch, unilateral das Kind mit einem pädagogischen Schonraum zu umgeben, da der Schutz in der Begegnung nicht mehr entstehen konnte. Man kann es auch unter einer ökonomischen Sichtweise beleuchten: Je weniger das Kind als Wirtschaftsfaktor zur Verfügung stand resp. gebraucht wurde, desto weniger hatte es an gemeinsamem kommunikativem Handeln eines Kollektivs anteil. Und desto nötiger bedurfte es eines Schutzes außerhalb des Raumes intersubjektiven kommunikativen Handelns. Es wurde ein zu schützendes Objekt.

Die Pädagogik geriet dabei in die Not, einen wichtigen und verhängnisvollen Kunstgriff zu tätigen: Sie spaltete die ineinander verwobenen Prozesse der Identitätsbildung und Identitätsabsicherung auf. Während sie die Prämisse der Identi-

---

1Korczak 1967; S.45
2Ulmann 1979; S.17ff
3Habermas 1991; S.16

tätsbildung, die "Empathie und Fürsorge für das Wohlergehen"[1], zum Streit- und Angelpunkt ihrer Diskussion machte, schob sie die Prämisse der Identitätsabsicherung, "die gleichmäßige Achtung und das gleiche Recht für jeden einzelnen"[2], auf die Zeit der Adoleszenz hinaus. Das Recht auf Fürsorge wurde als integraler Bestandteil gesichert, wenn auch häufig in zweifelhafter Ausführung. Das Recht auf Achtung, Autonomie und gleiches Recht wurde als ein erst zu erwerbendes aufgespart.

Während die Pädagogik also für die Zeit der Kindheit die Mitleids- und Moralethik entfaltete, forderte sie implizit die Pflichtethik des zukünftigen Erwachsenen im Vorgriff durch Subordination ein. Sie leitete aus dem Anrecht des - zukünftig erwachsenen - Kindes auf eine gleichberechtigte Stellung in der Gesellschaft die Notwendigkeit ab, es im Vorfeld durch Subordination auf einen mäßigen Gebrauch dieses Rechtes im Erwachsenenalter zu trimmen. Hieraus rechtfertigte sie ihre Intervention. Hier liegt meines Erachtens ein Ursprung für die Teleologie und das Subjekt-Objekt-Verhältnis in der Pädagogik begründet.

Korczak setzt an diese Stelle mit seiner Pädagogik eine radikale Kehrtwendung. Zunächst schafft er durch die konstitutionelle Pädagogik eine Grundlage für eine Pädagogik der Diskursethik anstelle der Pflicht- oder Moralethik. Mit dem Kodex, der im Waisenhaus institutionalisiert war, war der Diskurs als zentrales Mittel der Begegnung und des Handelns zwischen den Erwachsenen und den Kindern und unter den Kindern und Jugendlichen selbst vermacht:

Die Paragraphen des Kindergerichts sind ein Nachweis dieser veränderten Ausgangslage in Korczaks Konzeption. Sie sind, von Korczak vorgegeben, vollständig anders konzipiert als etwa die staatlichen Gesetzestexte. Sie beziehen sich weder auf konkrete, zu erwartende Vergehen noch enthalten sie irgendeine zwingende Kausalität für die Richter. Der gesamte Kodex ist eine Art metrischer Moralskala von 1 bis 109, wobei die 1 für `Anklage zurückgezogen' und die 109 für `nicht mehr tragbar' steht. Alle Paragraphen bis 99 sind ermahnende, verzeihende Paragraphen. Das Kollektiv, das dem Gericht erläuternd und beratend zur Seite stand, und die Richter sind also keineswegs kausal daran gebunden, bei einem spezifischen Vergehen einen spezifischen Spruch ergehen zu lassen. Im Gegenteil waren alle Teilnehmer ständig aufgefordert, alle Umstände und Besonderheiten eines jeden Falles zu erläutern und einzubeziehen und damit, im offenen Diskurs, zu einem Ergebnis zu kommen. Dabei galten die Regeln, die Alexy für den Diskurs festlegt:

1. a. Jedes sprach- und handlungsfähige Subjekt darf am Diskurs teilnehmen.
2. a. Jeder darf jede Behauptung problematisieren
   b. Jeder darf jede Behauptung in den Diskurs einführen.
   c. Jeder darf seine Einstellungen, Wünsche und Bedürfnisse äußern.
3.   Kein Sprecher darf durch innerhalb oder außerhalb des Diskurses herrschenden Zwang gehindert werden, seine in 1. und 2. festgelegten Rechte wahrzunehmen.[3]

Das Kollektiv, das im Waisenhaus - in gänzlich anderer Form als bei Makarenko - via Gericht oberste Instanz über Erzieher und Kinder war, ist also durch die Art der Paragraphen gebunden, bei jedem anstehenden Fall neu den Dikurs zu

---

[1] ebenda
[2] Habermas 1991; S.16 ebenda
[3] zit. n. Habermas 1991a; S.99

eröffnen und zu führen, wobei die gesamte Gemeinschaft des Waisenhauses an diesem teilhat. Mit der Etablierung des Gerichts schon am Beginn der Arbeit des Waisenhauses war bereits dokumentiert, daß an die Stelle der Mitleidsethik und der Moralethik die Diskursethik treten würde. Gleichzeitig war dokumentiert, daß die Kinder als Spezialisten ihrer Angelegenheiten, ihrer Lebenswelt angesehen und benötigt wurden. Die konstitutionellen Organe dieser Gemeinschaft wie das Notariat, der Sejm, das Vergnügungskomitee oder das Gericht waren durch ihre Institutionalisierung Garanten, daß die Gemeinschaft des "Dom Sierot" in einer Art "ständigen reflexiv gewordenen kommunikativen Handelns"[1] zu einem Kollektiv der wechselseitigen Erziehung und der Veränderung im Diskurs wurde.

Die Diskursethik war in Korczaks pädagogischer Praxis nicht ausschließlich auf die institutionalisierte Konstitution gegründet. Im Gegenteil: Die Konstitution war eines unter mehreren Versatzstücken. Alle Elemente der Reflexion, die Tagebücher, die Zeitung, die Tafel, der Briefkasten[2] etc. waren stützende und zugleich vorantreibende Elemente des Diskurses. Das gesamte Netz ergab ein Gebäude, das sowohl dem Kind wie dem Erzieher signalisierte, daß er gleichberechtigter Teinehmer am Diskurs ist und darin etwas bewirken kann und daß er diesen Diskurs nicht substantiell umgehen kann. Diese Botschaft für Erzieher würde heute in jeder mir bekannten Einrichtung eine Reihe von Kündigungen unter den Mitarbeitern auslösen, weil die selbstverständlichen Hierarchien, die bislang letztendlich doch noch Sicherheit gaben, gänzlich wegfallen würden.

Korczaks zentrale Innovation geht also in meiner Sichtweise weit über die Wiedereinführung des Dialoges in die Pädagogik hinaus[3] und damit weit über Buber hinaus. Korczak machte durch die Institutionalisisierung der Grundlagen für den Diskurs aller Mitglieder des Waisenhauses weit mehr. Er gab dem, in der Pädagogik eher gefürchteten, "unaufhörlichen und ordnungslosen Rauschen des Diskurses"[4] nicht nur Raum, sondern machte ihn zur Grundessenz seiner Arbeit. In der Fundierung seiner Pädagogik auf der Diskursethik sind, neben diesem Fakt selbst, weitere zentrale Veränderungen gegenüber der Reformpädagogik begründet:
Der stetige Diskurs, dem auch - gerade - das pädagogische Handeln und die Prämissen seiner Akteure unterworfen waren, verunmöglichte eine teleologische Pädagogik. An ihre Stelle trat eine diskursive Praxis, die ihren Begründungszusammenhang aus der Lebenswelt der am Diskurs Beteiligten schöpfen mußte. Zielbestimmung und Zielgerichtetheit der Erziehung konnten nur gelten, solange sie aus dem Hier und Jetzt, vor dem Hintergrund der Erfahrung und den Interpretationsfolien der Teilnehmer Verständigung erzielen konnten. Für pädagogisches Handeln war damit nachweispflichtig, daß es sich auf den heutigen Tag bezog und in einem Verständigungsprozeß mit dem Gegenüber, dem Kind, stattfand. Die Teleologie, eines der Hauptprobleme in der Begegnung zwischen Erwachsenen und Kindern, war weitestgehend ausgeschaltet bezw. reduzierte sich auf Erfahrungen, deren Weitergabe dem Diskurs unterlag.

Damit war auch ein weiterer Paradigmenwechsel in Korczaks Pädagogik vermacht. Die Teleologie in der Pädagogik bewirkt automatisch für die Begegnung zwischen Erwachsenem und Kind die Dominanz des strategischen Handelns und

---

[1] Habermas 1991; S.17
[2] eine Börse für Verbessserungsvorschläge und Kritiken
[3] vergl.: Kirchhoff 1988 und Kemper 1990 die die Dialogik bei Korczak hervorheben
[4] Foucault 1992; S.33

damit das Subjekt-Objekt-Verhältnis. Die diskursive pädagogische Praxis dagegen bringt die Notwendigkeit der intersubjektiven Verständigung mit sich. Sie kann nur im intersubjektiven kommunikativen Handeln entstehen, nicht aber im strategischen Handeln. Folgt man der nachstehenden Argumentation von Habermas, so ist der Wechsel von strategischem Handeln zu kommunikativem Handeln fundamental für die Pädagogik. In seinen Erläuterungen zum Begriff des kommunikativen Handelns schreibt er:
".. die Aneignung von Traditionen, die Erneuerung von Solidaritäten, die Vergesellschaftung von Individuen bedürfen der naturwüchsigen Hermeneutik der Alltagskommunikation und damit des Mediums der sprachlichen Konsensbildung. Eine Interaktion, in der einer den anderen als Objekt der Einflußnahme behandelt, läuft an dieser Dimension sprachlich hergestellter Intersubjektivität vorbei; im Rahmen reziproker Beeinflussung können kulturelle Gehalte nicht überliefert, soziale Gruppen nicht integriert, Heranwachsende nicht sozialisiert werden."[1]

Mit der Wahl zwischen kommunikativem und strategischem Handeln hat die Pädagogik die Alternative zwischen einer verständigungsorientierten und einer teleologisch- erfolgsorientierten Praxis.[2] Man kann kaum sagen, daß Korczak die Alternative des kommunikativen Handelns gewählt hat. Er hat sie vielmehr im Rahmen seiner pädagogischen Praxis als logische Notwendigkeit entstehen lassen. Betrachtet man nun Erziehung - in Anlehnung an Habermas[3]- als einen Prozeß, den man unter dem Aspekt der Lebenswelt und/oder des Systems betrachten kann, so hat Korczak, mit der Abkehr von dem strategisch-teleologischen pädagogischen Handeln und der Institutionalisierung des kollektiven kommunikativen Handelns, Pädagogik wesentlich unter dem Aspekt der intersubjektiv geteilten Lebenswelt praktiziert. Er hat damit eine Pädagogik der Begegnung und des Diskurses konstituiert.

Mit dieser und durch diese Pädagogik der Begegnung und des Diskurses ist es Korczak gelungen, das Recht und den Schutz des einzelnen in der Gemeinschaft und die Gemeinsamkeit unter den Individuen zugleich den Alltag bestimmen zu lassen. Dieses in der Pädagogik ausgesprochen seltene, Gegenspiel zwischen `solitaire' und `solidaire' als Ergebnis der Diskursethik in der Pädagogik ist für mich das eigentlich geniale an der Konzeption des Waisenhauses in der Korchmalna-Straße. Die Dialektik zwischen `einsam' und `gemeinsam', zwischen `individuell' und `solidarisch' ist weder bei Makarenko noch bei Neill oder Wichern voll erhalten geblieben.
Grundlage der bei Korczak erhaltenen Balance zwischen "Solitaire" und "Solidaire" war eine offene Skepsis, mit der Korczak nicht nur sich und seine Handlungen, sondern auch seiner Umwelt begegnete. Seine politische Haltung, das Zurückschrecken vor Zukunftsentwürfen, Dogmen und Ideologien spiegeln dies wider. Bei der Frage nach dem Sinn einer Auswanderung nach Palästina taucht diese Skepsis ebenso auf wie in seiner pädagogischen Literatur. In der Haltung gegenüber dem Kind und in seinen Forschungsansätzen praktizierte er die Suche nach den Tatsachen und mißtraute den festgefügten Wahrheiten und vorgedachten Entwürfen. Der "offene Skeptizismus"[4] zeigt sich in einer Balance zwischen Bejahung und Verneinung, die die Möglichkeit beinhaltet "solitaire" und

---

1 Habermas 1989; S.603
2 vergl.: ebenda; S.602
3 vergl.: Habermas 1988; S.299 und ders. 1989; S.603
4 vergl. Wernicke 1984 S.37

"solidaire" als Ensemble der Möglichkeiten zu bewahren.

Die ineinandergewobene Existenz von Kollektiv und Individuum bedingt aber deren Kommunizierbarkeit. Diese zu erstellen mißlingt in den meisten pädagogischen Theorien zur Gruppenarbeit, da sie von einem anderen als dem Gemeischaftsbegriff Bubers und Landauers ausgehen. Kollektiv wird nicht im Sinne "wirklicher" d.h. freier Gemeinschaft in der Begegnung benannt, in der "solitaire" über den Diskurs zum "solidaire" wird, um gleichzeitig aber "solitaire" zu bleiben.

Dies ist aber die Grundlage des humanistischen Gemeinschaftsbegriffs, der sowohl Bubers, Landauers und Fromms Theorien unterliegt als auch die Philosophie Camus und die Theorie Habermas durchzieht.

Im Sinne dieser Theoriebildungen und Philosophieströmungen ist es Korczak als einzigem gelungen, eine wirklich humanistische Pädagogik von "solitaire" und "solidaire" auf der Basis des Skeptizismus zu begründen.

"Für die sozialen Belange genügt es nicht, daß Universitätseinrichtungen eine neue wissenschaftliche Erkenntnis hervorbringen. Es wird nötig sein, tatsachenfindende Organe, soziale Augen und Ohren zu schaffen, und zwar unmittelbar an den Körperschaften, die Sozialarbeit treiben."

Kurt Lewin

Aktionsforschung als Alltagsgeschäft

Stefa Wilczynska, von den Kindern des Waisenhauses `Frau Stefa' genannt, strukturierte und konzipierte gemeinsam mit Korczak die Arbeit des "Dom Sierot". Über fast 30 Jahre hinweg führte sie die pädagogische Praxis im Waisenhaus und der Burse. Immer also, wenn man von der Pädagogik Korczaks spricht, müßte man, um korrekt zu sein, von der Pädagogik Stefa Wilczynskas und Janusz Korczaks sprechen. Ihre Methodik der Reflexion und der Beobachtung waren - wie schon bei ihren Anmerkungen in den Notizheften der Bursisten ersichtlich - im Zuge derselben Praxis entstanden wie die Methodik Korczaks. Sie hatte dieselbe Diktion und Systematik.

Stefa Wilczynska versuchte zweimal Abstand von der Arbeit im Waisenhaus zu gewinnen, kehrte aber jedesmal zur Zusammenarbeit mit Korczak und den Kindern zurück. 1937/38 war sie für ein halbes Jahr zum Dachverband der jüdischen Waisenheime in Polen "Centos" gewechselt, um dort als Beraterin zu arbeiten. Ihre Aufgabe lag darin, die Einrichtungen des Verbandes zu visitieren und zu beraten. In ihrem Abschlußbericht gibt sie ein hervorragendes Beispiel für das, was Kurt Lewin - der Begründer der Aktionsforschung - mit "Tatsachenfindung"[1] beschreibt. Gerade wegen der detaillierten Ausführung möchte ich ein längeres Stück aus ihrem Bericht zitieren. Er wurde im März 1938 in der "Sozialen Rundschau" veröffentlicht. Unter anderem schreibt sie dort:

"Ich führte sie (die Internatsvisitationen) nach zwei Regeln durch:
1. Ich kam nirgendwo an, ohne dies vorher anzukündigen
2. ich wohnte dabei auf dem Gebiet des Internats
Meine kurze Ankündigung, die ich einige Tage vor meiner Ankunft schickte, lautete: `Ich komme nicht als Kontrolleurin und Kritikerin, sondern als erfahrene und wohlwollende Beraterin'... Ich wollte dem Personal Zeit zum Nachdenken und zur Vorbereitung für gemeinsame Sitzungen ..geben. Oder sogar dazu, das zu verbergen, was nicht ans Tageslicht soll.. Die Atmospäre des Tages und das Angesicht der Nacht kommen sowieso zum Vorschein, wenn ich, nach meinem zweiten Prinzip handelnd, zusammen mit den Kindern (und nicht mit den Erziehern) bei Tisch sitze und in ihrem Schlafzimmer die Nacht verbringe. Für erfahrene Erzieher ergibt vieles eine Aussage: wie es im Schlafzimmer und in den Toiletten nachts aussieht, wie Kinder essen (nicht was), wie sie ihre Freizeit gestalten, ob sie ihre Familien am Sonntag besuchen, ob ehemalige Zöglinge zu Besuch kommen usw. Man erkennt viel von einer Institution, wenn man nachts beobachtet, wieviele Betten leer sind, weil die Kinder vor Angst und aus Man-

---

1vergl.: Lewin 1975; S.284

gel an Wärme zu zweit schlafen. Auch die Art des Schlafens von Zöglingen läßt viel erkennen: wieviele schnarchen, husten, onanieren, kratzen sich, nässen ein. Wie werden die Kinder geweckt, - sonnig und menschenwürdig oder düster und brutal. Die Beobachtungen machen die Augen dort auf, wo geschickte Inszenierung etwas verbergen will...
Man urteilt nach unterschiedlichen Kriterien. Wie verschieden `gut' oder `schlecht' sein kann, soll ein Beispiel von Betten und Räumen zeigen, die ich erlebt habe... Im ersten Internat bekam ich ein Bett mit Sprungfedermatratze in einem der wenigen Zimmer, in dem keine Fensterscheibe fehlte. Im zweiten Internat - in einer Industriestadt - war die Matratze mit Baumwollresten gefüllt. Warm und weich. Aber es kam die Reflexion: wie ist es hier im Sommer, ist es nicht zu warm und können hier nicht leicht Flöhe reinkriechen, was geschieht, wennn ein Kind die Matratze naß macht... Im dritten Internat war die Matratze mit drei Strohmatten gestopft. Das ist angeblich sehr hygienisch, leicht zu lüften, sauber, sparsam. Aber ist es nicht zu hart für anämische Halbwüchsige, deren Nahrung, fettarm, so wenig wärmt. Solche Tatsache wirft auf die Redlichkeit der Hauswirtschaft dieses Internats ein Licht: am ersten Tag meines Aufenthalts wurde im Zimmer der Erzieherin und in meinem Gastzimmer nicht geheizt, und dasselbe bei den Kindern. Der Hauswart mußte die Kanalisation reparieren. Am nächsten Tag war es wieder warm. Im vierten Internat herrschte auch `Gleichheit' und `Gerechtigkeit', weil man in allen Sälen der Kinder und Zimmern der Erzieher gleich fror... Und ähnliche Betrachtungen sind beim Essen, Tischdecken und Verhalten beim Tisch, in der Küche und in der Vorratskammer möglich."[1]

Diese scharfen und breit, in Nuancen hinein, angelegten Beobachtungen der `Visitatorin' Stefa Wilczynksa beziehen das Feld, "die dynamische Gesamtheit von Bedingungen"[2] als zentralen Beobachtungsgegenstand mit ein. In kommunikativer Erfahrung mit dem Feld erforscht sie diese Gesamtheit in einer Art des subjektiven, eingebundenen Experimentierens. Die Detailgenauigkeit, mit der sie ihre Beobachtungen versieht, das Hervorheben der Nebensächlichkeiten und die Zentrierung der Beobachtung auf Alltägliches finde ich in diesem Bericht erstaunlich. Es ist nicht der Bericht der Inspektorin, die die Schlafstellen um der Hygiene willen prüft, sondern die diese zum Lesebuch für die nachfolgende pädagogische Reflexion macht.

Diese Systematik der Beobachtung war im Waisenhaus in gemeinsamer Arbeit mit Korczak entstanden und bestimmte dort die alltägliche Rezeption der Geschehnisse. Die Beobachtungen des Alltages wurden in vielfältiger Weise als Daten, Fakten, Aufzeichnungen, Berichte oder Zettelnotizen gesammelt und in Gremien oder großen Gruppen wieder in den Diskurs der Gemeinschaft eingespeist. Das geschah nicht nur durch Stefa Wilcynska und Korczak, sondern durch alle Mitglieder der Gemeinschaft. Die systematische Aneinanderreihung von Prozessen der Beobachtung - über Prozesse der Reflexion hin zur Rückkoppelung in die Gemeinschaft und zu wieder neuer Beobachtung - war im Waisenhaus in den Tagebüchern, Notizen, Kalendarien und Wochenschriften und in den Gremien wie Gericht, Sejm oder der Lesung der Zeitschrift institutionalisiert. Damit entsprach die alltägliche Praxis dieser pädagogischen Konzeption dem, was Ronald Lippitt als die dritte, eigentliche Bedeutung der Aktionsfor-

---

1 Wilcynska 1938; S.69
2 Lang 1979; S.51

schung bezeichnet: "Die dritte Bedeutung", so schreibt Lippitt, einer der wichtigsten Mitarbeiter Lewins, "definiert Aktionsforschung als ein Verfahren, in dem die Mitglieder eines bestimmten sozialen Systems in den Prozeß der Datensammlung über sich selbst einbezogen werden und dann die selbst produzierten Daten benutzen, um die sie betreffenden Tatbestände mit dem Ziel zu analysieren, irgendeine Art von Abhilfe oder Förderungsmaßnahme zu ergreifen."[1] Hier wird die Nähe deutlich, die Korczaks pädagogische Alltagspraxis zur Praxis der Handlungsforschung aufweist.

Friedhelm Beiner sieht die "gewisse Nähe in Korczaks Arbeits- und Forschungsweise" zur Handlungsforschung vor allem darin begründet, daß in beiden Fällen " die Forscher als Beteiligte des Handlungsfeldes sowohl forschen als auch praktisch handeln sollen"[2]. Meines Erachtens geht die Nähe zwischen beiden Ansätzen darüber hinaus:

Korczaks Forderung nach dem Forschergeist des Erziehers läuft auf eine dreifache Rollenidentität hinaus. Der Erzieher, bei Beiner Forscher und Handelnder zugleich, ist nicht nur in der Rolle des Pädagogen und des Forschers. Neben diesen beiden Rollen hat er noch die Mitgliedsrolle in der zu beforschenden Gruppe inne. Er ist also nicht nur Forscher und durch die Art seiner Forschung handelndes Subjekt im Kollektiv, sondern Mitglied desselben und damit Gegenstand der eigenen Forschung. Damit überspitzt Korczak gewissermaßen die Handlungsforschung im Ansatz Lewins zu dem was ich als "Auto-Aktionsforschung" bezeichnen möchte. Korczak macht damit Handlungsforschung zu einem alltäglichen reflexiven Akt und zur Pflicht des pädagogisch handelnden und forschenden Mitglieds einer Gemeinschaft. Dies kann für Familien genauso wie für Kindergärten und Schulen, für Eltern genauso wie für Lehrer und Erzieher gelten.

Die Elemente des Gerichts und der Lesung der Wochenschrift (auch des hier nicht näher ausgeführten Plebiszits) tragen Charakteristika jener Technik der Rückkoppelung und jener Rückmeldprozesse, die ihre besondere Akzentuierung in Lewins T-Gruppen erfuhren. Die wesentliche Funktion dieser Trainings-Gruppen, auf die Lewin durch Zufall stieß, ist laut M. Sader, daß in ihnen "kognitiv und im Handeln umsetzbare Rückmeldprozesse" thematisiert und eingeführt werden.[3] Handeln und Verhalten sollen durch die T-Gruppe in den Lernprozeß einbezogen werden, wobei das Ziel der Gruppenarbeit die Integration von Reflexion und Handeln ist.[4]

Ich hoffe in dem Abschnitten über Reflexion und Konstitution ausreichend dargestellt zu haben, wie stark in der alltäglichen Praxis des Waisenhauses in den kollektiven Zusammenhängen die beständige Reflexion verankert war und wie diese einem veränderten Handeln behilflich sein sollte. Training-Gruppen gehören, so meine ich, durch den diskursiven Charakter der pädagogischen Konzeption zur alltäglichen Lebensgestaltung des "Dom Sierot". Am deutlichsten scheint mir hier das Beispiel der Lesungen der Wochenschrift am Samstagvormittag zu sein.

---

[1] Lippitt 1979; S.106
[2] Beiner 1987; S.17
[3] vergl.: Sader 1979; S.648 und Lewin 1975; S.290ff
[4] vergl.: Sader 1979; S.642

Im Rahmen der Entdeckung der T-Gruppen für die Forschungsarbeit äußerst sich Lewin erstaunt über die "gelöste Atmosphäre der Objektivität", die in diesen Gruppen herrscht. Jedes der Mitglieder kann Fehler eingestehen "ohne seine Stellung zu gefährden"[1]. Dieser Umstand zeigt für Lewin, daß die Methodik, die im Rahmen der Forschung entstanden ist, eine hervorragende Methodik der Pädagogik ist. Lewin schreibt: "Diese und ähnliche Erfahrungen haben mich überzeugt, daß wir Handeln, Forschung und Erziehung als ein Dreieck betrachten sollten, das um jeder seiner Ecken willen zusammenzuhalten ist."[2] Lewin bildet damit dasselbe Dreieck, das uns beständig in Korczaks Theorie und Praxis begegnet und dessen Bestandteile in einem wechselseitigen Bedingungsgefüge verschränkt sind.

Eine vierte Verwandtschaft zwischen Korczaks Praxis und Lewins Ansatz liegt in der engen Verzahnung von Faktensammlung und Faktenverwendung. Im Gegensatz zur klassischen Empirie bezog keine der Datensammlungen in Korczaks Praxis ihre alleinige Sinnhaftigkeit aus der zukünftig zu elaborierenden Erkenntnis. Jede dieser Fakten- und Datensammlungen floß zugleich aktuell in die alltägliche Lebensgestaltung des Waisenhauses mit ein. Als Reflexion, Teilerkenntnis, erneuter Versuch oder als konkrete Umgestaltung wurden die Fakten und Daten diskutiert und im Alltag aufgenommen. Die Chronik war nicht nur Chronik sondern, zugleich Mittel der Identifikation oder Abgrenzung. Die Messungen waren nicht nur Faktensammlung für eine zukünftige Synthese, sondern Kontrolle über die Qualität der Küche, Hautkontakt und eine Möglichkeit des Face-to-Face, zwischen 100 und mehr Kindern und zwei Erziehern, um nur einige Beispiele anzuführen. Korczak hat das Sammeln von Fakten, Notizen und Daten in eine ungeheuer vielfältige Verflechtung zum Alltag gestellt. Es war Aufforderung zur Achtsamkeit, zur Beobachtung der Nuancen und der Reflexion zugleich und gestaltete im sofortigen Rückfluß, durch die Wiedereingabe der beobachteten Fakten, den Lebensalltag der Einrichtung. Forschung und Veränderung des jetzigen Handelns durch die Teilerkenntnisse waren in seiner Praxis ineinander verschmolzen.

Um hier die Verwandtschaft, besser gesagt die Identität der Ansätze von Lewin und Korczak zu dokumentieren zitiere ich noch einmal Lippitt, der am Ende seines Aufsatzes über Aktionsforschung zusammenfassend schreibt: "Es scheint evident, daß die dritte Bedeutung von Aktionsforschung die ausgereifteste ist und erfolgreichste, wenn es darum geht, Faktensammlung und Faktenverwendung wirksam zu verknüpfen. Und das ist in der Tat die entscheidende Errungenschaft der Idee der Aktionsforschung."[3]

Ich meine, daß Korczak und Stefa Wilczynska mit den Kindern diese Errungeschaft bereits lange vor Lewin zum integralen Bestandteil des Lebens im Waisenhaus gemacht haben.

Als fünfte und hier letzte Ähnlichkeit zwischen Lewin und Korczak will ich zwei Merkmale ihrer Forschungsansätze nennen:
Zum ersten war in beider Denken die Vorstellung verankert, daß sich wissenschaftliche Erkenntnis und Veränderung auf der Grundlage dieser Erkenntnis in

---

1 vergl.: Lewin 1975; S.291
2 ebenda
3 Lippitt 1979; S.109

spiralförmigen Bewegungen und nicht linear vollzieht. In Lewins Ansatz entsteht Erkenntnis und Veränderung über eine Spirale der Tatsachenfindung, die sich im ständig wiederholenden Viertakt bewegt: 1. Die Erstellung des Generalplanes und des ersten Versuchplanes - 2. das soziale Experiment - 3. die Auswertung und Reflexion - 4. die Veränderung des Generalplanes und der nächste Entwurf - etc. "Eine vernünftige Sozialtechnik", so schreibt Lewin, "schreitet daher in einer Spirale von Schritten voran, deren jeder aus einem Kreis von Planung, Handlung und Tatsachenfindung über das Ergebnis der Handlung zusammengefügt ist."[1]
Korczak bringt diese spiralförmige Forschungstechnik am Ende seines Lebens auf die folgende kurze Formel: "Forschen um zu wissen?"- fragt er in seinem Ghettotagebuch - "Nein. Forschen um zu finden, bis auf den Grund der Dinge vorzudringen? Auch das nicht. Also forschen, um immer weiter zu fragen." Und er fügt hinzu: "Ich richte meine Fragen an Menschen (kleine Kinder und Greise), an Tatsachen, Ereignisse, Schicksale. Mich packt nicht der Ehrgeiz, eine Antwort zu finden, ich möchte vielmehr zu weiteren Fragen vordringen - nicht unbedingt nach demselben Gegenstand."[2]

Gleichzeitig - und damit zum zweiten - war es sowohl Lewins wie auch Korczaks Ziel, mit Hilfe der Forschung objektive Aussagen darüber machen zu können, welche Umstände für das Individuum welche Folgen bringen. Die Suche nach dieser "psychologischen Ökologie"[3] war für Korczak die Frage danach, welches jene Bedingungen sind, in denen sich das Kind am besten, selbsttätig entfalten und entwickeln kann.

Korczaks Pädagogik entspricht - so der Versuch meines Nachweises - dem Versuch, Aktionsforschung als beständige alltägliche Reflexionsmethodik in die pädagogische Begegnung einzuführen; und dies mit zweierlei Ziel:
Erstens soll und muß das Handeln der Erwachsenen in dieser Begegnung einer permanenten Kontrolle und Reflexion unterzogen werden, um die selbstverständliche, kulturell fundierte Mißachtung des Gegenübers durch eine reflektierte Haltung zu diesem zu brechen. Die Generalpläne der pädagogisch Handelnden, ihre Prämissen müssen durch den Versuch objektiver Erkenntnis und durch Rückkoppelung mit den Betroffenen ständig geprüft werden.
Zweitens ist es das Ziel, aus den alltäglichen pädagogischen Versuchen und Begegnungen mittels der Aktionsforschung zunehmend gesichertere Erkenntnis über günstige Bedingungen der Entwicklung und des Lernens zu gewinnen. Das heißt, zu versuchen die Vorgänge des selbsttätigen Lernens und der Identitätsbildung besser zu verstehen und die eigenen Handlungen und Bedingungen dieser Erkenntnis fortwährend anzupassen.

Korczak hat hier durch die Etablierung "tatsachenfindender Organe" und durch die Einführung der Beobachtung, wie sie Stefa Wilczynska schilderte, seiner Einrichtung im Lewinschen Sinne "soziale Augen und Ohren"[4] geschaffen.

---

[1] Lewin 1975; S.284ff
[2] Korczak 1970; S.328
[3] vergl.: Lang 1979; S.53
[4] Lewin 1975; S.289

Was ich besitze seh' ich wie im Weiten
Und was verschwand wird mir zu Wirklichkeit

Goethe (Faust)

Erziehung als Akt der Kontemplation

Mir scheint in der Pädagogik Korczaks über den Dialog, den Diskurs, die Forschung und die Reflexion hinaus eines noch wichtig, ohne das - wie ich meine - das andere nur halb, nur unvollständig wäre. Am Ende jeden theoretischen Nachdenkens über Korczak bleibt etwas übrig, das in unserer Sprache schwer zu fassen ist. So wenig Sprache, theoretischer Zugang und Alltagswissen es mir ermöglichen, dieses wirklich zu erfassen, so sehr steht fest, daß die vorweg genannten Elemente der Pädagogik Korczaks noch eine Lücke lassen. "Hellsichtigkeit", so schreibt Korczak, "besteht aus dem forschenden Willen, der wachsenden Vernunft und einem ungetrübten Gefühl." Und, Verstehen des Kindes, meint er, verlangt "die Kraft, die Wahrheit zu empfinden."[1]
Daß Korczak hier, bei aller wissenschaftlichen Sachlichkeit, die er für die Pädagogik fordert, das Empfinden als Grundlage des Verstehens einfügt, scheint zunächst ein Widerspruch zu sein. In seinem Denken erscheinen jedoch theoretische Klarsicht und reflexive Kompetenz und Erkenntnis über das Kind und die eigene Person und ihre Handlungen als begrenzt. Sie werden nur bis zu jener Linie führen, hinter der das liegt, was Korczak das `Geheimnis des Kindes' nennt. Dieses Geheimnis des Kindes' macht, - folgt man Oelkers - den Kern seiner Pädagogik aus.[2] Das Kind bleibt bei aller Erkenntnis ein unergründbares Geheimnis, mit dem eine Begegnung im Sinne Bubers nicht auf der Grundlage der Reflexion und der Erkenntnis allein gelingen kann. Nimmt man Korczak ernst, so scheint es als sei eine partielle, situative Teilhabe , als "Co-Präsenz" an diesem Geheimnis nur über das Empfinden möglich.
Korczak spricht hier von "Wahrheit empfinden" und "ungetrübtem Gefühl". Und dieses "den-Dingen-im-eigenen-Inneren-Nachspüren" über das Gefühl, die Versenkung in das Gegenüber im Empfinden macht Korczak zur Aufgabe - zunächst für sich. In seinen Überlegungen zur Pädagogik wird aber deutlich, daß ohne diesen Akt der inneren Betrachtung auch die Erkenntnis und Reflexion nicht auskommt. In einem Essay mit dem Titel "Gefühl" schreibt er:
"Einen Menschen kennenlernen heißt vor allem, ein Kind zu erkunden, auf jede mögliche Art und Weise. Ich versuche das nicht auf dem wissenschaftlichen Wege - ich sehe dem Kind ins Auge. Mir scheint daß im Intellekt kein Unterschied ist. Das Kind und ich - derselbe Gedankengang, alles dasselbe. Nur eins - ich lebe länger. Aber in den Gefühlen ist ein Unterschied. Es heißt daher, nicht mit hm zusammen zu verstehen, sondern mit ihm zusammen zu fühlen: wie ein Kind sich zu freuen und traurig zu sein, zu lieben und böse zu sein, sich zu schämen und beleidigt zu sein, sich fürchten und Zutrauen zu haben - wie macht man das? Und wenn ich es nicht fertig bringe - wie kann ich andere lehren?"[3]

---

[1] Korczak zit. n. Brendler 1987 S.127
[2] vergl. Oelkers 1982; S.51
[3] Korczak zit.n. Hagari 1984; S.128

Das "Wie-macht-man-das?" scheint die Lebensaufgabe Korczaks gewesen zu sein, die er durch Schreiben, sich Erinnern, Miterleben, wissenschaftlich Durchdringen, Verstehen, Erfühlen - kurz, durch jede nur mögliche Art der Reflexion und des Innewerdens - fertigzubringen versuchte. Aber darüber hinaus versuchte er, diese `Umfassung', das `Hineingehen' zu lehren. Kaum ein Medium, das Korczak nicht dafür nutzte: das Radio, die Zeitung, Fachzeitschriften, Bücher, sogar den Röntgenschirm:
Ein bekanntes, durch Zeugen verbürgtes Beispiel dieser Lehre hat Andrzej Waijda in seinem Korczak-Film widergegeben: Kurz vor Beginn einer Vorlesung läßt Korczak den Veranstaltungsort in den Röntgensaal verlegen. Ein Kind begleitet Korczak. Dieser stellt es vor den Studenten hinter den Röntgenschirm, auf dem das ängstlich schlagende Herz des Kindes pulsiert. Korczak weist mit wenigen Worten auf dieses verängstigte Pochen des Herzens hin und verläßt mit dem Kind die Vorleseung, beendet den Vortrag.
Korczak stellt sich und der Pädagogik eine fast unlösbare Aufgabe. Hatte Rousseau lange vor ihm gefordert, daß man das Kind "gut und eindringlich kennenlernen muß", so fordert Korczak "daß man über den Weg des Gefühls" einen Pfad in das wie A. Lewin es ausdrückt, "Wunderland des Kindes" findet.[1]
Der Erwachsene soll über den Weg des Gefühls, des Empfindens am Geheimnis des Kindes monethaft teilhaben. Nicht durch die analytische Erkenntnis und die Beobachtung sondern durch die Innenschau, die innere Betrachtung.
Diesen "anderen Weg das `Geheimnis' zu erkennen"[2] beschreibt Fromm mit dem Begriff Liebe. Und er beschreibt eine wundersam komplizierte Eigenart dieses Aktes, wenn er notiert: "In diesem Akt erkenne ich dich, erkenne ich mich... und ich `weiß' doch nichts"[3]. Das Geheimnis wird sinnlich umfaßt, aber bleibt dennoch Geheimnis. Es ist nicht in Erkenntnis transformierbar, sondern muß immer wieder von neuem erspürt und erlebt werden.

In Anlehnung an die Betrachtungen Fromms meine ich, daß für die Pädagogik an die Stelle des Wortes Liebe das Wort des Innewerdens, Innehabens, der versenkenden Betrachtung, der Kontemplation zu rücken hat. Auch wenn Korczaks pädagogisches Hauptwerk im Deutschen den Titel "Wie man ein Kind lieben soll" trägt, scheint es mir wenig verlockend Liebe als Begriff zum pädagogischen Thema zu machen.[4] Es liegt nahe, die Übersetzung des polnischen Titels eher mit "Wie? - Ein Kind? - Lieben? " wiederzugeben und Korczaks Frage in dem Essay "Gefühl" - "Wie macht man das ?" - auf den Akt des Innewerdens, des innwendigen Begreifens zu beziehen. Wie erreicht man den Zustand des Empfindens, wie jenen Zustand der pädagogischen Kontemplation?

"Am Ausgang" so schreibt F. Melzer, "steht ein lateinisches Verbum mit den Stammformen contemplar - contemplatus sum - contemplari, `beschauen, betrachten'. Dabei fällt auf, daß diese Verbform nicht die des Aktivs ist, daß hier - im Unterschied zu den deutschen Verben `beschauen' und `betrachten' der Mensch letzlich nicht der Tätige ist, sondern hier mit dem Menschen etwas geschieht."[5]

---

1 vergl.: A. Lewin 1984; S.10
2 Fromm 1980; S.41
3 ebenda
4 vergl. hier die Reflexionen von Oelkers 1987 Liebe als pädagogisches Thema- Überlegungen im Anschluß an Korczak.
5 Melzer 1974 S.124

Mit der passiven Begriffswahl "es geschieht ihm" greift Melzer denselben Begriff auf, mit dem Buber den Akt der "Umfassung" in seinen Beispielen von den Liebenden und dem Schlagenden zu beschreiben versucht. "Contemplari", so das Stammverb, bedeutet, daß Kontemplation einem geschieht und daß dieses Geschehen der Kontemplation nur durch die Konzentrationen der Beobachtung, durch hohe Obacht, aber nicht durch einen zielgerichteten Willensakt zu erreichen ist. Die Passivform deutet die Grundregel der Kontemplation sowohl des Zen als auch des Neoplatonismus an, daß die teleologische Intention dem Akt der Kontemplation widerspricht. "Solcherart Kontemplation" beschreibt es J. Pieper, "ist zu denken als ein schauendes Ruhen des inneren Blickes, das durch nichts Fremdes gestört, dennoch von innen her beunruhigt ist".[1]
"Dieses Innehaben" so Meister Eckhart, "liegt am Gemüte und an einem innigen aufmerksamen Sich-Hinwenden und Trachten". Es liegt "nicht in einem stetigen und gleichmäßigen Drandenken".[2] Zu diesem "Innehaben" gehört, folgt man dem Dominikaner aus dem 13. Jahrhundert weiter, "Eifer, Liebe, ein sorgsames Achtgeben auf des Menschen Innwendigkeit und eine wache, wahre, wirkliche Einsicht, auf der das Gemüt stehen kann, gegenüber Dingen und Menschen."[3]

Die Kontemplation, zu der Zeit Meister Eckharts anerkannte und hochgeschätzte Erkenntnismethode und Lebensweise, verschwindet in der Neuzeit. An die Stelle der "vita contemplativa" rückt zunächst die "vita activa", um spätestens im Zuge der Industrialisierung dem, wie Hannah Arendt es ausdrückt, "animal laborans" Platz zu machen. Die Verdrängung der Kontemplation als Denkens- und Handlungsart ist eng gekoppelt mit der Veränderung des gesellschaftlichen Arbeitsprozesses und erfährt ihre radikalste Wendung im 19. Jahrhundert. Auch die Pädagogik als wissenschaftliche Disziplin und als Praxis ist in diese Entwicklung mit einbezogen. In ihr, so behaupte ich, findet derselbe Verlauf statt wie in den anderen Bereichen gesellschaftlichen Lebens:
"Vergleicht man die moderne Welt mit den Welten, die wir aus der Vergangenheit kennen, so drängt sich vor allem der enorme Erfahrungsschwund auf, der dieser Entwicklung inhärent ist. Nicht nur, daß die anschauende Kontemplation keine Stelle mehr hat in der Weite spezifisch menschlicher und sinnvoller Erfahrungen, auch das Denken, sofern es im Schlußfolgern besteht, ist zu einer Gehirnfunktion degradiert, welche die elektronischen Rechenmaschinen erheblich besser, schneller und reibungsloser vollziehen als das menschliche Gehirn. Das Handeln (vita activa), das erst mit dem Herstellen gleichgesetzt wird, sinkt schließlich auf das Niveau des Arbeitens herab.."[4]

In der Pädagogik ist dies in den Entwicklungen von Rousseau zu den Reformpädagogen enthalten: Die empirische Erkenntnis, die bei Rousseau erstmals einen Vorrang bekommt, wird in der Reformpädagogik durch die Zielorientierung ersetzt, - das reflexive Handeln wird durch das produktorientierte herstellende Handeln verdrängt. Die Kontemplation als Erkenntnismethode wird als Methode des Mittelalters der Mystik zugeordnet und aus dem Bereich der Kognition in den Bereich der Imagination verschoben. Dabei wurde vollständig vergessen, was Karl Jaspers in seiner Einführung in die Philosophie schreibt: daß nämlich

---

1 Pieper 1957 S.79
2 Meister Eckhart; o.Ang., S.61
3 ebenda
4 Arendt 1981; S.314

"ein tieferer Ursprung der Wissenschaften .. die reine hingebende Kontemplation (ist), - das sehende Sichvertiefen, das Hören auf die Antworten aus der Welt.[1]"

Japsers ist es auch, der die kontemplative Erkenntnis als Grundoperation, als "Umgreifendes"[2] beschreibt:
"Die Grundoperation, mit der wir uns denkend über alles Gedachte hinausschwingen, ist vielleicht nicht schwierig, aber doch so fremdartig, weil sie nicht die Erkenntnis eines neuen Gegenstandes bedeutet, der dann faßlich wird, sondern mit Hilfe des Gedankens eine Verwandlung unseres Seinsbewußtseins be wirken möchte." Und Jaspers fährt, ähnlich wie H. Arendt, fort: "Weil der Gedanke uns keinen neuen Gegenstand zeigt, ist er im Sinne des uns gewohnten Weltwissens leer. Aber durch seine Form öffnet er die unendlichen Möglichkeiten der Erscheinung des Seienden für uns, und läßt er zugleich alles Seiende transparent werden. Er verwandelt den Sinn der Gegenständlichkeit für uns, indem er in uns die Fähigkeit erweckt, in Erscheinungen hören zu können, was eigentlich ist."[3]
Folgt man Jaspers in diesem Gedanken, so ist die Kontemplation als gedankliche Grundoperation eben jenes "dritte Ohr", von dem auch Berendt, Reik und Balint schreiben - "die Erfahrung in Erscheinungen hören zu können".

Korczaks Pädagogik, so meine ich, ist in ihrem Kern eine kontemplative Pädagogik im Sinne des Eckehart'schen Verständnisses. In ihr ist das `Fühlen wie', das `Innewerden der Inwendigkeit des Menschen' das zentrale Bindeglied zu ihren anderen Elementen. Mit Kontemplation ist hier nicht die "auf das Übersinnliche gerichtete Beschaulichkeit"[4] gemeint, sondern die innewerdende, aktive, auf die Innwendigkeit gerichtete Betrachtung und Aufmerksamkeit. Kontemplation ist hier das "dritte Ohr" neben Forschung und Reflexion. Sie verbindet in Korczaks Pädagogik die Reflexion, die autobiographischen Innenschau und die Forschung zu einem komplexen Werk der Be-ob-achtung.[5]
Die "vita activa" des Forschens, der wissenschaftlichen Erkenntnis, erfüllt sich letztendlich in der Kontemplation, als einem Akt, in dem der Pädagoge die Versenkung in sein Gegenüber erfährt. Sie erfüllt sich in der "vita contemplativa". Die Be-ob-achtung wird dabei zur vorsichtigen, Obacht nehmenden Beachtung in Achtung.
Pädagogik als Wissenschaft hat die Beobachtung über die Rezeptivität hinaus zur kolonialisierenden Suche von Kausalitäten gestaltet, mit dem Ziel die künftige Realität im Heute möglichst zielsicher zu gestalten. Beobachtung war eine Methode die Beherrschbarkeit der Zukunft über die Erziehung einer heranwachsenden Generation zu optimieren. "Aber die Realität der Zukunft ist nicht positiv zugänglich, sondern von der Gegenwart aus gesehen nur mit Entwürfen oder ästhetischen Optionen zu veranschaulichen, ohne damit die zukünftigen Realitäten tatsächlich zu antizipieren. Es ist keine Frage, *daß* - außerhalb simulierter Universen - Zukunft eintreten und künftige Gegenwart werden wird, aber ihre Realität bringt nicht die jetzige Gegenwart hervor. Das aber, eine lineare Verkettung von Gegenwart und Zukunft, ist die Grundannahme pädagogischer

---

1Jaspers 1962; S.75
2ebenda; S. 29
3ebenda; S.32
4Keysers Fremdwörterlexikon 1950
5Interessant sind in diesem Kontext die Ausführungen von Mollenhauer/Uhlendorff 1992 zur Methode der hermeneutisch- diagnostischen Interpretation

Theorien. Erziehungsansprüche werden unter dieser Vorraussetzung, einer Beherrschbarkeit von Zukunft formuliert."[1]
Diese Verkettung ist die Grundoperation der "fünften Grundrechenart und ihr radikales Gegenüber ist der Entwurf einer kontemplativen Pädagogik. Sie bietet die Chance, von einer zielgerichteten produktiven Pädagogik zu einer wahrnehmenden, begegnenden, diskursiven Pädagogik weiterzugehen.

1Oelkers 1992 S.200/201

Korczaks Provokation

Joseph Arnon, dessen Briefverkehr mit Korczak ich mehrfach zitiert habe, schreibt 1978 mit Blick auf die unterschiedlichen Interpretationen, die Korczaks Arbeit erfährt:
"Nach vielen Jahren fing ich an zu verstehen, daß jeder, der die geheimnisvolle Tiefe dieser Persönlichkeit entdeckt, schließlich auch seinen `eigenen Korczak' finden wird."[1]
Das kontemplative Element ist - folge ich Arnons Ausdrucksweise - `mein Korczak', den ich in der Suche nach Auswegen aus dem eigenen Straucheln meinte gefunden zu haben. Dies ist der Teil in der Pädagogik Korczaks, der in meinem Zugang zu seiner Pädagogik, neben der Handlungsforschung und dem Diskurs, immer größere Bedeutung gewonnen hat. Und zugleich ist es der Teil, der am schwersten in Worte zu fassen ist.
Aber nicht nur das. Er ist auch am schwersten in die eigene Praxis, die Begegnungen mit Kindern umzumünzen. Denn zwischen dem Auffinden und der veränderten Praxis steht Korczaks Fragezeichen : "Wie macht man das?"
Mir scheint, Korczaks Leben gibt einen Teil der Antwort: Man macht es über die Erziehung der eigenen Person. Durch autobiographischen Nachvollzug, reflektierendes Schreiben, schreibende Annäherung, intensive Praxis, Fehler, Reflexion derselben und durch Forschung - Forschung über das Kind, die Umstände, die eigene Handlung, das andere und eigene Gemüt -.

Korczak provozierte. Sich selbst und alle um sich herum. Er provozierte die Erwachsenen mit dem Versuch die überkommenen Selbstverständlichkeiten der Erwachsenen-Kind-Relation auszuhebeln. Er provozierte die Kinder ihre Recht wahrzunehmen. Und er provozierte sich und seine Mitarbeiter zu ständiger Überprüfung.
Korczaks Provokationen haben für die Praxis nicht an Schärfe verloren. Sie besitzen aber einen für Provokationen seltenen Zauber. Ihre Aussagen locken mehr zum Nachdenken als zur Opposition, sie reizen nicht, sondern reißen an. Ähnlich wie die Entwürfe von Buber und Landauer verführen sie zu Klarsicht und Imagination zugleich. Noch schärfer als bei Buber und Landauer führen Korczaks Provokationen zugleich zum Benennen der konkreten Verhältnisse und zu einer Art äußerst zaghafter Utopie, die der Dogmatik und des Ideals entbehrt - zur Imagination.
So ist es kein Zufall, daß Korczak für die letzte Theateraufführung der Kinder im Warschauer Ghetto das Bühnenspiel des indischen Dramatikers Rabindranath Tagore "Das Postamt" auswählte. Ein sterbenskranker Junge darf sein Zimmer nicht mehr verlassen und lebt von dem Blick durch ein kleines Fenster, das ihm die Welt ersetzt. Die Klarsicht auf den nahenden Tod und das Eingesperrtsein steht neben der Imagination der Ausflüge durch das Fenster. Beides, Einsicht in die Gegebenheiten und Ausblick über die Grenzen hinaus vereinigen sich in der Kontemplation in jenem Sinn, den Gustav Landauer diesem Wort für sich gab: "Das Motto ... könnte sein: Ohne Hoffnung. Das wäre Verzweiflung - wenn meine Aktivität Abhängigkeit wäre; so aber ist sie nur Notwendigkeit... Auch diese Aktivität ist eine Art der Kontemplation."[2] Landauer war es auch der Tagores "Postamt" mit seiner Frau Hedwig Jahrzehnten vor der Aufführung der

---

1 Arnon in Dauzenroth 1984; S.274
2 Landauer 1927 Bd.I I/229

Kinder im Warschauer Ghetto ins Deutsche übersetzte.[1]

An den Schluß des Buches möchte ich anstelle eines Resümees, das mir nicht möglich ist, eine letzte Provokation Korczaks setzen, von der ich hoffe, da sie für die Leser die erste von vielen folgenden Provokationen sein kann:

Beim Schreiben seines Tagebuches im Warschauer Ghetto mußte Korczak häufig in seinen Aufzeichnungen abbrechen, weil sein Schreibwerkzeug nicht funktionierte, die Tinte ausging oder das Licht verlöschte. Hadaska, ein Mädchen im Waisenhaus, hatte Korczak im Frühjahr 1942 ein, im Ghetto äußerst wertvolles Geschenk gemacht: eine Schreibfeder. Korczak erwähnt das Geschenk in seinen Aufzeichnungen. Am 25.März, drei Monate vor der Liquidation des Ghettos schreibt er Hadaska einen Brief.

Liebe Hadaska!

... Ich möchte Dir eine Lehre eines meiner Meister und Bildhauer meines Geistes überlassen - Waclaw Nalkowski - ein großer Gelehrter, - ein aufopfernder Wohltäter, - furchtloser Kämpfer, beständig und stur, und gefährlich für die Feinde des Fortschritts. - Waclaw Nalkowski schrieb:
"Man soll nicht allzu leichtfertig mit dem Leben der Einzelnen für die Zwecke der Gesellschaft spielen. Das fühlende und denkende Individuum ist ein allzu teures Material."

Ja, liebe Hadaska. - Du hast das volle Recht zu spielen und fröhlich zu sein. Du hast ein Recht auf ein bequemes Bett, auf ein Bad und saubere Wäsche, auf Kekse, sonnige Gedanken und süße Träume in der Nacht.
Ich schreibe das, um dieses Recht zu bestätigen, weil deine Mitmenschen andere Prinzipien verkünden: Am wenigsten für sich selbst und alles für die anderen.
Wenn die sogenannte Gesellschaft nicht so gierig und räuberisch wäre, würde dieses Prinzip zwar nicht leicht aber doch zulässig sein. So, wie es aber ist, wird es schädlich und gefährlich.
Stecke diesen Zettel ein und wenn Du ihn wiederfindest und liest, wirst Du damit einverstanden sein, daß das Herz nicht immer Recht hat, nicht immer kann man ihm das eigene Schicksal anvertrauen.

Grüße K.

Der Zettel - Korczaks Brief - wurde 50 Jahre nach der Liquidation der Menschen des Warschauer Ghettos in der Vernichtungsmaschinerie des Lagers Treblinka den Mitarbeitern des Korczak Archivs in Warschau übergeben.[2]

1Tagore 1949
2Korzak 1992 S.35

Literaturverzeichnis

Zitate auf der Grundlage unveröffentlichter deutscher Übersetzungsmanuskripte sind mit der Originalquelle, dem Vermerk `dt. unv. Übers.' und dem Namen der Übersetzerin in Klammer angegeben. Sie liegen dem Autor vor. Die von B. Hiller übersetzten Materialien sind mir von Prof. Beiner (Universität Wuppertal) zur Verfügung gestellt worden.
Die Dokumente über das Waisenhaus und Korczak, die nicht namentlich zugeordnet werden, stehen unter Korczak -Dokumente verzeichnet.

Adorno, Th. W., Erziehungs zur Mündigkeit - Vorträge und Gespräche mit H. Becker 1959-69, Frankfurt/ Main 1970
-, Jargon der Eigentlichkeit,in: ders., Gesammelte Schriften, Bd.6, Hrsg. R. Tiedemann, Frankfurt/ Main 1984, S.415- 519
Altenhofer,N., Martin Buber und Gustav Landauer, in: Licharz/Schmitt S.151-173
Arendt, H., Vita Activa - oder vom tätigen Leben, München/ Zürich 1981
Badry, E., Die Gründer der Landerziehungsheime, in: Scheuerl, H.(Hg.), Klassiker der Pädagogik, Bd.II, München 1979
Beiner, F.(Hg.), Janusz Korczak - 2. Korczak Kolloquium Universitätsdruck Wuppertal, Wuppertal 1984
-, Wie man ein Kind lieben soll.- Elemente der Pädagogik des Janusz Korczak, in: Hochschulkolloquium d. Berg. Universität Wuppertal, Bd.III, Wuppertal 1987
-, (Hg.), Janusz Korczak - Pädagogik der Achtung: Tagungsbuch zum 3. Wuppertaler Korczak-Kolloquium, Heinsberg 1987a
Beiner, F./ Dauzenroth, E.(Hg.), Auf dass nichts in Vergeßenheit gerät - Zeugen und Zeugnisse für Janusz Korczak, Wuppertal 1989
Berendt, J.-E., Nada Brahma - die Welt ist Klang, Reinbeck 1987
-, Das dritte Ohr - vom Hören der Welt, Reinbeck 1988
Bernfeld, S., Sisyphos oder die Grenzen der Erziehung, Frankfurt/ Main 1967
Bettelheim, B., Die Rehabilitierung emotional gestörter Kinder. in: Neue Sammlung 15(1/1975), Göttingen
-, Preface, in: Korczak, J., Comment aimer un enfant, Paris 1978, dt. unv. Übers.(A.Wagner)
Bibermann, S., Nach dem Kodex - (poln.orig.) Wedlug kodeksu, in: Puszkin 1984, S.58-60, dt. unv. Übers. (H. Lühr)
Blättner, F., Geschichte der Pädagogik, Heidelberg 1968
Bloch, E., Pädagogica, Frankfurt/ Main 1972
Bobrowska- Nowak, W., Metoda obserwacji klinicznej w ujeciu Janusza Korczaka oraz jej znaczenie dla wspolczesnej pedagogiki, in: Kirchner, H.(Hg.), Janusz Korczak zycie i dzielo - Materialy, S.161-167, Warszawa 1982, dt. unv. Übers. (H. Lühr)
Brendler, K., Die Vorrangigkeit des gelebten Lebens für die pädagogische Theorie, in : Beiner 1987, S. 119-130
Buber, M., Das echte Gespräch und die Möglichkeit des Friedens, Heidelberg 1953
-, Begegnung - Autobiographische Fragmente (Nachwort v. A. Goes), Heidelberg 1986
-, Reden über Erziehung, Heidelberg 1986a
-, Die Erzählungen der Chassidim, Zürich 1990
-, Das Buch der Preisungen, verdeutscht v. M. Buber, Frankfurt/ Main 1962

Czerniakow, A., Im Warschauer Ghetto - Das Tagebuch des Adam Czerniakow 1939-1942, München 1986
Czuk, J., Herr Doktor und Frau Stefa, in: Puszkin 1984, S.51-58, dt. unv. Übers. (H. Lühr)
Dauzenroth, E., Janusz Korczak 1878-1942 - der Pestalozzi aus Warschau, Zürich 1978
-, Der posthume Sieg des Janusz Korczak, in: Dialog 1/1992
Dauzenroth, E./ Hampel, A., Korczak - Das Kind lieben, Frankfurt/ Main 1984
Dörner, K., Diagnosen der Psychiatrie, Frankfurt 1981
Falkowska, M., Kalendarz, Zycia Dzialalnosci i Tworczosci Janusza Korczaka, Warszawa 1989, dt. unv. Übers.(B.Hiller)
-, (Hg.), Mysl Pädagogiczna Janusza Korczaka - Nowe Zrodla, Warszawa 1983
Flitner, W., Die Erziehung - Pädagogen und Philosophen über die Erziehung und ihre Probleme, Bremen 1953
Foucault, M., Die Ordnung des Diskurses- mit einem Essay v. R. Konersmann, Frankfurt/ Main 1992
Fromm, E., Haben oder Sein - Die seelischen Grundlagen einer neuen Gesellschaft, Stuttgart 1980
-, Die Kunst des Liebens, Frankfurt/ Main,Berlin, Wien 1980a
-, Das jüdische Gesetz - Zur Sozialpsychologie des Diaspora-Judentums, Weinheim/Basel 1989
-, Jenseits der Ilussion - Die Bedeutung von Marx und Freud, Reinbek 1981
Fromm, E./ Suzuki, D. T., Zen und Psychoanalyse, Frankfurt/ Main 1971
Funk, R., Von der jüdischen zur sozialpsychologischen Seelenlehre - Erich Fromms Weg von der einen über die andere Frankfurter Schule; in: Sesterhenn 1987, S.91-109
-, Mut zum Menschen - Erich Fromms Denken und Wer, seine humanistische Religion und Ethik; Stuttgart 1978
Gaudig, H., Die Schule im Dienste der werdenden Persönlichkeit, hrsg. v. O. Scheibner, Leipzig 1930
Gawor, S./ Wallis, S., Muße - Überlegungen zu Zeit und Sein in der Sozialarbeit, Dipl.arb. an der ev. FH- Hamburg 1991
Giesecke, H., Das Ende der Erziehung, in: Graffiti - LEB Hamburg, 1989, nr. 4, S. 62-63
Ginsburgh, H./ Opper, S., Piagets Theorie der geistigen Entwicklung, Stuttgart 1989
Gold, L., Der erste Dienst, in: Puszkin 1984, dt. unv. Übers. (H. Lühr)
Habermas, J., Theorie des kommunikativen Handelns, Bd.II, Frankfurt/ Main 1988
-, Vorstudien und Ergänzungen zur Theorie kommunikativen Handelns, Frankfurt/ Main 1989
-, Erläuterungen zur Diskursethik, Frankfurt/ Main 1991
-, Moralbewußtsein und kommunikatives Handeln, Frankfurt/ Main 1991a
Hagari, A., Janusz Korczak als Kinderschriftsteller, in: Licharz 1984, S.123-130
-, Stefa Wilcynska in der Wirklichkeit - (poln. orig.) Stefa Wilcynksa w Rzeczywistosci, Warszawa 1990, dt. unv. Übers. (H. Lühr)
Heigl -Evers, A.(Hg.), Psychologie des 20. Jahrhunderts - Lewin und die Folgen, Zürich 1979
Hekele, K., Ein Zauberwort wird entzaubert, in: Sozial Extra Heft 6,1988
Hurrelmann, K.(Hg.), Sozialisation und Lebenslauf - Empirie und Methodik sozialwissenschaftlicher Persönlichkeitsforschung, Reinbek 1976
Jaspers, K., Einführung in die Philosophie - Zwölf Radiovorträge, Berlin/ Darmstadt/ Wien 1962

Jouhy, E., Klärungsprozesse - gesammelte Schriften hrsg. v. R. Jungk, Bd.I, Frankfurt/ Main 1988

Kahn, G., Janusz Korczak und die jüdische Erziehung - Janusz Korczaks Pädagogik auf dem Hintergrund seiner jüdischer Herkunft, Weinheim 1992

Kemper, H., Erziehung als Dialog - Anfragen an Janusz Korczak und Platon - Sokrates, Weinheim/ München 1990

Kerschensteiner, G., Charakterbegriff und Charaktererziehung, Leipzig/ Berlin 1912

-, Der Begriff der staatsbürgerlichen Erziehung, Leipzig/ Berlin 1919

Key, E., Das Jahrhundert des Kindes - Studien, Berlin 1912

Keysers Fremdwörterlexikon, hrsg. v. R.v. Kienle, Heidelberg 1950

Kirchhoff, H., Dialogik und Beziehung im Erziehungsverständnis Martin Bubers und Janusz Korczaks, Frankfurt/ Main 1988

Kirchner, M., Das Anlitz des Kindes: Janusz Korczak und Emanuel Levinas paralell gelesen, unveröff. Manuskript 1992

-, Vom Gebot und der Gnade des Augenblicks- chassid. Einflüsse auf Korczaks Person und Werk, in: Beiner 1987, S. 219- 231

-, Die Geschichten des Janusz Korczak, unveröff. Manuskript 1992a

Klafki,W. u.a.(Hg.), Funkkolleg Erziehungswissenschaft, Bd.II, Frankfurt/ Main 1971

-, Erziehungwissenschaft - eine Einführung, Frankfurt/ Main 1980

Korczak, J., Kinder der Straße - (poln. orig.) Dzieci ulicy, Warszawa 1901, dt. unv. Übers. (B. Hiller), (1901)

-, Die Gegenwartsschule - (poln. orig.) Szkola Wspolczesna, in: Glos 1905(19/1905), Warszawa, dt. unv. Übers. (H. Lühr), (1905)

-, Das Kind des Salons - (poln. orig) Dziecko Salonu, Warszawa 1906, dt. unv. Übers. (B. Hiller), (1906)

-, Beichte eines Schmetterlings - (poln. orig.) Spowiedz Motyla, Warszawa 1914, dt. unv. Übers. (B. Hiller), (1914)

-, Erziehungsmomente, (poln. orig.) Momenty wychowawace, Warszawa 1919, dt. unv. Übers. (B. Hiller), (1919)

-, Die Schule ist da - (poln. orig.) Jest Skola, in: Rocznik Pedagogiczny, 1921, nr.1, dt. unv. Übers. (H. Lühr), (1921)

-, Leonard, gem. mit M. Rogowska Falska, in: Skola specjalna, 1927-28 (IV) S.33-99, (1927)

-, Vorwort, in: Rogowska- Falska, M., Zaklad wychowawcny "Nasz Dom", S. 3-5, Warszawa 1928, dt. unv. Übers. (H. Lühr), (1928)

-, Sie schreiben nicht... - (poln. orig.) Nie pisza..., in: Zycie Dziecka 1932, nr. 5-6, S.187-189, dt. unv. Übers. (H. Lühr), (1932)

-, Polnische Schriftsteller und das sowjetische Rußland - Umfrage der Literarischen Nachrichten über Sowjetische Literatur - das kommunistische Experiment - die polnisch-russische Annäherung, - (poln. orig.) Pisarze polscy a Rosja Sowiecka, in: Wiadomosci Literackie 1933, nr.44, S.3, dt. unv. Übers. (H. Lühr), (1933)

-, Beobachtung eines Falls (Jungenonanie) - (poln.orig.) Obserwacja jednego Przypadku (Onanizm chlopa); in : Szkola Specjalna, Tom XIII, Warszawa 1936/37; dt. unv. Übers. (H. Lühr), (1936)

-, Wie man ein Kind lieben soll, hrsg. v. E. Heimpel und H. Roos, Göttingen 1967

-, Das Recht des Kindes auf Achtung, hrsg. v. E. Heimpel und H. Roos, Göttingen 1970

-, Jack handelt für alle, Berlin 1972

-, Wenn ich wieder klein bin, Göttingen 1973

Korczak, J.,, Regeln des Lebens - drei Zutaten zu diesem Buch -(poln. orig) Trzy Dodatki do tej Ksiazki, in: Korczak, J., Pisma Wybrane Warszawa 1978, dt. unv. Übers. (H. Lühr), (1978)
-, Allein mit Gott - Gebete eines Menschen der nicht betet, Gütersloh 1980
-, Verteidigt die Kinder, Gütersloh 1981
-, Kleine Siege - (poln. orig.) Drobne zwyciestwa, in: Falkowska 1983, S. 231, dt. unv. Übers. (H. Lühr), (1983)
-, Briefe anstelle von Artikeln - (poln. orig) Listy zamiast artykulow, in: Falkowska 1983, S. 238-239, dt. unv. Übers. (H. Lühr), (1983a)
-, The Ghetto Years; Tel Aviv 1983b
-, Der Hering soll leben - (poln. orig.) Niech zyje sledz, in: Falkowska 1983, S. 233-234, dt, unv. Übers. (H. Lühr), (1983b)
-, Verteidigt die Kinder, Gütersloh 1987
-, Brief an Hadaska vom 23.3.1942, in: Materialy Gettowe, Warszawa 1992, Manuskript-S.35, (erscheint verm. Ende 1992 in deutsch), dt. unv. Übers. (H. Lühr), (1992)
-, Briefe an Joseph Arnon aus den Jahren 1932 - 1939, Originale im Korczaks- Archiv Kibbutz Lohamei haGhetaot, Israel
-, Briefwechsel mit Balcia, Originaldok. im Korczak- Archiv Kibbutz Lohamei haGhetaot, Israel, dt. unv. Übers. (H. Lühr)
Korczak - Dokumente, Abschriften der Bursistenhefte von Josef Arnon, Rozka Sternkac, Miriam Gerblichowa, Arie Buchner, Abschriften des Korczak- Archivs Warszawa, dt. unv. Übers. (H. Lühr)
-, Kommentar zur Wochenschrift des Waisenhauses - Heft von Stanilaw Papuczinski, Orignialdok. im Korczak- Archiv Kibbutz Lohamei haGhetaot, Israel, dt. unv. Übers. (H. Lühr)
-, Bericht von der Jubliäumsfeier des 25. Jubiläums der Gesellschaft für Waisen von Stanislaw Hubicki, in : Korczak,J., Pisma Wybrane, Bd.III, S.447, Warszawa 1985, dt.unv. Übers.(H. Lühr)
-, Rezension "Der Bankrott des kleinen Jack", in: Central- Verein- Zeitung, 1935 (XIV) nr.49, 3. Beiblatt, Rubrik Bücher für Kinder
-, Rezension von Will Vesper, in: Die Neue Literatur, 1932 (2/1932) S.118-119
Krappmann, L., Soziologische Dimensionen der Identität, Stuttgart 1969
Kunert,H., Deutsche Reformpädagogik und Faschismus, Hannover/ Darmstadt/ Dortmund/ Berlin 1973
Landauer, G., Skepsis und Mystik - Versuche im Anschluß an Mauthners Sprachkritik; Berlin 1903
-, Sein Lebensweg in Briefen, hrsg. von Martin Buber, Bd. I/II; Frankfurt 1929
-, Worte der Würdigung von E. Mühsam, R. Rocker, H. Rüdiger, D. A. de Santillan; Darmstadt (um) 1950
Lang, A., Die Feldtheorie von Kurt Lewin, in: Heigl- Evers 1979. S. 51-57
Lassahn, R., Hermann Lietz - Leben und Werk, in: Lietz 1970
Levinas, E., Einige Anmerkungen zu Buber; in: ders., Außer Sich - Meditationen über Religion und Philosophie, hrsg. von F. Miething; München 1991
Lewin, A., Das wesentliche in Korczaks Inspiration, in: Beiner 1984,
Lewin, K., Die Lösung sozialer Konflikte , Bad Nauheim 1975
Liebau, E., Gesellschaftliches Subjekt und Erziehung - Zur pädagogischen Bedeutung der Sozialisationstheorien von Pierre Bourdieu und Ulrich Oevermann; Weinheim/Basel 1987
Licharz, W./ Dauzenroth, E./ Hampel, A., Janusz Korczak in seiner und unserer Zeit, Frankfurt/ Main 1984
- ,/Schmitt,H. Martin Buber (1878- 1965) Internat. Symposium zum 2o. Todestag. Bd. II, Arnoldshainer Texte Bd.58

Lietz, H., D.L.E.H. - die deutschen Landerziehungsheime - Gedanken und Bilder, Leipzig 1910
-, Der Deutsche nach dem Kriege - sein Beruf, sein Wille, Bühl (Baden) 1917
-, Schulreform durch Neugründung - ausgewählte Schriften besorgt v. R. Lassahn, Paderborn 1970
Lifton, B. J., Der König der Kinder - das Leben Janusz Korczaks, Stuttgart 1990
Luhmann, N./ Schorr, K. E., Reflexionsprobleme im Erziehungssystem, Frankfurt/ Main 1988
Marcel, G., Werkauswahl Bd,III Unterwegssein, Paderborn 1992
Malson, L./ Itard, J./ Mannoni, O., Die wilden Kinder, Frankfurt/ Main 1972
Masschelein, J., Kommunikatives Handeln und pädagogisches Handeln, Weinheim 1991
Meister Eckhart, Predigten und Traktate, hrsg. von Friedrich Schulze- Maizier, Leipzig (ohne Jahresangabe, verm. 1930-40)
Melzer, F., Konzentration-Meditation-Kontemplation; Kassel 1974
Merzan, I., Auf daß es nicht vergessen wird - (poln. orig) Aby nie ulegto zapomieniu, Warszawa 1987, dt. unv. Übers (W. Ronge)
-, Korczak brachte uns das Schreiben bei - (poln. orig.) Korczak uczyl nas pisac,in: Puszkin 1984, S.67-71
Meyer-Drawe,K./Waldenfels,B. Das Kind als Fremder, in: Vierteljahresschrift für wiss. Pädagogik, Jg. 64 1988, S.271-287
Mollenhauer, K., Vergessene Zusammenhänge - Über Kultur und Erziehung, Weinheim/ München 1985
Mollenhauer, K./ Uhlendorff, U., Sozialpädagogische Diagnosen - über Jugendliche in schwierigen Lebenslagen, Weinheim/ München 1992
Müller, D. K., Sozialstruktur und Schulsystem im 19. Jahrhundert, Göttingen 1977
Müller, S./ Otto, H.-U., Verstehen oder Kolonialisieren - Grundprobleme sozailpädagogischen Handelns und Forschens; Bielefeld 1984
Nietzsche, F., Werke in 3 Bänden, hrsg. v. K. Schlechta, Darmstadt 1973
-, Jenseits von Gut und Böse, in: Nietzsches Werke, Hrsg. G. Colli/ M. Montinari, Bd. 6/2, Berlin 1968
Nohl, H., Die pädagogische Bewegung in Deutschland und ihre Theorie, Frankfurt/ Main 1970
Oelkers, J., War Korczak Pädagoge? in: Beiner 1982, (1982)
-, Die Reformpädagogik, in: Winkel 1983, S.187 -228 (1983)
-, Liebe als pädagogisches Thema - Überlegungen im Anschluß an Janusz Korczak, in: Beiner 1987a (1987)
-, Reformpädagogik - eine kritische Dogmengeschichte, Weinheim/ München 1989
-, Die große Aspiration - zur Herausbildung der Erziehungswissenschaft im 19. Jahrhundert, Darmstadt 1989a
-, Pädagogische Ethik - Eine Einführung ind Probleme, Paradoxien und Perspektiven; Weinheim/ München 1992
Oevermann, U., Pragmatische Überlegungen zu einer Theorie der Bildungsprozesse und zur Strategie der Sozialforschung, in. Hurrelmann 1976
Otto, B., Der Zukunftsstaat als sozialistische Monarchie, Berlin 1990
-, Die Zukunftsschule - Lehrgang und Einrichtungen, Berlin - Lichterfelde 1928
-, Ausgewählte pädagogische Schriften, hrsg. v. K. Kreitmair, Paderborn 1963
-, Der Umsturz, Leipzig 1896
Pannwitz, R., Kultur, Kraft, Kunst - Charonbriefe an Berthold Otto, Leipzig 1906

Pestalozzi, J. H., Ausgewählte Schriften, hrsg. v. W. Flitner, Frankfurt/Main / Berlin/ Wien 1983
Piaget, J., Dokad z mierzie Edukacja - (frz.orig) Ou va L'education, Warszawa 1977
-, Das Weltbild des Kindes, Stuttgart 1978
-, Das moralische Urteil beim Kinde, Frankfurt/ Main 1979
-, Theorien und Methoden der modernen Erziehung, Frankfurt/ Main 1987
Pieper, J., Glück und Kontemplation; München 1957
Preyer, W.,Die geistige Entwicklung in der ersten Kindheit nebst Anweisungen für Eltern dieselbe zu beobachten, Stuttgart/ Berlin/ Leipzig 1893
Pühl, H.(Hg.), Handbuch der Supervision - Beratung und Reflexion in Ausbildung, Beruf und Organisation, Berlin 1990
Puszkin, B.(Hg.), Krümmelchen der Erinnerung- (poln. orig.) Okruchy Wspomnien, Warszawa 1984
Reik, Th., Hören mit dem dritten Ohr - die innere Erfahrung eines Psychoanalytikers, Frankfurt/ Main 1983
Röhrig, P., Martin Buber wiedergelesen - ideologiekritische Betrachtungen zu seiner Pädagogik, in: Neue Sammlung 1978 (18) S.506-518
Rousseau, J.-J., Emile - oder Über die Erziehung, in neuer dt. Fassung von L. Schmidts, Paderborn 1978
Sachs, S., Stefa - Stefa Wilzcynksas pädagogische Alltagsarbeit im Waisenhaus Janusz Korczaks, Weinheim/ München 1989
Sader, M., Das Aktionsforschungsmodell der T- Gruppe und des T- Laboratoriums, in: Heigl- Evers 1979, S. 647- 649
Scarbath, H./ Scheuerl, H., Martin Buber, in: Klassiker der Pädagogik, hrsg. v. H. Scheuerl, Bd.I, München 1979, S.213-223
Scheibe, W., Die reformpädagogische Bewegung 1900 - 1932 - eine einführende Darstellung, Weinheim/ Basel/ Berlin 1969
Schultz, H.-J., Es ist ein Weinen in der Welt - Hommage für deutsche Juden; Stuttgart 1990
Sesterhenn, R., Das Freie Jüdische Lehrhaus - eine andere Frankfurter Schule; Zürich 1987
Tagore, R., Das Postamt - Ein Bühnenspiel, übersetzt von Hedwig Lachmann und Gustav Landauer; Kurt Wolff Verlag Leipzig (ohne Jahreszahl)
Tenorth, H.-E., Geschichte der Erziehung - Einführung in die Grundzüge neuzeitlicher Entwicklung, Weinheim/ München 1988
Ulman, G., Hau ab und spiel - Arbeit und Erziehungskrise, in: Die gesellschaftliche Wirklichkeit der Kinder in der bildenden Kunst, Berlin 1979, S. 17 - 48
Unger, F., Geschichte der Kindheit - Bemerkungen zu einem neuen Wisschaftszweig; in : Die gesellschaftliche Wirklichkeit der Kinder in der Bildenden Kunst, Berlin 1979, S. 65- 97
Watzlawik, P./ Beavin, J.H./ Jackson, D.D., Menschliche Kommunikation - Formen, Störungen, Paradoxien, Stuttgart/Wien 1969
Weber- Kellermann, I., Die deutsche Familie - Versuch einer Sozialgeschichte; Frankfurt 1975
Wernicke, H., Albert Camus; Hildesheim, Zürich, New York 1984
Wilczynska, S., Bericht über die halbjährige Tätigkeit in der pädagogischen Beratungsstelle des Vereins "Centos" - (poln. orig) Sprawozdanie z polrocznej dzialalnosci Poradni Pedagogicznej przy Zwiaqzku "Centos", in: Przeglad Spoleczny 1938 (III) S. 67-71, dt. unv. Übers. (H. Lühr)
Wolff, Ch., Nachdenken über Christa T., Darmstadt/ Neuwied 1980
Winkel,R., Pädagogische Epochen - Von der Antike bis zur Gegenwart, Düsseldorf 1988

Literaturverzeichnis

Zitate auf der Grundlage unveröffentlichter deutscher Übersetzungsmanuskripte sind mit der Originalquelle, dem Vermerk „dt. unv. Übers." und dem Namen der Übersetzerin in Klammern angegeben. Sie liegen dem Autor vor. Die von B. Hiller übersetzten Materialien sind mir von Prof. Beiner (Universität Wuppertal) zur Verfügung gestellt worden.
Die Dokumente über das Waisenhaus und Korczak, die nicht namentlich zugeordnet werden, stehen unter Korczak-Dokumente verzeichnet.

Adorno, Th. W., Erziehung zur Mündigkeit – Vorträge und Gespräche mit H. Becker 1959–69, Frankfurt/Main 1970
–, Jargon der Eigentlichkeit, in: ders., Gesammelte Schriften, Bd. 6, Hrsg. R. Tiedemann, Frankfurt/Main 1984, S. 415– 519
Altenhofer, N., Martin Buber und Gustav Landauer, in: Licharz/Schmitt S. 151–173
Arendt, H., Vita Activa – oder vom tätigen Leben, München/Zürich 1981
Badry, E., Die Gründer der Landerziehungsheime, in: Scheuerl, H. (Hg.), Klassiker der Pädagogik, Bd. II, München 1979
Beiner, F. (Hg.), Janusz Korczak – 2. Korczak Kolloquium Universitätsdruck Wuppertal, Wuppertal 1984
–, Wie man ein Kind lieben soll – Elemente der Pädagogik des Janusz Korczak, in: Hochschulkolloquium d. Berg. Universität Wuppertal, Bd. III, Wuppertal 1987
–, (Hg.), Janusz Korczak – Pädagogik der Achtung: Tagungsbuch zum 3. Wuppertaler Korczak-Kolloquium, Heinsberg 1987a
Beiner, F./Dauzenroth, E. (Hg.), Auf daß nichts in Vergessenheit gerät – Zeugen und Zeugnisse für Janusz Korczak, Wuppertal 1989
Berendt, J.-E., Nada Brahma – die Welt ist Klang, Reinbek 1987
–, Das dritte Ohr – vom Hören der Welt, Reinbek 1988
Bernfeld, S., Sisyphos oder die Grenzen der Erziehung, Frankfurt/Main 1967
Bettelheim, B., Die Rehabilitierung emotional gestörter Kinder, in: Neue Sammlung 15 (1/1975), Göttingen
–, Preface, in: Korczak, J., Comment aimer un enfant, Paris 1978, dt. unv. Übers. (A.Wagner)
Bibermann, S., Nach dem Kodex – (poln. orig.) Według kodeksu, in: Puszkin 1984, S. 58–60, dt. unv. Übers. (H. Lühr)
Blättner, F., Geschichte der Pädagogik, Heidelberg 1968
Bloch, E., Pädagogica, Frankfurt/Main 1972
Bobrowska-Nowak, W., Metoda obserwacji klinicznej w ujęciu Janusza Korczaka oraz jej znaczenie dla współczesnej pedagogiki, in: Kirchner, H. (Hg.), Janusz Korczak życie i dzieło – Materiały, S. 161–167, Warszawa 1982, dt. unv. Übers. (H. Lühr)
Brendler, K., Die Vorrangigkeit des gelebten Lebens für die pädagogische Theorie, in: Beiner 1987, S. 119–130
Buber, M., Das echte Gespräch und die Möglichkeit des Friedens, Heidelberg 1953
–, Begegnung – Autobiographische Fragmente (Nachwort v. A. Goes), Heidelberg 1986
–, Reden über Erziehung, Heidelberg 1986a
–, Die Erzählungen der Chassidim, Zürich 1990
–, Das Buch der Preisungen, verdeutscht v. M. Buber, Frankfurt/Main 1962

Czerniakow, A., Im Warschauer Ghetto – Das Tagebuch des Adam Czerniakow 1939–1942, München 1986
Czuk, J., Herr Doktor und Frau Stefa, in: Puszkin 1984, S. 51–58, dt. unv. Übers. (H. Lühr)
Dauzenroth, E., Janusz Korczak 1878–1942 – der Pestalozzi aus Warschau, Zürich 1978
–, Der posthume Sieg des Janusz Korczak, in: Dialog 1/1992
Dauzenroth, E./Hampel, A., Korczak – Das Kind lieben, Frankfurt/Main 1984
Dörner, K., Diagnosen der Psychiatrie, Frankfurt 1981
Falkowska, M., Kalendarz, Życia Działalnosci i Twórczosci Janusza Korczaka, Warszawa 1989, dt. unv. Übers. (B.Hiller)
–, (Hg.), Myśl Pädagogiczna Janusza Korczaka – Nowe Zrodła, Warszawa 1983
Flitner, W., Die Erziehung – Pädagogen und Philosophen über die Erziehung und ihre Probleme, Bremen 1953
Foucault, M., Die Ordnung des Diskurses – mit einem Essay v. R. Konersmann, Frankfurt/Main 1992
Fromm, E., Haben oder Sein – Die seelischen Grundlagen einer neuen Gesellschaft, Stuttgart 1980
–, Die Kunst des Liebens, Frankfurt/Main, Berlin, Wien 1980a
–, Das jüdische Gesetz – Zur Sozialpsychologie des Diaspora-Judentums, Weinheim/Basel 1989
–, Jenseits der Illusion – Die Bedeutung von Marx und Freud, Reinbek 1981
Fromm, E./Suzuki, D. T., Zen und Psychoanalyse, Frankfurt/Main 1971
Funk, R., Von der jüdischen zur sozialpsychologischen Seelenlehre – Erich Fromms Weg von der einen über die andere Frankfurter Schule, in: Sesterhenn 1987, S. 91–109
–, Mut zum Menschen – Erich Fromms Denken und Werk, seine humanistische Religion und Ethik, Stuttgart 1978
Gaudig, H., Die Schule im Dienste der werdenden Persönlichkeit, hrsg. v. O. Scheibner, Leipzig 1930
Gawor, S./Wallis, S., Muße – Überlegungen zu Zeit und Sein in der Sozialarbeit, Dipl.arb. an der ev. FH Hamburg 1991
Giesecke, H., Das Ende der Erziehung, in: Graffiti – LEB Hamburg, 1989, Nr. 4, S. 62–63
Ginsburgh, H./Opper, S., Piagets Theorie der geistigen Entwicklung, Stuttgart 1989
Gold, L., Der erste Dienst, in: Puszkin 1984, dt. unv. Übers. (H. Lühr)
Habermas, J., Theorie des kommunikativen Handelns, Bd. II, Frankfurt/Main 1988
–, Vorstudien und Ergänzungen zur Theorie kommunikativen Handelns, Frankfurt/Main 1989
–, Erläuterungen zur Diskursethik, Frankfurt/Main 1991
–, Moralbewußtsein und kommunikatives Handeln, Frankfurt/Main 1991a
Hagari, A., Janusz Korczak als Kinderschriftsteller, in: Licharz 1984, S. 123–130
–, Hagari, A., Stefa Wilcynska in der Wirklichkeit – (poln. orig.) Stefa Wilcynksa w Rzeczywistosci, Warszawa 1990, dt. unv. Übers. (H. Lühr)
Heigl-Evers, A. (Hg.), Psychologie des 20. Jahrhunderts – Lewin und die Folgen, Zürich 1979
Hekele, K., Ein Zauberwort wird entzaubert, in: Sozial Extra Heft 6, 1988
Hurrelmann, K. (Hg.), Sozialisation und Lebenslauf – Empirie und Methodik sozialwissenschaftlicher Persönlichkeitsforschung, Reinbek 1976
Jaspers, K., Einführung in die Philosophie – Zwölf Radiovorträge, Berlin/Darmstadt/Wien 1962

Jouhy, E., Klärungsprozesse – gesammelte Schriften hrsg. v. R. Jungk, Bd. I, Frankfurt/Main 1988

Kahn, G., Janusz Korczak und die jüdische Erziehung – Janusz Korczaks Pädagogik auf dem Hintergrund seiner jüdischen Herkunft, Weinheim 1992

Kemper, H., Erziehung als Dialog – Anfragen an Janusz Korczak und Platon – Sokrates, Weinheim/München 1990

Kerschensteiner, G., Charakterbegriff und Charaktererziehung, Leipzig/Berlin 1912

–, Der Begriff der staatsbürgerlichen Erziehung, Leipzig/Berlin 1919

Key, E., Das Jahrhundert des Kindes – Studien, Berlin 1912

Keysers Fremdwörterlexikon, hrsg. v. R. v. Kienle, Heidelberg 1950

Kirchhoff, H., Dialogik und Beziehung im Erziehungsverständnis Martin Bubers und Janusz Korczaks, Frankfurt/Main 1988

Kirchner, M., Das Antlitz des Kindes: Janusz Korczak und Emanuel Levinas parallel gelesen, unveröff. Manuskript 1992

–, Vom Gebot und der Gnade des Augenblicks – chassid. Einflüsse auf Korczaks Person und Werk, in: Beiner 1987, S. 219–231

–, Die Geschichten des Janusz Korczak, unveröff. Manuskript 1992a

Klafki,W. u. a. (Hg.), Funkkolleg Erziehungswissenschaft, Bd. II, Frankfurt/Main 1971

–, Erziehungswissenschaft – eine Einführung, Frankfurt/Main 1980

Korczak, J., Kinder der Straße – (poln. orig.) Dzieci ulicy, Warszawa 1901, dt. unv. Übers. (B. Hiller), (1901)

–, Die Gegenwartsschule – (poln. orig.) Szkoła Współczesna, in: Glos 1905 (19/1905), Warszawa, dt. unv. Übers. (H. Lühr), (1905)

–, Das Kind des Salons – (poln. orig) Dziecko Salonu, Warszawa 1906, dt. unv. Übers. (B. Hiller), (1906)

–, Beichte eines Schmetterlings – (poln. orig.) Spowiedz Motyła, Warszawa 1914, dt. unv. Übers. (B. Hiller), (1914)

–, Erziehungsmomente, (poln. orig.) Momenty wychowawace, Warszawa 1919, dt. unv. Übers. (B. Hiller), (1919)

–, Die Schule ist da – (poln. orig.) Jest Skoła, in: Rocznik Pedagogiczny, 1921, Nr. 1, dt. unv. Übers. (H. Lühr), (1921)

–, Leonard, gem. mit M. Rogowska Falska, in: Skoła specjalna, 1927–28 (IV) S. 33–99, (1927)

–, Vorwort, in: Rogowska-Falska, M., Zakład wychowawacny „Nasz Dom", S. 3–5, Warszawa 1928, dt. unv. Übers. (H. Lühr), (1928)

–, Sie schreiben nicht ... – (poln. orig.) Nie pisza ..., in: Życie Dziecka 1932, Nr. 5–6, S. 187–189, dt. unv. Übers. (H. Lühr), (1932)

–, Polnische Schriftsteller und das sowjetische Rußland – Umfrage der Literarischen Nachrichten über Sowjetische Literatur – das kommunistische Experiment – die polnisch-russische Annäherung, – (poln. orig.) Pisarze polscy a Rosja Sowiecka, in: Wiadomosci Literackie 1933, Nr. 44, S. 3, dt. unv. Übers. (H. Lühr), (1933)

–, Beobachtung eines Falls (Jungenonanie) – (poln.orig.) Obserwacja jednego Przypadku (Onanizm chłopa); in: Szkoła Specjalna, Tom XIII, Warszawa 1936/37; dt. unv. Übers. (H. Lühr), (1936)

–, Wie man ein Kind lieben soll, hrsg. v. E. Heimpel und H. Roos, Göttingen 1967

–, Das Recht des Kindes auf Achtung, hrsg. v. E. Heimpel und H. Roos, Göttingen 1970

–, Jack handelt für alle, Berlin 1972

–, Wenn ich wieder klein bin, Göttingen 1973

Korczak, J., Regeln des Lebens – drei Zutaten zu diesem Buch – (poln. orig) Trzy Dodatki do tej Ksiazki, in: Korczak, J., Pisma Wybrane Warszawa 1978, dt. unv. Übers. (H. Lühr), (1978)
–, Allein mit Gott – Gebete eines Menschen der nicht betet, Gütersloh 1980
–, Verteidigt die Kinder, Gütersloh 1981
–, Kleine Siege – (poln. orig.) Drobne zwycięstwa, in: Falkowska 1983, S. 231, dt. unv. Übers. (H. Lühr), (1983)
–, Briefe anstelle von Artikeln – (poln. orig) Listy zamiast artykułow, in: Falkowska 1983, S. 238–239, dt. unv. Übers. (H. Lühr), (1983a)
–, The Ghetto Years; Tel Aviv 1983b
–, Der Hering soll leben – (poln. orig.) Niech źyje śledź, in: Falkowska 1983, S. 233–234, dt. unv. Übers. (H. Lühr), (1983)
–, Verteidigt die Kinder, Gütersloh 1987
–, Brief an Hadaska vom 23. 3. 1942, in: Materialy Gettowe, Warszawa 1992, Manuskript-S. 35, (erscheint verm. Ende 1992 in deutsch), dt. unv. Übers. (H. Lühr), (1992)
–, Briefe an Joseph Arnon aus den Jahren 1932–1939, Originale im Korczaks Archiv Kibbutz Lohamei haGhetaot, Israel
–, Briefwechsel mit Balcia, Originaldok. im Korczak-Archiv Kibbutz Lohamei haGhetaot, Israel, dt. unv. Übers. (H. Lühr)
Korczak-Dokumente, Abschriften der Bursistenhefte von Josef Arnon, Rozka Sternkac, Miriam Gerblichowa, Arie Buchner, Abschriften des Korczak-Archivs Warszawa, dt. unv. Übers. (H. Lühr)
–, Kommentar zur Wochenschrift des Waisenhauses – Heft von Stanilaw Papuczinski, Originaldok. im Korczak-Archiv Kibbutz Lohamei haGhetaot, Israel, dt. unv. Übers. (H. Lühr)
–, Bericht von der Jubiläumsfeier des 25. Jubiläums der Gesellschaft für Waisen von Stanislaw Hubicki, in: Korczak, J., Pisma Wybrane, Bd. III, S. 447, Warszawa 1985, dt. unv. Übers. (H. Lühr)
–, Rezension „Der Bankrott des kleinen Jack", in: Central-Verein-Zeitung, 1935 (XIV) Nr. 49, 3. Beiblatt, Rubrik Bücher für Kinder
–, Rezension von Will Vesper, in: Die Neue Literatur, 1932 (2/1932) S. 118–119
Krappmann, L., Soziologische Dimensionen der Identität, Stuttgart 1969
Kunert, H., Deutsche Reformpädagogik und Faschismus, Hannover/Darmstadt/Dortmund/Berlin 1973
Landauer, G., Skepsis und Mystik – Versuche im Anschluß an Mauthners Sprachkritik; Berlin 1903
–, Sein Lebensweg in Briefen, hrsg. von Martin Buber, Bd. I/II, Frankfurt 1929
–, Worte der Würdigung von E. Mühsam, R. Rocker, H. Rüdiger, D. A. de Santillan; Darmstadt (um) 1950
Lang, A., Die Feldtheorie von Kurt Lewin, in: Heigl-Evers 1979, S. 51–57
Lassahn, R., Hermann Lietz – Leben und Werk, in: Lietz 1970
Levinas, E., Einige Anmerkungen zu Buber; in: ders., Außer Sich – Meditationen über Religion und Philosophie, hrsg. von F. Miething; München 1991
Lewin, A., Das wesentliche in Korczaks Inspiration, in: Beiner 1984
Lewin, K., Die Lösung sozialer Konflikte, Bad Nauheim 1975
Liebau, E., Gesellschaftliches Subjekt und Erziehung – Zur pädagogischen Bedeutung der Sozialisationstheorien von Pierre Bourdieu und Ulrich Oevermann; Weinheim/Basel 1987
Licharz, W./Dauzenroth, E./Hampel, A., Janusz Korczak in seiner und unserer Zeit, Frankfurt/Main 1984
–,/Schmitt, H. Martin Buber (1878–1965) Internat. Symposium zum 20. Todestag, Bd. II, Arnoldshainer Texte, Bd. 58

Lietz, H., D.L.E.H. – die deutschen Landerziehungsheime – Gedanken und Bilder, Leipzig 1910
–, Der Deutsche nach dem Kriege – sein Beruf, sein Wille, Bühl (Baden) 1917
–, Schulreform durch Neugründung – ausgewählte Schriften besorgt v. R. Lassahn, Paderborn 1970
Lifton, B. J., Der König der Kinder – das Leben Janusz Korczaks, Stuttgart 1990
Luhmann, N./Schorr, K. E., Reflexionsprobleme im Erziehungssystem, Frankfurt/Main 1988
Marcel, G., Werkauswahl, Bd, III Unterwegssein, Paderborn 1992
Malson, L./Itard, J./Mannoni, O., Die wilden Kinder, Frankfurt/Main 1972
Masschelein, J., Kommunikatives Handeln und pädagogisches Handeln, Weinheim 1991
Meister Eckhart, Predigten und Traktate, hrsg. von Friedrich Schulze-Maizier, Leipzig (ohne Jahresangabe, verm. 1930–40)
Melzer, F., Konzentration – Meditation – Kontemplation, Kassel 1974
Merzan, I., Auf daß es nicht vergessen wird – (poln. orig) Aby nie ulegto zapomieniu, Warszawa 1987, dt. unv. Übers (W. Ronge)
–, Korczak brachte uns das Schreiben bei – (poln. orig.) Korczak uczyl nas pisac, in: Puszkin 1984, S. 67–71
Meyer-Drawe, K./Waldenfels, B., Das Kind als Fremder, in: Vierteljahresschrift für wiss. Pädagogik, Jg. 64 1988, S. 271–287
Mollenhauer, K., Vergessene Zusammenhänge – Über Kultur und Erziehung, Weinheim/München 1985
Mollenhauer, K./Uhlendorff, U., Sozialpädagogische Diagnosen – über Jugendliche in schwierigen Lebenslagen, Weinheim/München 1992
Müller, D. K., Sozialstruktur und Schulsystem im 19. Jahrhundert, Göttingen 1977
Müller, S./Otto, H.-U., Verstehen oder Kolonialisieren – Grundprobleme sozialpädagogischen Handelns und Forschens, Bielefeld 1984
Nietzsche, F., Werke in 3 Bänden, hrsg. v. K. Schlechta, Darmstadt 1973
–, Jenseits von Gut und Böse, in: Nietzsches Werke, Hrsg. G. Colli/M. Montinari, Bd. 6/2, Berlin 1968
Nohl, H., Die pädagogische Bewegung in Deutschland und ihre Theorie, Frankfurt/Main 1970
Oelkers, J., War Korczak Pädagoge? in: Beiner 1982, (1982)
–, Die Reformpädagogik, in: Winkel 1983, S. 187–228 (1983)
–, Liebe als pädagogisches Thema – Überlegungen im Anschluß an Janusz Korczak, in: Beiner 1987a (1987)
–, Reformpädagogik – eine kritische Dogmengeschichte, Weinheim/München 1989
–, Die große Aspiration – zur Herausbildung der Erziehungswissenschaft im 19. Jahrhundert, Darmstadt 1989a
–, Pädagogische Ethik – Eine Einführung in Probleme, Paradoxien und Perspektiven; Weinheim/München 1992
Oevermann, U., Pragmatische Überlegungen zu einer Theorie der Bildungsprozesse und zur Strategie der Sozialforschung, in: Hurrelmann 1976
Otto, B., Der Zukunftsstaat als sozialistische Monarchie, Berlin 1990
–, Die Zukunftsschule – Lehrgang und Einrichtungen, Berlin-Lichterfelde 1928
–, Ausgewählte pädagogische Schriften, hrsg. v. K. Kreitmair, Paderborn 1963
–, Der Umsturz, Leipzig 1896
Pannwitz, R., Kultur, Kraft, Kunst – Charonbriefe an Berthold Otto, Leipzig 1906

Pestalozzi, J. H., Ausgewählte Schriften, hrsg. v. W. Flitner, Frankfurt/Main/ Berlin/Wien 1983
Piaget, J., Dokad z mierzie Edukacja – (frz. orig.) Où va L'education, Warszawa 1977
–, Das Weltbild des Kindes, Stuttgart 1978
–, Das moralische Urteil beim Kinde, Frankfurt/Main 1979
–, Theorien und Methoden der modernen Erziehung, Frankfurt/Main 1987
Pieper, J., Glück und Kontemplation, München 1957
Preyer, W., Die geistige Entwicklung in der ersten Kindheit nebst Anweisungen für Eltern dieselbe zu beobachten, Stuttgart/Berlin/Leipzig 1893
Pühl, H. (Hg.), Handbuch der Supervision – Beratung und Reflexion in Ausbildung, Beruf und Organisation, Berlin 1990
Puszkin, B. (Hg.), Krümelchen der Erinnerung – (poln. orig.) Okruchy Wspomnien, Warszawa 1984
Reik, Th., Hören mit dem dritten Ohr – die innere Erfahrung eines Psychoanalytikers, Frankfurt/Main 1983
Röhrig, P., Martin Buber wiedergelesen – ideologiekritische Betrachtungen zu seiner Pädagogik, in: Neue Sammlung 1978 (18) S. 506–518
Rousseau, J.-J., Emile – oder Über die Erziehung, in neuer dt. Fassung von L. Schmidts, Paderborn 1978
Sachs, S., Stefa – Stefa Wilzcynksas pädagogische Alltagsarbeit im Waisenhaus Janusz Korczaks, Weinheim/München 1989
Sader, M., Das Aktionsforschungsmodell der T-Gruppe und des T-Laboratoriums, in: Heigl-Evers 1979, S. 647–649
Scarbath, H./Scheuerl, H., Martin Buber, in: Klassiker der Pädagogik, hrsg. v. H. Scheuerl, Bd. I, München 1979, S. 213–223
Scheibe, W., Die reformpädagogische Bewegung 1900–1932 – eine einführende Darstellung, Weinheim/Basel/Berlin 1969
Schultz, H.-J., Es ist ein Weinen in der Welt – Hommage für deutsche Juden; Stuttgart 1990
Sesterhenn, R., Das Freie Jüdische Lehrhaus – eine andere Frankfurter Schule; Zürich 1987
Tagore, R., Das Postamt – Ein Bühnenspiel, Übersetzt von Hedwig Lachmann und Gustav Landauer; Kurt Wolff Verlag Leipzig (ohne Jahreszahl)
Tenorth, H.-E., Geschichte der Erziehung – Einführung in die Grundzüge neuzeitlicher Entwicklung, Weinheim/München 1988
Ulman, G., Hau ab und spiel – Arbeit und Erziehungskrise, in: Die gesellschaftliche Wirklichkeit der Kinder in der bildenden Kunst, Berlin 1979, S. 17 – 48
Unger, F., Geschichte der Kindheit – Bemerkungen zu einem neuen Wissenschaftszweig; in: Die gesellschaftliche Wirklichkeit der Kinder in der Bildenden Kunst, Berlin 1979, S. 65– 97
Watzlawik, P./Beavin, J. H./Jackson, D. D., Menschliche Kommunikation - Formen, Störungen, Paradoxien, Stuttgart/Wien 1969
Weber-Kellermann, I., Die deutsche Familie – Versuch einer Sozialgeschichte; Frankfurt 1975
Wernicke, H., Albert Camus; Hildesheim, Zürich, New York 1984
Wilczynska, S., Bericht über die halbjährige Tätigkeit in der pädagogischen Beratungsstelle des Vereins „Centos" – (poln. orig.) Sprawozdanie z półrocznej działalności Poradni Pedagogicznej przy Związku „Centos", in: Przegląd Społeczny 1938 (III), S. 67–71, dt. unv. Übers. (H. Lühr)
Wolff, Ch., Nachdenken über Christa T., Darmstadt/Neuwied 1980
Winkel, R., Pädagogische Epochen – Von der Antike bis zur Gegenwart, Düsseldorf 1988